KB270390

1920년대 초기 시의 이념과 미학

The Ideology and Aesthetics of Korean Poems in the Early 1920's

조영복(曺永福)
1964년 부산 출생
서울대 국어국문학과 및 동대학원 졸업
광운대 국어국문학과 교수
문학박사, 문학평론가
저서로『한국현대시와 언어의 풍경』,『한국 모더니즘 문학의 근대성과 일상성』,『월
북 예술가 오래 잊혀진 그들』이 있고, 공저서로『깨어진 거울의 눈─문학이란 무엇인
가』가 있으며, 공역서로는『니체, 철학의 주사위』가 있다.

1920년대 초기 시의 이념과 미학

1판 1쇄 인쇄 2004년 3월 20일
1판 1쇄 발행 2004년 3월 30일

지은이 / 조영복
펴낸이 / 박성모
펴낸곳 / 소명출판
출판고문 / 김호영
등록 / 제13-522호
주소 / 137-878 서울시 서초구 서초동 1621-18 (란빌딩 1층)
대표전화 / (02) 585-7840
팩시밀리 / (02) 585-7848
somyong@korea.com / www.somyong.com

ⓒ 2004, 조영복

값 17,000원

ISBN 89-5626-070-2 93810

1920년대 초기 시의 이념과 미학

The Ideology and Aesthetics of Korean Poems in the Early 1920's

조영복

소명출판

The Ideology and Aesthetics of Korean Poems in the Early 1920's

조영복

　우연한 기회에 동인지 시대의 잡지를 보다가 낯선 이름들을 접하게 된 것이 이 책을 엮는 계기가 되었다.

　우리 근대 잡지사에서 문학잡지와 사상잡지는 뚜렷하게 구별된다. 그러나 『폐허』·『장미촌』·『백조』·『삼광』·『신청년』·『대중시보』·『공제』·『신생활』 등의 초창기 잡지에는 문인들과 사상운동가들이 공통적으로 참여하고 있다. 특히 『폐허』나 『장미촌』 등에 황석우·남궁벽·염상섭 등의 문인들의 작품과 이혁로·나경석·정태신 등의 사회주의 사상가들의 작품이 나란히 실려 있는 것은, 근대문학 형성 과정에서의 이들의 공통된 관심사를 반영하고 있음을 의미하는 것이 아닌가 한다. 특히 이들 사회주의 사상가들 중 초기 아나키즘에 참가했던 사람들과 문인들과의 교류는 무척 흥미로운 것이다. 이는 우리 근대시 형성 과정에서 직접적으로 영향을 미친 '상징주의', '낭만주의' 문예 이념보다 본질적인 것이 아닌가 생각된다.

수사적으로 이를 '장미와 불꽃의 사상'이라 이름할 수 있을지 모르겠다. 이 상징은 사회주의 혁명가로서의 이념적 지향과 근대 문예의 미학적 이념을 동시에 나타내고 있다. 일찍이 일본으로 유학한 지식인들은 오스키 사카에 등의 아나키스트와 접하면서, 한편으로는 혁명적 정열을 배우고 다른 한편으로는 개인적 존엄성을 밑바탕에 깐 자유와 생명의 이념을 배운다. 전자는 사회주의 사상의 실천적 이념이 되었고 후자는 근대시의 은유 개념의 형성에 지대한 영향을 끼쳤을 것이다. 이는 근대 시인들의 장르 인식과 근대시 장르의 체계와 과정과 밀접한 관련을 맺는 것처럼 보인다. 이들의 전문적 문인으로서의 정체성은 이 과정에서 생겨났을 것이다.

이들 전문 문인으로서 자기 정체성이 반영된 근대시에는 '내면'과 '계몽'의 상관 관계가 눈에 띈다. 근대문인들은 초기 사회주의 사상가들이 격렬하게 실천하고자 했던 개인의 존엄성에 대한 자각과 생명 사상, 자유주의 사상을 '내적인 고민'을 통해 드러낸다. 이른바 '내면성의 발견'이다. 이는 근대시가 성립되는 본질적인 조건으로 인식된다. 그래서 이들 근대 시인들은 이광수나 최남선이 보여준 '계몽성'이 근대문학의 이념에 배치됨을 지적하고 그 자리에 '내면성'을 가져온다. 그들은 '내면성'이 근대문예의 본질임을 누누이 강조한다. '내면성'이 '계몽성'의 위치에 올라앉은 것이 이 시기 시의 근대적 미학 이념이 아닌가 생각된다.

대학 시절 선생님들께 배운 근대 초기 시에 대한 여러 사항들은 내 공부의 바탕이었고, 지금도 나 자신의 내면에 아주 완고하고 확정적으로 기록되어 있다. 외국 문예 사조사 중심으로 읽어둔 근대시의 지적 토대와 방법과 자양을 부분적으로 부정하는 것도 쉽지 않았다. 까뮈는 스승 그르니에의『섬』에 서문을 부치면서, 스승과 제자의 관계를 지속시켜 주는 것은 서로의 생애를 가득 채워줄 수 있는 대화이며 꺼지지 않는 생명의 불이라고 썼다. 이것이 나에게 조금 위안이 되었다.

이 저서를 엮는 과정에서, 본인이 제기한 여러 가설에 대한 두려움과 난감함은 시종 나 자신의 학문적 태도를 돌아보게 했다. 분명한 것은, '의미 있는 해석학적 지평'은 연구자에 의해 끊임없이 깊어지고 확장되어야 한다는 사실이다. 그래서 본격적인 텍스트 분석보다는 입론적인 성격의 논의가 주가 되었다. 깊이의 얕음도 그래서 전적으로 필자의 한계였다.

어려운 여건 속에서도 좋은 인문학 연구서를 만드는 소명출판의 박성모 사장님과 편집부 식구들에게 감사의 마음을 전한다.

2004년 벽두에
조 영 복

1920년대 초기 시의 이념과 미학

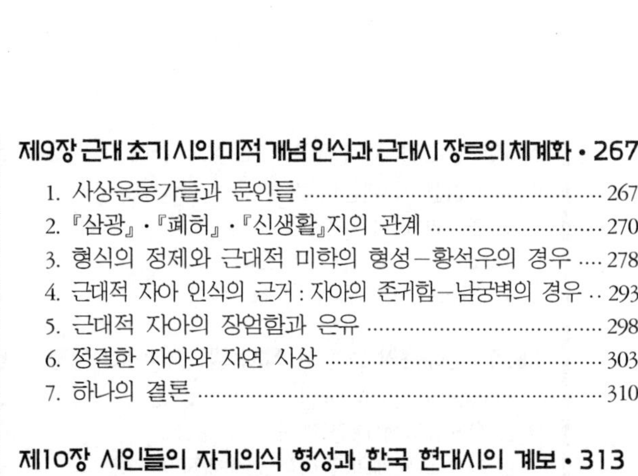

제1장 총론

1. 책을 구성하면서

필자는 이 책의 '서장'을 구성하면서 근대 초기 시를 바라보는 기존의 많은 관점으로부터 떠나지 않으면 안 되었다. 근대 초기 시사를 보는 하나의 명징한 창을 그 자체로 가져야 할 것이라는 판단 때문이었다. 즉 근대 초기 시에 대한 시각이 투명하지 않으면 윤리적 문제나 역사주의적 입장에 스스로 함몰될 수밖에 없음을 경험적으로 체득하고 있었던 것이다. 근대문학을 민족주의적 관점이나 윤리적인 덕목을 전제하고 이해하게 되면 그 자체의 순환논리에 빠져들게 되는 경험을 잊지 않고 있었다.

푸코는, 사유의 해방을 향한 반성적이면서 인식론적인 영역을 하나 열어 놓는다. 그의 말대로 우리는 하나의 '중간영역'을 선택하지 않으면 안 된다. 근대문학 텍스트를 바라보는 데 있어, '이미 코드화된 시선과 반성적인 인식' 사이에 존재하는, 하나의 결절점이 필요한 것이다. 근대문학의 '개념' 혹은 '기원'에 대한 기존의 인식과 질서 자체를 해방시키는 순수한 경험으로서의 가로지르기가 필요한 것이다.[1] 당대에 '근대시'(문학·예술)를 의미하는 공식적인 코드가 존재했을 것이다. 그리고 이를 해석하고 이해하는, 후대의 여러 연구 층위의 코드가 존재할 것이다. 그러나 우리는 이 상이한 코드의 내용이나 작동 기제들에 대해 무관심했던 것 같다. 우리 세대는 겨우 선대 연구자들이 이미 이루어 놓은 '이미 코드화된' 근대문학 담론의 층위 위에서 그 질서를 재확인하는 것을 행할 수 있었을 뿐이다. 따라서 '근대 초기 시' 혹은 '동인지 시대 시'에 대해 별반 의문을 가질 여지는 없었다. 이는 곧 우리 근대시사를 이해하고 서술하는 기본 원칙이 되었던 것이다.

그러나 이 판단의 근거가 바람직한가 하는 의문이 근대 초기 시사를 공부하는 과정에서 계속 제기되었다. 코드화된 담론의 층위에서 그냥 '노는' 것이 아닌 그 담론의 층위를 가로지르거나 뒤집거나 할 필요가 있는 것은 아닌가 하는 의문이 가해졌기 때문이다. 이는 근대문학 초기 시사에 대한 필자의 상당한 관심을 유발시켰다. 이 문제의식은 본 저서에 실린 논문에서 여러 방향의 문제 제기를 통해 보다 명료해지고 구체화될 것이다.

---

1) 미셸 푸코, 이광래 역, 『말과 사물』, 민음사, 1993, 19면.

따라서 이 책은, 우리 근대시와 개념이 어떤 토대 위에서 형성되었으며 그 인식이 가능하게 되었는가를 재발견하는 데 그 목적이 있었다. 어떤 질서의 공간 내에서 근대문학(시)의 지식과 개념이 구성되었으며, 어떤 역사적 아포리오리에 근거하여, 그리고 어떤 실증성의 영역 내에서 그 관념이 출현했는가, 그리고 하나의 체계적인 개념으로 구성되고 반성되었는가 하는 것에 대한 의문이 이 책을 구성하는 출발점이었다. 특히 시라는 구체적인 장르를 통해 그것이 어떻게 변전되고 표상되며, 새로운 말(법·기교·기술)의 형성에 이르게 되고 광범위한 지지를 얻게 되었는가가 핵심이었던 것이다. 그리고 1930년대의, 보다 본격적이고 본질적 언어 형식이 탐구되는 근대시사의 내적 동인을 탐색하는 것이 그 다음 단계의 목표였던 것이다.

이는 문학의 '발전이나 지속'의 개념으로 설명되지는 않는 것이다. 푸코가 말한 에피스테메(épisteme)라는 개념이 이를 설명해줄 수 있을지 모르겠다. 합리적 가치나 객관적 형태에 의존하는 규준을 찾는 것이 아니라 문학의 개념을 어떤 실증적인 근거에 두고 있나 하는 것을 판단하는 것이 일종의 인식론의 영역이다. 푸코는 그래서 완성의 역사를 규명하는 것이 아니라 오히려 그 가능성의 조건을 통해 문학의 역사를 분명하게 드러낼 수 있다고 말한다. 고고학(archéologie)이란 지식의 공간 내부에서 경험적 인식의 다양한 형태를 야기했던 '배치'에 대한 것을 문제삼는 방식임을 강조한다.

따라서 푸코의 견해를 빌어 근대 초기 시사에 대해 앞으로 몇 가지 사항을 점검하고자 한다. 이 과정에서 근대 초기 시사에 대한 이해가 보다 깊어지고 성숙해질 것이라 판단된다.

첫 번째는 서구 문학사, 문예 사조사라는 '중심'을 갖지 않는다는 것. 이는 비교문학사적 방법이나 문예 사조사적 방법의 완고한 적용으로부터 우리 문학을 해방시킨다는 뜻이다. 그러나 이 서구 문학이나 문예 사조사적 기준을 전적으로 부정하거나 영향 자체를 부정한다는 말은 아니다. 해석자나 문학 연구자는 어떤 이데올로기나 하나의 방법론에 함몰될 것이 아니라 자신의 판단이나 태도에 투명성을 가져야 한다는 의미이다.

두 번째는 문학 개념이 생성되는 실증적 체계와 인식의 배치에 대해 관심을 갖는다는 것이다. 이는 에피스테메의 조건을 분명하게 인식하는 것을 목표로 하는 고고학적 관점과 상통할 수 있을지 모르겠다. '문학'이라는 근대적 문학 개념이 어떻게 생겨나며 배치되고 그것이 시적인 담론인 '문학 담론'의 형태로 어떻게 표상되는가 하는 것에 관심을 두겠다는 뜻이다. 1920년대 초기 시는 이광수 시대의 문학에 대한 지양이면서 다음 1930년대 문학을 성숙시키는 하나의 가교로서의 역할을 하고 있다고 판단된다. 이 과정에 이르기까지의 다양한 문학 개념의 에피스테메를 추적함으로써 우리는 각 시기의 '문학'의 차이나는 특질들을 보다 적절하게 추출할 수 있을 것이다.

세 번째는 1차 텍스트에 보다 많은 관심을 가진다는 것이다. 거시적으로 이 시기 문학이나 문학 개념을 뭉뚱그려 판단하기보다는 보다 세밀한 텍스트 검증 작업이 필요하다는 것이다. 그래서 『창조』·『백조』·『폐허』와 같은 잡지의 원본 검토가 보다 절실해질 수밖에 없게 되었다.

네 번째는 첫 번째 문제와 관련되는데, 문학성에 대한 평가인가 해석학적(고고학적)인 판단인가의 문제이다. 전자라면 이 책은 비평가와 문학사가의 입장을 교묘하게 적용해 비평가로서의 역할에 충실해야 할 것이며, 후자라면 보다 자유로운 입장을 가지고 텍스트 검증에 임할 수 있을 것이다. 결국 본인은 후자의 입장에서 부분적으로 전자의 입장을 견인할 것임을 기본 원칙으로 정리하게 되었다. 그러나 후자의 입장이 기존의 우리 문학사 서술의 원칙에서 얼마나 버텨낼 수 있고 극복될 수 있는가가 관건이 되었다. 그러나 이는 필자가 염려하고 우려할 문제는 아닌 듯 생각된다.

다섯 번째는 인문학적 관점의 도입이었다. 근대 초기 시인들의 문학 훈련을 단지 서구문학의 수용이나 모방이라는 차원보다는 인문학적 지성의 영역 속에서 포괄할 수는 없는가 하는 점이었다. '박영희'나 '김기림' 등을 읽으면서 필자는 이 문제에 보다 관심을 기울이고 있었다. 그들의 인문주의적 관심의 폭과 깊이를 우리 세대가 과연 뛰어넘고 있는가 하는 의문에서 필자는 자유롭지 못하다. 왜 이들의 문학론이나 문학적 태도가 거의 한 세기가 지난 지금의 우리에게도 여전히 필요한가라는 자기 반성으로부터도 자유롭지 못한 것이다. 이것에 관한 한 필자의 태도 역시 여전히 인문주의적 계몽주의자의 입장에서 벗어나지 못했음을 솔직하게 고백할 수밖에 없다.

2. 새로운 말과 언어의 형성

1) 형식 혹은 문체

당대의 문학 이념을 형성하는 데 결정적인 역할을 했던 것 중의 하나는 문체의 혁신을 보여준 춘원의 문장이었다. 청소년 시기에 『소년(少年)』・『청춘(靑春)』 잡지를 열렬히 애독했던 박영희 등의 문학 신진 세대들은 춘원의 문장이 주는 신선한 문체의 매력에 사로잡힌다. 그들을 사로잡은 것은 춘원 식 계몽 사상이기도 했지만 그보다 본질적인 것은 개인의 감정이나 정서를 저며 넣은 자유연애・자유결혼・남녀평등의 테마였고 그것이 자리잡고 있는 사적인 담론의 공간이었다. 에로스적이고 내밀한 개인의 언어는 그 자체로 혁신성을 띠었고 그것을 통해 그들은 근대문학의 열렬한 숭배자이자 옹호자였던 자신들의 내면을 엿볼 수 있었다. 그들은 육당 최남선의 한문이 중심이 된 계몽문장보다는 한글 투의 춘원 식 문장을 현대적 감수성으로 받아들였다. 하지만 춘원의 연설하듯 하는 설명조의 계몽적 인생관을 전적으로 수용한 것은 아니었다.

그들이 주로 감동을 했다고 밝히고 있는 대목은 대체로 「윤광호」・「어린 벗에게」 같은 미소년의 사랑 이야기나 동성애적인 연애 감정을 그리고 있는 소설이다. 말하자면 '문학적 언어로 쓰인 문장' 인 것이다. 문학적 언어 곧 '은유'는 '사랑'의 담론을 통해 표상되었던 것이다. 계몽적 문체 내에서도 춘원과 육당을 차이나게 만든 것은 바로 이것이었다. 박영희가 의도했던 것은 "사랑의 새로운 세계"를 통해서 맛보게 되는 "정서의 심취"였다.[2] "어떠한 道德的 範疇 속에서 拘束도 없이 完全한 自我를 이룰 수 있는 個性의 解放精神"은 춘원이 말한 바로 그 '민족 건설의 다음 계단'으로 연락(連絡)하는 데서 의미를 가질 수 있다. 이러한 연애관은 시대적 사상성의 한 표현으로 이해할 수 있다는 주장이다. 춘원 소설의 매력은 주제의식에서 오기보다는 문체적인 것, 형식적인 측면에서 온 것임을 박영희는 강조하고 있다. 춘원이 의도했던 주제적이고 의식적인 측면(설교와 계몽주의)에 대한 관심과 박영희·박종화·이상화 등 다음 단계의 근대문학 담당자들이 가졌던 관심은 매우 상이했던 것이다. 박영희는 이를 조선의 신문학이 항상 형식보다 내용(사성)이 앞서가는 모순 상태를 스스로 자초하면서 성장하게 되는 단초를 보여주는 것이라 말하고 있다.[3]

> 새로운 내용을 담은 이 새로운 문장은 우리들의 만족과 환희의 초점이었다. 그러므로 그 때 우리는 소설이건 감상문이건 논문이건 선택하지 않고 이 새로운 문장의 매력에 심취했던 것이다. 그러니깐 그대로 본다면 진정한 의미에서 문학과는 거리가 좀 있었고 아주 계몽시대의 문장수련기였다고 할 수 있다.[4]

문학의 장르별 인식이 정립되지 않은 단계에서 문학의 본질적 가치에 대한 인식이나 심미적 가치에 대한 깊이 있는 사고를 가지고 있었다고는 보기 어렵다. 그렇다고는 해도 박영희 등이 진정한

---

2) 박영희, 「초창기의 문단 측면사」, 『박영희 전집』 2(이동희·노상래 편), 영남대 출판부, 1997, 292면.
3) 박영희, 위의 글, 293면.
4) 박영희, 위의 글, 283면.

의미에서의 문학이란 무엇일까라는 질문을 스스로에게 던지지 않았던 것은 아니다. 그 질문이 어쩌면 가장 중요했을 수도 있다. 춘원이 보여주는 계몽주의적 인생관은 박영희에게는 부차적인 것이었다. 새로운 문장의 매력이 그들을 사로잡았다는 것은 후일 이들의 문학관이 어떤 식으로 정립될 것인가를 보여주는 대목이다. 육당의 한자가 많고 어렵고 딱딱한 문장에 비해 춘원의 쉽고 한글화되어 가는 문장이 그들이 생각한 '신문장'이었다. 사학가인 육당과는 달리 소설가인 춘원의 문장이 문학을 절대화했던 박영희 세대의 관심을 유발시켰던 것이다. 그렇다면 '진정한 의미의 문학' 시기란 바로 박영희 시대가 춘원의 문학을 바탕으로 열어 간, 사적이고 내밀한 문학 언어의 시기를 말하는 것이 된다.

박영희는 그가 읽은 『청춘(靑春)』지의 글 중에서 흥미 있는 대목은 바로 '동경 경성간의 기행문' 형식으로 된 서간체 형식의 글이라고 밝히고 있다. 『청춘』 9호(1917.9)에 실린 춘원의 「동경(東京)에서 경성(京城)까지」라는 글은 일종의 기행문인데, 박영희는 이것이 청소년들의 이국 정서에 대한 동경이나 감상 취미를 만족시키는 것 못지 않게 일종의 새로운 문장형식으로서 그들을 사로잡았다고 쓰고 있다. 실제로 『청춘』지의 이 글은 이른바 '문학적 표현'과 수사법, 부드럽게 이어지는 한글투 문장이 적절하게 혼효되어 있고 평이하게 기술되어 있다. 그래서인지 이 글은 근대 지식인들에게 가장 손꼽히는 명문으로 인식되기도 하였다. 당대의 근대적 도회의 표상물이자 근대적 풍물의 전시장이었던 동경에 대한 문학청년들의 호기심을 확실하게 이끌어내면서 현대적이고 정서적인 감동을 자아내게 했던 것이다. 감성적 문체와 미소년적인 낭만성을 담은 글쓰기 형식의 하나인 서간체 형식은 당시 문학 청년들의 표현욕을 강하게 자극시키고 감상적 내면을 만드는 매체가 되었던 것이다.

근대적 교통 기관인 기차와, 석탄열로 가는 증기 기관의 철갑선, 방적공장의 기계소리는 경이로운 근대적 풍경을 보여주었다. 이것에 대한 세세한 묘사를 통해 경성의 전근대적 모습을 부각시키고 근대화에 대한 필연성을 강조하는 것이 춘원의 의도였을 것이다. 하지만 박영희 등의 소년들에게는 이 개화기의 계몽의식은 부차적인 것이었다. 이 기행문은 감상적 정서와 내면적 동경과 문학적 표현법을 익히는 중요한 문학의 교과서였다. 예컨대 다음과 같은 예문을 보자.

> 녀름비에 말가게 씻겨낸 푸른山은 가슴부터 우흘 黃昏의 컴컴한 안개 속에 감초앗다. 그 안개가 쌍에서 나온듯도 하고 茂盛한 나무닙새에서 나오는 듯도하다. 그러고 산밋흐로는 一條溪流가 여울을 지며 흘러나려간다 그것이 몹시 희게보인다. 푸른山에 對照해서 엇더케 아름다운지 모르겠다.5)

이와 같은 한글 중심의 완전한 구어체 문장이 문학병을 잃던 소년들의 마음을 사로잡았던 것이다. 이 한글 문장은 신문장의 완성자로서 춘원을 놓았을 뿐 아니라 인간의 내면적 자아를 완전히 표현하고 개성을 드러내는 양식으로서의 문학이라는 근대적 문학관을 견지하던 이들의 문학관에 거의 그대로 부합되었다. 이들은 춘원을 등에 업고 춘원의 '다음 계단'을 올라서고자 했다. 자유연애, 자유결혼, 남녀평등, 개성의 해방 등의 근대정신은 이제 사상

---

5) 『청춘』 9호, 대정 6년(1917), 74면.

성의 차원, 곧 주제의식에서뿐 아니라 완전한 자아표현이라는 근대문학 형식상의 과제를 안고 춘원의 다음 계단을 향해 한 걸음 내딛고 있었다. 그것은 곧 동인지 시대 시의 주류적 경향이 내면의 언어, 영혼·사랑·오뇌·번민·비탄·죽음 등의 언어에 의해 지배되는 토대가 된다.

한편으로는 '생'이라는 이름으로, 한편으로는 나를 찾기(자아의 존귀에 대한 인식)라는 주제로 구현된 그들의 텍스트는 크게 보면 예술의 근대적 자각과 그것을 절대적인 삶의 가치로 규정했던 예술·삶의 동일시 과정으로 이해할 수 있는 셈이다.

죽음·사랑·어린이에 대한 찬미는 근대시와 '은유'라는 의장을 입게 되는 계기가 되고 그것은 '생'에 대한 찬미나 탐구로 전이된다. 그 맨 정점에 '문학'이 존재하고 있는 것이다. 근대 초기 시의 문학 이념은 바로 삶과 예술(시)을 절대화하고 그것을 모든 가치의 정점, 곧 '황금관'으로 장식하는 과정에서 생성되었다. 그러나 후대의 연구자들은 '퇴폐' 혹은 '데카당스'라는 이름으로 불러주었을 따름인 것이다.

2) 내용 혹은 꿈의 맥락

근대문학 초창기의 '퇴폐' 혹은 '데카당스'의 구체적인 내용은 무엇이었을까?

이 향락생활은 무슨 세속적으로 豪奢한 생활을 하였다는 것이 아니요, 어

디까지든지 정서를 마음껏 펴고 열정을 끝없이 바치려는 생활이었다.[6]

　작가의 생활과 작품이 일치되는 것―현실 초월이 곧 문학적 생애가 되는 것, 그것은 삶 자체가 문학이며 삶 자체가 수사학이 되는 세계이다. 수사학의 세계는 정결성과 고귀함·정열·감상 등이 지고한 가치를 지니는 그런 세계이다. 기생과의 사랑, 술, 방탕은 탈현실이며 초월적이어서 문학적 삶이 되는 세계이다. '꿈 속에서 한바탕 잘 놀았다'는 말은 퇴폐적이라는 의미로서이기보다는 정서를 마음껏 향락하였다, 현실성의 구속과 제약을 받지 않고 정열이 끓는 대로 자유분방하게 나아갔다는 의미로 읽어야 할 듯하다. 이상화가 밝힌 대로, '오직 꿈속에서만 있'다는 의미에서 '백조, 화려하던 꿈'을 이해해야 한다. 이 '꿈'의 의미를 '현실도피'의 의미로 읽는 것은 근대시 형성에 대한 폭넓은 이해에 이를 수 없을 듯하다. 당대의 문학 청년들이 지녔던 꿈의 가치 ― 당대의 평균적인 현실적 삶의 가치에서 만족할 수 없었고 그러기에 문학에 대한 헌신적이고 순사적인 욕망을 가질 수 있었던―는 이 '꿈'이 내적으로 가지고 있는 '동경'과 '이상'과 '권력적인 욕망의 분화구'라는 맥락에서 찾아야 할 것이다. 그래서 이상화는 「나의 침실로」에서 이렇게 읊었다.

　「마돈나」, 짧은심지를더우잡고, 눈물도업시하소연하는내맘의燭불을봐라,
　羊털가튼바람결에도窒息이되어, 얄푸른연긔로써지려는도다.[7]

---

6) 이동희·노상래 편, 『박영희 전집』 2, 영남대 출판부, 1997, 309면.
7) 『백조』 3호, 1923, 13면.

그들은 자신들의 꿈이 이 허약한 조선의 근대문학적 토양 위에서 얼마나 소리도 없이, 자취도 없이 사라져버리는가를 위태롭게 인식하고 있었다. 그것은 "양털가튼 바람결에도" 질식이 될 푸른 연기처럼 힘없이 삭아질지도 모르는 것이었다. 그러나 그들은 강렬한 문학의 유토피아를 이루기 위해 전 육신과 재산을 송두리째 문학의 제단 위에 희생양으로 바쳤다. 조선에 세계문학과 어깨를 나란히 하는 근대문학·예술을 정립하겠다는 의지 없이는 가능하지 않은 것이었다. 이 꿈의 실현 가능성을 묻는 것은 그들에게는 의미없는 물음이 될 뿐이었다. 이 꿈이 얼마나 강렬하고 광적이었던가 하는 점은 그들이 쏟아 낸 무수한 문학 텍스트와 기록들을 보면 드러난다. 그들의 꿈은 현실도피의 수단이기보다는 문학의 각 '계단'에서 근대문학의 시대 정신을 가장 밝은 빛으로 투시해 내고자 했던 욕망이 내재된 것이다.

그래서 우리는 이 시기 문학의 계단을 편견 없이 올라 설 필요가 있다. 문학의 이 새로운 계단에 놓인 것은 바로 언어·은유·관념 등의 근대문학의 개념항들이다. 새로운 문학은 새로운 말법을 만들어내면서 가능한 것인데, 그것이 바로 관념성·은유 등의 담론이었던 것이다. 꿈의 담론, 여성이나 어린이에 대한 절대적 동경은 이 관념과 은유의 문맥 내에서 만들어지게 된다.

3. 근대적 미의식과 관념의 형성

『매일신보』를 비롯 당시 신문·잡지 등에 '신시'의 이름 아래 실린 근대시의 주제는 '사랑'이나 '미', '영혼' 등의 개념을 설명하는 데 집중된다. 이 새로운 문학의 테마는 분명 새로운 말과 말법의 탄생 위에서 가능해진 것이다. 왜 그들은 신시의 주제로 이 같은 생소하고 낯선 말과 개념들이 필요했던 것일까. 우리는 여기서 은유의 탄생을 목격한다. 이 은유라는 문맥은 사실은 문학 개념의 새로운 탄생을 의미하는 것이다. 문학 개념이란 무엇인가. 그것은 정녕 일상 언어의 용법과 쓰임새와는 다른 것을 의미하는 것인가.

동인지 시대에 앞서 이 은유의 언저리에서 맴도는 언어들을 발견할 수 있는 텍스트는 『매일신보』에 실린 임노월의 시이다. 그는 『매일신보』 '신시'란에서 거의 독점적인 위치를 차지하고 있다. 그는 1920년을 전후해서 『매일신보』의 거의 모든 학예면에 시 혹은 논변적인 에세이를 발표했다. 그의 시는 이른바 '시적인 특성'을 찾아내기가 상당히 어렵고 1920년대의 다른 시들에 비해서 뚜렷하게 정제된 형식을 보여주는 것도 아니다. 『매일신보』는 『장미촌』 혹은 더 나아가 『창조』나 『백조』에 비해서 시형을 정제하는 수준이나 관념을 표현하는 수준에 있어서도 차이를 보이고 있다.

먼저, 시형의 정제에 있어 『매일신보』에 실린 '신시'는 서술형 어미 '—일다' 등의 구투방식에서 벗어나지 못하고 있다. 뿐만 아니라 '미'에 대한 인식을 표현하는 데 있어서도 시적인 것(은유)과 일상적인 구문의 차이를 고려하지 않고 있는 듯하다. '미·사랑'이라는 관념이 은유의 형식으로, 은유라는 담론으로 이해된 박영희에 비해 설교조와 논변조를 거의 벗어나지 못한다.

그러나 임노월이 시의 형식을 빌어 말하고자 한 것들을 따라가 보면 재미있는 풍경과 마주치게 된다. 그는 거의 매일 시를 발표 하면서 일관된 테마 속에서 이것들을 아우르고자 했는데, 이는 바로 '미'라는 개념의 왕국을 통한 것이었다. 그는 이 '미'를 '미의 왕생'이라는 개념으로 완전하게 가두고자 했다. 예컨대 『매일신 보』 학예면에 그는 「미(美)의 왕생(王生)」(1920.2.18)이라는 시를 발표 한다. 이 '왕생'이라는 말이 우리말의 범주 안에 포함되는지는 의 문이지만, 그는 여기서 미의 절대왕국을 하나 건축하고자 한다.

> K 네 世界은 恒常
> 幸福과希望과憧憬과哀愁에잇다
> 아―子規은仰系에셔노리 ᄒ며
> 桃花은 夢浪에서 웃네
> 구름은 白薔薇갓치 피여잇고
> 芳草와綠陰는 뜰에 帳幕을 쳤네
> 아―네의 世界는 幸福이여

『매일신보』(1920.2.19~20) 학예면의 「미(美)의 생활(生活)」―'사랑과 소유' / '영혼(靈魂)의 비밀(秘密)'도 마찬가지 관점에서 흥미롭다. 이 당시에 이미 사랑과 영혼이라는 정신적인 가치 속에서 미(美)가 이 해되고 있었음을 확인할 수 있다. 사랑은 밀교적이면서 영적인 상 태의 고양을 의미하는 것으로 인식되었고 그것은 '미'라는 추상적 인 개념 속에서 발아하고 농익는 개념이 된다. 이 같은 '미'의 개넘은 '은유'의 담론으로 문학 개념을 이해하기 시작하는 1920년대 전후의 문인들에게 공통적으로 인식된다. 그들은 미를 절대적인 가치 개념으로 이해하고, '사랑'='미'='은유'의 문학 담론 속에 그들의 문학 행위를 절대화시킨다. 이것은 그들이 후일 쓴 수많은 회고록과 구체적인 문학적 사실 속에서 확인된다.

문학이 도덕적이고 수신적인 성리학적 이념의 실천 양식으로 혹은 성리학의 총체적인 목표에 종속된 하위 개념으로 이해되어 온 것은 유교 문화가 뿌리깊은 우리에게는 하등 이상한 것이 아니다. 이광수 시대가 여전히 '문사'라는 그 뿌리깊은 도덕률의 구속에서 문학을 과도기적인 존재로 이해했던 것은 '미'에 대한 근대적 인식과는 아직 차이가 있음을 확인해준다. 그러나 동인지 시대를 전후로 문학은 비로소 그 자체의 독립 장르로 인식된다. 그리고 독자적인 미학을 견지함으로써 문학은 그 자체의 존재론적 지위를 부여받는다. 담론은 구투의 형식을 띠고 있지만 그들은 분명 근대적 문학 개념이 '미학적' 차원에서 형성되고 있음을 인식하고 있다. 노월의 다음 시 「미의 생활―'영혼의 비밀'」은 당시 미에 대한 인식이 어떤 층위에서 형성되고 담론화하는지를 잘 보여준다.

宇宙는靈의存在여眞理의存在여
아― 古人의傳說도
哲人의眞理도

'존재', '진리', '영' 등의 관념적인 어휘가 주가 된 시다. 서투르고 소박한 시적 형태와 말의 구투를 여전히 벗어나지 못했고 여전히 설교조와 논변적인 어조를 띠고 있다. 노월의 시는 이른바 동인지 시대 시 형식과 미의식을 경유하는 하나의 과도기적 형식을 보여준다. 이로부터 『장미촌』을 거쳐 동인지 시대에 오면 우리 근대시는 보다 정제된 형식적 의장을 갖추게 되고 '미=은유=문학'의 인식 자체도 보다 정치한 개념을 통해 끌어올려지게 된다.

이는 그간 이 시대 문학을 지나치게 서구 문예 사조사적 입장과 접근법으로 이해해 온 관점들을 차례로 전도시킨다. 영혼이나 '사랑의 인식'이라는 문제가 왜 문학 담론에서 중요하게 취급되어야 하는가 하는 문제는 근대적 개념으로서의 '문학'이 언제부터 인식되고 텍스트화하는가 하는 문제와 동일한 의미를 내포한다.

사랑이나 영혼이라는 말이 실제로 서구적 관념의 역어로서 쓰인 것과 문학의 언어, 곧 은유적인 기능으로 이해되기 시작한 것은 비슷한 시기를 공유하는 것이 아닌가 추정할 수 있다. '영혼'이라는 말이 근대적 사전에 어느 시기부터 등재되어 있는가를 확인하면서 이 문제에 접근할 수 있다.

이를 처음 확인할 수 있는 것은 한불자전(韓佛字典, Dictionnaire Coréen-francais)이다. 외국인에 의해 우리말 사전이 편찬되기 시작한 것은 대개 1870~1880년대경으로 알려져 있는데, 그들은 선교의 목적으로 우리말에 접근한 만큼 어휘수집이나 문법·주석 등에 관심을 가졌다. 리델(Féix-Clair Ridel)이 요꼬하마에서 편찬한 것으로 되어 있은 이 사전에 '영혼'이 표제어로 등재되어 있음이 확인된다. 그렇다면 선교사들에 의해 기독교적인 개념들이 수입되고 인식되기 시작하는 19세기 중엽에 이미 이 말이 어느 정도 사용되고 있었음을 확인할 수 있다. 그 뒤 이 단어는 『국한회어(國漢會語)』 등에서도 보이는 바 1920년대 후반에는 이 말이 안정적인 지위를 차지하고 있었음을 추정할 수 있다.

우리나라 최초의 감리교 선교사였던 아펜젤러가 세웠던 〈신학회(Theological Class, Theological Association)〉의 커리큘럼에도 당시 '영혼론'이라는 강좌가 있었던 것으로 기록되어 있다. 신학회란 정규 신학회가 설립되기 이전에 한국인 목회자를 양성하기 위한 신학교육 과정으로 이미 1899년에 그 조직이 정립되어 있었다.8) 한 기록에 따르면 제물포에서 실시된 신학회에서 노블 교수는 이론신학의 한 분야로서 영혼학을 가르치고 있었다.9) 당시 영혼학이 중시된 이유는 하느님을 어떻게 인식할 수 있는가 하는 인식론에 관계된 것이었기 때문이다. 당시 감리교 매체물인 『신학회보』에는 '영혼'에 대한 문답식 강의가 이루어졌음을 알려주는 기록들이 있다. 영혼의 방능(方能)에는 세 가지가 있으니 그것은 의견·감각·주의[思考]이며 이를 통해 신성으로서의 하느님의 존재를 인식할 수 있다는 것이다.10)

배재학당·정동제일교회·삼문출판사가 서로 마주보고 서 있던 개화기 조선 기독교 문화의 풍경은 조선이 이 감리교 선교 단체의 종교적 문화적 영향 아래 본격적으로 놓이게 됨을 의미하는 것이었다. 이는 곧 조선이 서구적 관념이나 인식론을 수용하는 계기가 됨을 의미하는 것이라 생각된다. 고종으로부터 현판까지 받아 개교를 했던 배재고보가 감리교 소속의 교육 기관이었고, 여기를 다녔던 박영희 등의 근대문인들은 이 같은 분위기에서 영혼·죄·

---

8) 신학부는 1888년부터 조직되기 시작해 그 뒤 신학반(1893), 신학회(1899)로 명칭을 바꾸면서 계속되다 1932년 감리교 신학교로 통합된다.
9) 이덕주, 『초기한국기독교사 연구』, 한국기독교역사연구소, 1995.
10) 전택부, 『토박이 신앙 산맥』, 대한기독교출판사, 1982, 76~83면; 이덕주, 『초기한국기독교사 연구』, 한국기독교역사연구소, 1995, 43면.

영원 등의 개념을 무의식적으로라도 육화하고 있었다. 이 과정에서 그들은 점차 '나'라는 인식 주체에 대해 눈뜨게 되었던 것이다. 또한 죄·벌·영혼·육신 등의 기독교적 가치관이 배경이 된 낯선 관념들과 조우하게 되었던 것이다.

기독교 관념들이 진정성 있게 육화되어 자기 작품의 창조적 동인이 되었는가 하는 것은 다른 문제이며 이 글의 의도가 아니다. 이 지점에서 우리는 다시 이들의 문학에 대해 문학사가의 입장에 설 것인가 아니면 문학성을 따지는 비평가의 입장에 설 것인가를 스스로 판단하고 자신의 입장을 다시 조율하지 않으면 안 된다.[11] '비평가'의 입장은 초창기 시인들의 시를 관념의 미성숙한 모방이라는 입장에서 살펴보겠지만, 문학사가의 입장에서는 그 시적 동인과 당대 문화적 담론들의 배경이나 의미를 탐색하게 될 것이기 때문이다. 앞에서도 언급했던 대로, 이 글은 후자의 입장을 견지한다.

일제시대 편찬된 『조선어사전』에서도 '영혼'은 다음과 같은 뜻풀이가 되어 있다.

靈魂(령혼)『名』氣에 府在한 神明의 稱(神魂; 精魂;魂靈;略稱 魂)

이 뜻풀이 속에는 당시 '신시'에 나타난 은유적인 의미가 들어 있지는 않다. 대신 종래에 있어 온 '기'의 틀 내에 존재하는 '신명'을 칭한다고 기록되어 있다. 일반인들이 종래에 인식해 온 '혼'의 의미는 혼백·정혼·혼령과 같은 범주에 속해 있음에 비해 당대 시인들은 여기서 정신적 차원을 의미하는 '혼'의 의미를 떼어내고

---

11) 르네 웰릭, 백낙청 역, 『문학의 이론』, 신구문화사, 1959.

기독교적 관념으로서의 '영혼'의 의미를 구축한다. '영혼'이 '육체'의 물질성과 대비돼 순결·고결·품성의 의미를 띠고 있음에 비해 '혼'은 정신성이 강조되면서 인간이 보편적으로 두루 소여하고 있는 것을 의미하는 측면이 강했다. 따라서 영혼을 가진 존재로서의 인간은 그 자체로 순결하지 않으면 안 되는 것이 된다.

임노월을 비롯해 박영희·노자영·나도향 등의 텍스트에서 이 순결한 '영혼'은 '미'라는 절대적 개념으로 전이되어 신성시되고 숭고한 것으로 나타난다. 당대 문학을 위해 전 육체를 절멸시켰던 당대 시인·소설가들의 인식 또한 이 절대적인 '미'의 개념 속에 있었다. 기독교적인 개념으로서보다는 '미'라는 개념으로 이해된 '영혼'은 독특한 울림을 얻게 된다. 이것이 바로 1920년대를 전후로 이루어지기 시작하는 근대문학의 주요한 카테고리 곧, 은유적인 말법의 탄생이다. '영혼', '미' 등의 개념이 의미 있게 거론되는 것은 임노월에 이르러서이며, 『매일신보』에 실린 '연작시편'의 시들의 일관된 주제 또한 바로 '미'의 탄생에 관한 것이다.

임노월에 뒤이어 '동인지 시대'에 오면 이 '미'의 개념은 은유적인 담론으로 본격화된다. 『창조』·『백조』 시대의 유미주의에 대한 비판적인 논의들이 있어 왔지만 그것을 비판적 입장에서 보기보다는 하나의 중요한 문학적 현상으로 인식해야 할 것이다. 이 시대의 유미주의적 세계 인식은 미를 위해 생활을 순사한다거나 미가 생활보다 우위에 서 있다는 절대적인 확신 속에서 무르익고, 문학적 삶이라는 창을 통해 보다 구체화된다. 김동인·남궁벽·박영희·김기진 등의 화려한 룸펜 시절은 이러한 유미주의적 미학을 인식한 자들의 정신적인 풍경의 일부였던 것이다.

4. 장미, 절대적 동경의 메타포

이 같은 절대적 미의 인식을 보다 구체적으로 보여주는 사례는 아마도 '장미'에 대한 당대인들의 관심이다. '장미'는 근대시의 이념을 드러내는 하나의 기호이다. 당대에 장미는 '미'에 대한 절대적인 관념을 표상하는 것으로 인식되었다. 당대에서 뛰어난 시인으로 평가되었던 황석우를 비롯해 박영희·나도향 등의 작가들은 이 '장미'가 갖는 관념성에 크게 매혹되었다. '장미'는 기존의 미적 관념을 전도시키는 대표적인 표상이 된다.

장미가 전통적인 미학 체계에서는 그다지 의미 있는 표상물로 이해되지 않았음은 한시를 비롯한 근대 이전의 문학 담론에서 입증된다. 동양 세계의 전통적 미의식을 표상하는 꽃식물은 아마도 대나무·소나무·국화·매화·난초·모란·연꽃 등일 것이다. 대부분의 전통 시화에서 중요한 오브제로 취급된 이 꽃·나무들은 유교적 관념을 배경으로 공적인 가치 체계들을 의미하는 것이었다. 전통적 미의식은 이 식물들이 가진 외양적 모습이나 생태적 습성을 당시 유교 사회의 공적 가치에 투사시킴으로써 형성된 것이다. 사물과 관념, 시적 대상과 그것이 표상하는 의미를 연결시켜 주는 것은 '유사성'이라는 규칙을 통해서였고 그 개념 또한 유사성의 범주 안에서 결정되었다. 예컨대 대나무의 곧고 차며 속이 빈 성질은 신하의 충절과 청렴으로 곧바로 연결되었다. 추운 겨울에 홀로 피는 매화나 서리가 내릴 때 함께 피는 국화, 그리고 사시사철 푸르른 소나무는 시인의 자기 인식을 드러내는 표상이기보다는 충·효·

절 등 공적인 모럴과 공적인 가치를 표상하기 위한 수단으로서의 의미를 가졌다. 자연은 유사성의 체계 내에서 인간의 속성이나 감정들을 대변하는 것으로 이해되었다.

전통적 미의식은 자연의 어떤 특질들을 인간의 의지와 감정들로 환원해서 이해하고자 한 데서 생겨난 것이다. '인간'의 관념을 자연의 속성에 밀착시켜 이해하면서 그것을 통해 당시 사회의 공적인 이념과 가치들을 전파하고 계몽하고자 했던 것이다. 따라서 개인의 신화가 중요한 미적 가치로 자리잡는 서구에서처럼 '장미'가 정열적인 사랑이나 사랑의 절대성을 표상하는 것으로는 이해하기 어려웠을 것이다.

동양에서 '장미'를 소재로 한 시편들은 그다지 많은 것도 아니지만 빼어난 시성을 자랑하지도 않는다. 오히려 붉은 장미가 주는 뇌쇄적이면서도 조금은 경박한 인상은 미적인 것 자체를 은일적이면서 내면적인 것으로 이해해 온 동양 사람들에게는 받아들이기가 쉽지 않았던 것이다. 그래서 시인들은 붉은 장미의 현란함을 즐기기보다는 그 강도와 밀도를 낮추어 '은은한' 군자의 시선으로 붙잡아 매었다. 그 속에서 장미는, 서구에서처럼 가시를 가지고 있는 강력한 의지적 대상이 아니라 개인 내적인 정신성의 표상이 되었다.

장미는 적극적인 의지의 행위를 통해 취해야 할 대상이기보다는 관조의 대상이 되고, 갈구해야 할 사랑의 대상이 되기보다는 한 단계 낮아진 욕망의 뒤를 따르는 인고적인 표상물로 의미화한다. 인간의 욕망하는 육체 뒤에 쓸쓸히 남겨진 아련한 흔적(향기)으로만 자리잡게 되는 것이다. 공적인 가치가 중시되고 개인의 문학 활동이 대체로 공적인 담론의 체계 위에서 행해진 동양 사회에서 '사랑'이라는 개인의 욕망을 담론화하는 것은 규범의 일탈을 의미할 수도 있었을 것이다. 전통적으로 장미가 동양의 시인에게 중요한 시적 대상으로 편입되지 않은 까닭도 여기에 있을 것이다.

당나라 사람 백거이가 쓴 장미를 소재로 한 다음 시 「화왕십팔장미간화시유회소시어겸견증(和王十八薔薇澗花時有懷蕭侍御兼見贈)」을 보자.

> 하늘의 바람과 먼지에 모두 매여있는데
> 장미꽃은 옛 산 깊은 곳에다 자신을 맡겨두었다
> 그대 안타까이 여겨 홀로 계곡 향하여 서 있는데
> 한 자루의 붉은 꽃과 세 곳의 마음

이 시에는 시적 화자의 서성이는 마음이 있다. 시인은 자신의 마음을 장미꽃으로 표상한다. 그러나 무심하게 그냥 지나치는 듯 한 마디 툭 던지고 말 뿐 장미에 몰입하지는 않는다.

장미꽃은 저 산 깊은 계곡의 한 자락에 자신을 내던지듯 맡겨두었다. 장미꽃은 홀로 고독하지만 그 마음은 불탄다. 어떤 열렬한 대상에 대한 불타오름이라기보다는 어디를 향할지 알지 못해 불타는 망설임의 표정이 있다. 시인의 불타는 마음은 심처에 갇힌 자의 내적인 불타오름인 것이다. 가고 싶지만 어디로 향해야 할지 모르는, 혹은 굳이 가야하는지를 의심하는 그런 것. 그러한 망설임의 표정이 '붉은 꽃과 세 곳의 마음'이라는 표현에 숨어 있다. '붉은 꽃'과 '세 곳의 마음'이란 망설임과 불타오름이라는 마음의 무늬를 동시에 띠고 있는 표현인 것이다. 이 절제된 미학은 서양에서 사랑하는 연인에 대한 열렬히 불타 오르는 마음을 표상하는 그런 방식들과는 차이를 보인다.

당나라 선종 시대의 사람 이군옥의 장미는 어떠했는가. 그의 장미 또한 은은한 미색을 풍긴다.

사랑스럽고도 마음 아프니
무정함 오래 지속되지 않고
물결 흔들려 천 뺨에 눈물이
바람 춤추어 이 몸에 향기가
卓文君의 비단을 씻은 듯하고
漢女의 우는 듯 살짝 한 화장기 같은데
떠오르는 것은 雲雨의 밖
어느 곳에 이 향기 부칠까

이군옥의 「임수장미(臨水薔薇)」이다. 물 가까이 피어 있는 장미는 관능적이면서 청초한 매력을 풍길 것이다. 시인은 그것을 '사랑스럽고도 마음 아프다'라고 표현한다. 물결이 흔들릴 때마다 장미꽃잎 위로 물방울이 튀어 오르면서 장미의 움직임에 역동성을 불어넣는다. 장미의 향기는 미세하게 주위에 번지다가 이 역동성 때문에 그 밀도는 더욱 강렬해져 시인의 몸 속까지 스며든다. 몸 속까지 스며드는 장미의 향기란 시인에게 어떤 성적인 메타포와 성적인 상상력을 환기시킨다. 그것은 탁문군과 사마상여의 사랑이며 초나라 양왕과 무산여자의 하룻밤의 사랑이다. 장미의 향기는 시인의 사랑에 대한 동경을 밀도 있게 농축시킨다. 시인의 시선은 강렬하지만 그러나 애틋한 채로 잠재되어 버린다. 서구의 '장미'가 표상하는 것처럼 장미는 사랑하는 연인을 상징하는 듯하지만, 그것은 시인의 욕망 아래에서 지나치게 절제되어 있어 기표화되기를 거부하는 듯하다.

그렇다면 서양의 장미는 어떤가. 서양의 장미는 '정열적 사랑'을 상징할 뿐 아니라 그러한 상징을 넘어서 이상화하고 관념화하면서 하나의 지고한 관념 체계를 만들고 있다. 릴케나 예이츠의 '장미'는 사랑하는 여성만을 의미하지는 않는다. 그것을 넘어서서 서양 형이상학의 두터운 지층을 형성한다. 예이츠는 그의 두 번째 시집을 『*The Rose*』라는 이름으로 간행하기도 했다. 그는 일생의 시력을 '보이지 않는 장미(a secret rose)'라는 화두에 집어 던진다. 이 장미는 한편으로는 그의 영원한 연인이었던 모드 곤에 대한 정열적인 사랑과 충만된 활력을 의미했으며 다른 한편으로는 희랍신화의 여신 팔라스 아테네(Pallas Athene)에 기원을 둔, 에이레의 전설상의 데어도르(Derdre)를 의미하기도 했다. 장미는 연인이자 여신이며, 충만한 아름다움과 미의 영원성을 의미한다. 예이츠가 그의 낭만적인 기질을 에이레의 민족 독립운동에 투사하던 시절에도 장미는 한층 이상화되고 숭고하게 의미화한다. '감정에 사로잡히고 슬픔에 도취된' 그의 낭만적 정열은 장미라는 매개물을 통해 한층 부풀려지고 신비화된다. 장미는 도달할 수 없는 관념 세계에 대한 동경이었으며 도취와 환멸의 숱한 반복에 의해 만들어진 추상적이고 복합적인 감정의 덩어리였다. 그의 일생은 바로 이 '보이지 않는 장미'라는 관념과 이상을 찾아 유목하는 여로 속에 있었던 것이다.[12]

장미의 시인이라 알려진 릴케의 경우 '장미'를 이해하는 것은

---

12) 『외국문학』, 1984년 겨울호, 417면.

그의 전 시적 이력을 이해하는 것일 정도로 중요하다. 한 연구자
는 릴케의 시에 '장미'라는 말이 250번 정도 등장한다고 쓰고 있
다.[13] 릴케의 장미는 몽환적이고 신비롭다. 이는 당시 독일에서 유
행한 유겐트 스타일의 영향 때문이기도 하지만 릴케의 절대적이
고 심미적인 예술관을 대변해 놓았기 때문이기도 하다. 장미는 그
것이 지닌 외적인 특성상 완전하고 가득 찬 것으로 인식되었고 그
래서 신적인 것의 상징이 되었다. 장미는 신적인 것의 세속적 현
현이며 삼라만상을 다 받아들이면서 우주와 관계를 맺는 예술가
의 변용으로 이해된다. 시인은 사물을 받아들여 자기 내적인 우주
속에서 그 자연을 변용하고 정신화하며 영원성을 부여하는 자이
다. 릴케의 장미에 대한 동경은 그의 묘비명이 된 짤막한 소네트
에서 절정을 맞는다.

> 장미여 오 순수한 모순이여,
> 그리도 많은 눈꺼풀 아래
> 누구의 것도 아닌 잠이고픈 마음이여

잠은 자기의 것이지만 누구의 것도 아닌 것이며 구속이자 해방
이다. 첫 줄의 '오'는 경탄과 비탄의 양가적 의미를 띠고 있는데,
그것은 장미의 완전함에 대한 경탄이지만 한편으로는 시인 자신
에 대한 상대적인 열등감의 표현이기도 하다. 그것을 릴케는 '모
순'이라고 표현한다. '장미'의 기호는 생과 사 / 천사와 꼭두각시 /
삶과 일 / 일과 사랑 / 현존과 부재 등 상호 모순적인 개념을 내포

---

13) 볼프강 레트만, 김재혁 역, 『릴케』, 책세상, 1997.

하고 있다. 이 대립적 개념들은 문학적 변용에 의해 변증법적으로 승화된다. 모순된 삶은 시인의 상상과 내면적 시선에 의해 조화되고 충족된다. 이를 릴케는 '순수한 모순'이라 말하는 것이다.[14)]

장미의 기호는 서구 형이상학의 한 완전한 건축물이다. '장미'는 아름다움과 희생, 시인 내면의 개방과 유폐의식의 충돌, 사물과의 화해와 갈등을 의미한다. 이것은 시인이 겪는 실존적 모순의 구체적인 실상들이며 더 나아가 인간 실존의 부조리한 풍경들이다. 그리고 그것을 껴안는 예술가의 존재양식이다.

이 같은 서구의 관념적 미학에 속해 있던 장미는 일본을 거쳐 조선으로 유입되면서 전통적 미학에서 중시되어 온 관념들을 서서히 전도시킨다. 예이츠나 바이런 사상을 번역, 소개하고 있는 번역문들이 많아지면서 이 흐름에 박차를 가한다. 『금성』 3호는 부록으로 '바이런' 특집을 꾸미고 있을 정도이다.

'장미'를 테마로 한 번역시들이 주는 관념의 달콤함은 신시의 원본형을 '관념'의 전사, 바로 그것으로 생각했던 당대 문학담당자들에게 깊은 인상을 남긴다. 잡지 『장미촌』의 표상하고 있는 것이 그 한 예다. 『창조』나 『영대』 등의 잡지의 표지나 삽화에 장미 문양이 자주 나타나는 것도 이 같은 새로운 미적 관념을 보여주는 것이다. 그 담론을 주도적으로 이끌고 가는 황석우·박영희·임노월·노자영 등이 '장미'를 통해 근대시적 이념을 표상하고자 했던 것도 마찬가지 이유이다.

孤獨은내靈의月世界,

---

14) 볼프강 레트만, 김재혁 역, 『릴케』, 책세상, 1997, 713면.

나는그우의沙漠에깃드러잇다,
孤獨은나의情熱의佛土,
나는그우에한적은薔薇村을세우려한다,
그리하여나는스사로그村의王이되려한다
아아나는孤獨에도라왓슬째, 비로서
나의慧智가눈씀을알認識엇다,
孤獨은苦痛이아니고, 나의慧智에의
즐겁은黎明일다,
실노孤獨은神과人과의愛의경계,
이곳에드러와야,
神의감춘손(秘手)을쥠을엇는다,
안일다, 孤獨그自身이「愛」일다,
神과人과의愛, 神人同體의
가쟝合理的의强하고, 淨한愛일다,
아아孤獨은愛의絶頂일다
이우를넘어서는愛가업다,
아아나는이우에한적은薔薇村을세우려한다,
아아나는스사로그村의王이되려한다
—「薔薇村의 饗宴－序曲」, 『장미촌』창간호

    황석우는 '장미'를 통해 개인 주체의 고독과 그 혼의 장엄함에 대해 이야기한다. 고독은 정열의 불토, 신과 인간의 경계에 있는 것, 신인동형의 표상, 애의 절정, 가장 강하고 절대적인 위치에 있는 것이며 이 위에 다가갈 수 있는 것이라고는 아무것도 없다. 단지 이를 표상하는 기호적 상징물인 '장미촌'이 있을 수 있을 뿐이다. '장미촌의 주인이 될 수 있는 자는 고독한 영혼을 소유한 시인 자신이다'는 언술은 시인이 갖는 절대적 존재로서의 자기 인식을 보여준다. 시인은 열정과 고독과 혼의 세계에서 절대 권력을 쥔 자이다. 그는 신이거나 신과 유사한 존재이다. 이 같은 '시인-신 동형론'이 근대문학 예술의 기본 개념을 관통하고 있다. 이같이 문학을 절대적으로 표상하는 것으로서 인식된 '장미'는 당대적 경향에 따른 것이다.[15] 절대 세계의 동경, 생의 주인이자 신인적 주체로서의 자기 인식, 인간적 경계를 넘어서려는 고독한 의지가 '장미'의 기호가 표상하고 있는 의미이다.

1920년대의 시인들에게 사랑은 절대적인 것이며 최상의 가치를 지닌다. 그것은 이 시대의 주류 담론인 유미주의적 미학 체계에서 중요한 카테고리를 형성한다. 장미는 '사랑 이외에 무엇이 있겠는 가'라는 이 시대 시인들과 작가들의 미학적 인식을 그대로 투영해 내고 있다. 이것이 은유로서의 시, 근대시(신시)의 중요한 담론 체계를 이루고 있는 것이다. 이 은유의 성격을 이해하지 않고 오직 형식적인 차원에서 보자면, 근대시의 형성을 논하는 것은 그래서 불충분할 수밖에 없다. 형식적인 차원에서는 개화기 신체시의 경우에 이미 전통시형이 파괴되고 근대시형이 형성되고 있음을 목격할 수 있으며 그 실례를 충분히 확인할 수 있다. 문제는 근대적 미의 개념이 어떻게 언제 형성되는가 하는 것이다. 동인지 시대 시를 전후로 '장미'의 표상이 나타나는 것은 이 근대적 미학이 형성됨을 의미한다. 이로써 우리 근대시는 그 본도(本道)를 찾게 된다. 그것이 인공적이며 미숙한 관념으로 보이는 것은 당연한 것인데, '장미'로 표상되는 서구 형이상학 자체가 우리에게는 문화적이며 관습적이기보다는 인공적인 성격을 가질 수밖에 없기 때문이다.

---

15) 조영복, 「『장미촌』의 비전문문인들의 성격과 시 사상」, 『한국문화』 26, 서울대 한국문화연구소, 2000.12 참조.

제 **2** 장

근대시 연구와 실증적 방법

1. 연구자의 관점

그러면, 동인지 시대에 이르러 본격화되는 근대시의 미학적 이념은 어떤 틀을 통해 이해할 수 있는가. 이를 위해서 어떤 관점의 도입이 연구자에게 필요한가. 이 장은 이 같은 질문들로부터 시작하도록 하자.

1920년대 초기, 이른바 '동인지 시대' 시 연구에 대한 우리 세대 연구자의 관심은 무척 미미한 편이다. 1980~1990년대 리얼리즘 문학이 주된 연구 대상이었던 문학 연구 풍토와도 무관하지 않은 듯하지만, 그보다 본질적인 이유는 아마도 우리가 이 시대 시에 대해서 가지고 있는 어떤 선입관에 의한 것이 아닌가 한다. 이 시대 문학에 대한 부정적 평가는 대체로 이 시기 문학 텍스트들이 서구 상징주의, 낭만주의 문학의 모방이며 따라서 문학적 질(문학성)이 낮다는 데 있다. 이 시기 문학을 '퇴폐주의(데카당스)'로 한정할 때 연구자가 가지는 윤리적 태도는 이 시기 시를 이해하는 데 하나의 걸림돌이 되었다. 이 시기 문학 담당자들이 당대의 문학 행위를 평가하는 측면[1]이나, 우리 윗세대 연구자들이 이들의 문학 활동을 문학사적으로 평가하는 측면[2]에 비해서, 그리고 현대 시사에서 이 시기 문학이 갖는 시사적 중요성에 비해서도, 우리 세대의 관심의 정도는 지나치게 편향적이거나 제한적이다.

본인은 이 시기 시에 대한 몇 편의 논문을 발표하면서[3] 현재 우리 시 연구의 방향과 시사를 보는 관점 자체에 대한 반성의 필요성을 제기한 바 있다. 1920년대 동인지 시대 시뿐 아니라 근대 시 전반에 대한 편견이 연구자의 내면에 자리잡고 있을 때 현대 시사는 정당하게 평가될 수 없다고 판단된다. 1차 자료 및 그 주

---

1) 박영희, 「초창기의 문단측면사」, 『현대문학』, 1959.9∼1960.5; 김기진, 「한국문단측면사」, 『사상계』, 1956.8∼12; 박종화, 「백조 시대와 그 전야-신문화의 남상기」, 『신천지』, 1954.2.
2) 백철, 『신문학사조사』, 신구문화사, 1983; 조연현, 『한국현대문학사』, 성문각, 1969; 김용직, 『한국근대시사』, 학연사, 1986.
3) 조영복, 「동인지 시대의 담론과 '내면-예술'의 계단」, 『한국문학과 계몽담론』, 새미, 1999.
_____, 「1920년대 동인지 시대 시의 관념성과 은유의 탄생」, 『문학과 교육』 9, 1999년 가을호.
_____, 「동인지 시대 시 해석에 대한 몇 가지 문제」, 『한국학보』, 1999년 겨울호.
_____, 「동인지 시대 시의 언어와 미의 인식」, 고려학회 논문 발표문(1999) 및 논문집(2000) 참조.

변 자료에 대한 관심의 결여 혹은 무시, 2차 연구 자료를 통해 얻은 지식을 통해 전체 시사를 이해하고 있는 태도, 시 원본 텍스트의 중요성에 대한 인식의 미비 등은 현재 일부 시 연구자들의 무의식을 점유하고 있는 듯하다.

이 같은 태도는 본인 스스로의 것이지만 외국 이론의 홍수 속에서 문학 공부를 했던 우리 세대가 가지고 있는 한계 그것일 수도 있다. 시 연구에 있어 실증주의적 방법이란 고루한 것인가, 시어의 해석은 어디에 기초해야 하는가 하는 문제들은 문학 연구의 원칙론에 속하면서도 필자가 대답하기는 여전히 어려운 문제이다. 이 글은 따라서 우리 세대 시 연구자들이 동인지 시대를 전후로 한 근대시 전반에 대해 새로운 관심을 갖고 연구 방법을 같이 모색해보고자 하는 의도를 가지고 있다.

2. 원본 텍스트 읽기의 중요성

백철이 『신문학사조사』를 통해 동인지 시대 시사를 정리한 이래, 동인지 시대 시는 실증적 연구의 바탕 위에서 견고한 정점을 이루고 있는 듯 보인다. 백철 이후 선대 연구자들이 견지했던 근대시 연구의 한 축은 실증적 연대기적으로 사료를 정리하고 문예 사조사의 관점에서 이를 해석하고자 한 것이라 말할 수 있다. 김용직의 『한국근대시사』(上 · 下, 학연사, 1986)와 같은 저서가 근 · 현대 시사 저술의 한 매듭을 이루는 것은 사실이다. 이 저서에서 보여주는 시사 기술의 방법 또한 실증적 자료의 수집과 그 연대기적 기술에 토대한 것으로서 백철의 문학사 서술 방식으로부터 거의 벗어나지 않는다. 이들 저서들은 1차 자료를 수집하고 정리하는 열정이 시 연구의 가장 기본적인 것임을 분명하게 보여준다. 그러나 이 저서들이 '움직일 수 없는 사실(史實)'을 바탕으로 시사를 정리했다는 인상은 역설적으로 후대의 연구자들에게 해석학적 지평을 쉽게 열어놓지 않는 요인이 되기도 한다. 신진 연구자들이 이 시기 시를 보는 관점은 선대 연구자들이 이해하고 해석하고 평가한 그것에 전적으로 기대어 있다. 동인지 시대 시를 인식하고 해석하고 평가하는 지평도 대체로 백철 이후 선대 연구자들이 우리 근대시사를 정리하면서 평가한 일련의 논의들에 대체로 빚지고 있다. 이는 실증적인 연구 방법과 해석 및 평가에 대한 무관심과 연결된다. 실증적인 자료 수집이 '마감되었고' 평가 자체가 완결되었다고 인식함으로써 이 시기 시를 연구의 대상에서 제외하거나 정교하게 해석하고자 하는 태도를 배제시키는 경향을 낳고 있는 것이다. 이는 근대시 연구를 특정 시기의 한 분야 예컨대 1930년대 모더니즘 시로 편향시키거나, 근대 초기 시에 대한 평가를 제한시키는 동인이 되었다고 생각된다.

따라서 이 시기 시를 연구하는 데 있어 무엇보다 요구되는 것은 원본 텍스트 읽기의 성실성이다. 최근 문학 연구의 경향은 2차 자료, 곧 연구 자료를 중심으로 시사뿐 아니라 한 시기의 시 전체를 평가한다는 것이다. 우리가 2차 연구 자료만을 보고 근대시를 이해하게 되면 사실에 대한 불충분한 이해, 근거의 희박 등으로 기존 연구나 평가의 반복 재생산에 머무를 위험이 있다.

다음으로 관심을 기울일 문제는, 어떤 기준으로 이 시기 시를 해석하고 판단할 것인가 하는 문제이다. 선대 연구자들이 이루어 놓은 실증적 연대기적 연구를 바탕으로 보다 섬세한 해석학적 연구가 필요한 시점이다. 실증적인 방법은 일면 해석학적 방법과 연속적인 성격을 가진다. 우리가 어떤 자료를 선택하는 것 자체가 해석학의 출발이 된다. 따라서 1차 자료에 대한 재인식, 해석을 위한 방법적 틀을 고려하는 것이 이 시대 시 연구에 있어 가장 중요한 전제가 된다고 할 것이다.

마지막으로는, 연구자의 관점이다. 시사적 사실들을 어떻게 받아들이는가 하는 것, 그것을 가치판단하고 평가하는 근거를 어디에 두는가 하는 것은 평가·해석의 과정에서 그대로 투영된다. 따라서 기존 해석의 관점으로부터 끊임없이 자신을 소외(疏外)시키는 연구자의 '거리두기'와 전략적인 태도가 요구되고 있는 것이다. 이 세 가지 측면을 염두에 두고 다음 사항들을 점검해보기로 하자.

3. 다섯 가지 관점의 접근과 문제점

지금까지 동인지 시대 시 연구는 다음과 같은 몇 가지 관점에서 이루어졌다. 이 관점들은 서로 상관적으로 얽혀 있어 분리해서 설명하기는 다소 어려운 측면이 있지만 일단 나누어서 설명하도록 하겠다.

　첫째, '문예 사조사'의 관점에 의존하는 경우.

　이는 분명히 현실감이 있고 당대적 분위기를 파악하는 데 도움을 준다. 그리고 실증적인 자료 조사를 하지 않고서도 사조사의 입장에서 텍스트를 기본적으로 평가할 수 있게 한다. 당대 문인들이 증언이나 회고록에서 충분히 밝히고 있듯, 이 시기 시는 상징주의나 낭만주의 시 혹은 그것의 모방으로 이해된다. 동인지 시대 시 담당자들이 분명 서구의 상징주의나 낭만주의를 받아들인 것이 사실이기는 하지만 이를 서구 문예 사조의 단선적 구도에 그대로 적용시켜 이해하기에는 난점이 있다.

　대체로 인정하고 있지만 '한꺼번에 다 쏟아져들어 온' 이 서구의 문예 사조를 급격히 수용하는 양상은, 역으로 말하면, 그것을 사조로 받아들였다기보다는 '근대예술' 혹은 '근대시'의 원형을 모색하는 과정이었음을 의미한다. 근대시의 개념을 정립하는 데 있어 시를 통해 한 개인의 고독과 주체적 의지를 확인하는 것만큼 중요한 의미를 지니는 것은 없었다. 그것은 주요한의 「불노리」에서부터 이상화의 「나의 침실로」에 이르는 우리 근대시사의 긴 통로를 이룬다. 이 시기 근대시의 영역은 폭풍같이 휘몰아치는 개인 내면의 언어들에 의해 점유된다. 시적 주체의 고독·번민·오뇌 등의 정서는 내면의 근대적 미학의 체계 내에 있는 것이다. 형성 단계에 있던 우리 근대시가 외국 문예 사조를 받아들이는 뚜렷한 목적은 바로 이 개념항들의 수용에 있었던 것이다. 이는 박영희의 '문학 계단론'과 '완전한 문학에 대한 동경'을 통해서도 확인된다. 따라서, 상징주의·낭만주의·퇴폐주의의 계보를 따지고 우리 근대시를 이것들과의 질적 차이로 평가하는 것은 별 의미를 갖지 못할 듯하다.

따라서 우리 시를 서구 문예 사조사 중심의 논리로 이해하게 되면 어떤 오류에서 쉽게 빠져나오지 못한다. '우리 근대시는 상징주의 시를 모방한 것이다'는 전제를 사용하는 경우에 간혹 목격되는 위험이 바로 이것이다. 이 같은 추론은 다음과 같이 발전한다. '상징주의시는 퇴폐적(세기말적·허무주의적) 경향을 가진다. 따라서 우리 근대시는 퇴폐적(세기적·허무주의적)이다.' 이 같은 추론을 통해 우리는 무의식적으로 당대 시를 세기말적·퇴폐적·병적이라는 평가 속에 가두어 버린다. 혹은 이 같은 사실을 전제하고 시어 하나 하나를 그 기준에 맞추어 해석하게 된다. 잘못된 전제로부터 추론된 결과는 역시 잘못된 결과에 이르게 된다. 이런 결과로 동인지 시대 시의 가치는 그 실증적인 단계에서부터 부정적 측면을 드러내며 그 토대 위에서 가치 평가된다. 귀납적인 방법을 통해 '증명'되기보다는 연구를 시작하는 초기 단계에서부터 이미 부정적인 가치 평가를 내재한 채 후속 연구를 진행하는 것이다.

문예 사조사의 관점에서 우리 근대시사를 규명하다보면, '원형(기본형, originality)'과 '파생형'(결핍형), '중심'과 '주변'이라는 견고한 이분법적 틀에서 벗어나기 어렵다. 서구 문예 사조사에서의 상징주의, 낭만주의 시와 비교한 우리 근대시는 말 그대로 결함을 가진다. '미숙한 모방'은 이 시기 시의 한계를 지적하는 중요한 담론이다. 동인지 시대의 시를 전적으로 서구 상징주의, 낭만주의 시와 분리해서 생각할 수 있는가 하는 의문은 정당한 것이다. 하지만, 당대 문학 담당자들이 상징주의 시를 근대시의 원형으로 생각했다는 것과 서구 상징주의 시의 규범을 잣대 삼아 우리 근대시를 평가하는 것은 분명 별개의 문제로 생각된다. 그간 서구 문예 사조사에서 낭만주의·상징주의의 사적 필연성과 전개 과정, 그리고 이들 시에 나타난 원리·규범·태도·정신 등은 충분히 설명되었고 이를 우리 근대시와 비교 분석하는 연구도 꾸준하게 진행되었고 그 성과도 컸던 것이 사실이다.

그러나 이제는 우리 근대시사를 이해하는 데 있어 문예 사조적 사실에 대한 연구자의 가치판단이 무엇보다 필요한 시점이다. '실증적 태도란 그 자체로 가치판단적이며 실증주의가 곧 해석학이다'는 가다머의 유명한 논구를 여기서 기억해도 좋을 것이다. 텍스트의 가치는 대상과 독자의 상호 원근법적인 접근에 의해 결정되는데, 자료를 선택하는 것 자체가 연구자의 해석학적 지평에 의해 판단되기 때문이다.

이와 관련해, 실증적 관점과 해석학적 관점을 어떻게 적절하게 조화시키는가 하는 문제가 대두된다. 예컨대, 박영희나 이상화 등의 시를 퇴폐주의나 상징주의 시로 이해할 수 있는가 하는 것은 실증적인 접근을 필요로 하는 문제이다. 그러나 그들이 이를 보들레르로부터 차용해 왔다고 해서 그 모방의 정도·진위를 측정하는 것이 근대시를 해석하고 평가하는 기준이 되는가 하는 것은 재고할 사항이 아닐 수 없다. 텍스트의 발생과 그것의 가치는 당대의 사회 문화적 상황과 접합되는 콘텍스트 안에 존재한다. 시 텍스트의 해석은 텍스트를 우리의 역사적 상황과 당대의 시대적 의미를 통합하는 이른바 '지평융합(fusion of horizons)'4)의 차원에 존재한다. 실증적인 방법

---

4) 조지아 원키, 이한우 역, 『가다머 해석학 전통, 그리고 이성』, 민음사, 1999, 126면.

에서 자료 그 자체가 되는 '대상'은 해석학의 입장에서는 해석자와 분리되어 독립적으로 존재하지 않는다. 해석자의 전망과 대상이 융합되어 새로운 텍스트를 형성한다. 그렇다면 근대시 100년의 시점에서 새삼스럽게 근대 동인지 시대 시를 새롭게 해석해야 할 필요가 있는가 하는 의문은 쉽게 해소될 것이다. 이 모든 문제는 연구자 스스로 판단해야 할 사항이다.

둘째, 비교문학적 방법의 수용에 관한 것.

비교문학적 방법의 가장 근본적인 단계는 원형과 모방, 창조와 수용의 관계를 밝히는 것이다.[5] 근대시의 태동은 대체로 서구 문예의 모방과 수용의 역사 안에서 이해되었다. 우리 근대시 연구는 그 자체가 일반문학의 연구 대상이면서 비교문학 연구의 대상이 되었다. 그런데 이 점이 이 시기 시를 연구, 이해하는 데 어려움을 던지게 된다. 이 '모방과 수용' 자체를 어떤 '결함'으로 인식하고 이를 위해 원본을 추적하고 비교 대조하는 연구 방법의 문제에 대해서는 연구자들이 깊이 생각해볼 필요가 있다.

보들레르나 싸멩·베를렌느·타골·시몬즈 등의 상징주의 및 낭만주의 텍스트가 우리 근대시에 수용되는 단계는 분명 확실하고 전폭적이다. 이 영향 관계는 국문학자들뿐만 아니라 외국문학 전공자들에 의해서도 널리 입증되었고 비교문학적 서지 속에서 충분히 확인된다. 이 시기 문학 담당자들 스스로도 '영향'의 사실을 인정하고 있고, 자신의 시에 나타난 차용의 흔적들을 구체적으로 지적하고 있기도 하다. 그렇다고 해서 이 시대 문학담당자들이

---

5) 이혜순, 『비교문학 1-이론과 방법』, 과학정보사, 1986, 105~120면.

외국시를 수용, 번역·모방한 사실 그 자체만을 가지고 이 시기 시를 평가할 수는 없다. 연구자의 입장에서는 이 '순수한 의도'를 전적으로 인정할 수도 없고 '결정적인 의미'로 규범화해서도 곤란하다.[6] '순수한 의도'란 항상 행위자의 차원을 넘어서며 역사적 이해 속에서 실천적으로 구현된다. 이 '순수한 의도'의 문제는, 허쉬·블롬·가다머 등의 이론에서 보듯, 신비평과 그 후대의 텍스트 비평, 독자비평의 관점에서 철저하게 부정되거나 변형된다. 이 '순수한 의도'의 문제는 연구자들의 엄정한 판단과 실증적인 텍스트 검토를 통해 관통해 들어가야 할 문제라 생각된다.

또한, 상징주의·낭만주의 수용이 단순히 일본 상징주의를 그대로 전사하거나 이차 번역의 수준에서 이루어진 것만이 아니라는 것도 기억할 사항이다. 황석우나 남궁벽·오상순·주요한·박영희·박종화·김기진·이상화 등 이 시기 시인들이 상징주의 시를 접하고 이해하고 내면화하는 동기는 비슷했다고 해도 그것이 실제 시 창작 과정에서 드러나는 양상은 아주 판이하다. 이 차이를 추적하고 분석하는 것도 이 시기 시 연구의 중요한 과제라고 할 수 있다. 예컨대, 동경 영어정칙학교를 다녔으며 영어 원서를 상당 부분 소장했고 그것을 독해할 수 있었던 박영희나, 불어를 알았던 이상화 등에게는 일본어로 번역된 상징주의 텍스트만이 그들 시의 원천이 되었던 것은 아니다. 일본을 통해 서양 상징주의, 낭만주의 시가 많이 소개되고 있었지만 일본어 번역서를 통해서만 상징주의를 받아들인 것이 아닌 것이다. 이것들은 당대 텍스트를 독

---

6) 조지아 윈키, 이한우 역, 『가다머 해석학 전통, 그리고 이성』, 민음사, 1999, 85~93면.

해하는 과정에서 충분히 검증된다.

박영희의 '보들레르' 수용은 배재고보 시절부터 〈카프〉에 가담하기까지 지속되는데, 그가 이를 영어 번역본으로 읽었다는 사실은 다음과 같은 자료에서 확인된다. 박영희가 쓴 「「악(惡)의 화(花)」를 심은 쏘드레르론(論)」(『개벽』, 1924.6)에는 보들레르의 산문시 『파리의 우울』 중 15편인 「과자」가 박영희의 번역으로 게재되어 있다. 이 자료를 주목해보자.

> 내가 나의 썩을 자를 쌔에 쩌드는 소리가 나서 나를 치여다 보게 하엿다. 내 압헤는 散髮하고도 더러운 옷 입은 한 少年을 보앗다. 그이 쌩한 눈은 썩 한 조각을 熱望하고 서 잇다. 그리고 나는 그 少年이 헐썩거리며 나즌 목소리로 [썩]이라는 소리를 들엇다. 나의 흰 썩을 위해서 일흠을 부르는 것을 듯고 나는 우숨을 禁치 못하엿다. 그리하야 나는 썩 한 조각을 비여서 그에게 주엇다. 그는 가만가만히 내게로 와서 그는 그 썩조각만 드러다 보다가 내 손에서 별안간 쌔여서 갓다
>
> —『개벽』, 1924.6

그가 동경 정칙영어학교(正則英語學校)를 다녔다든지, modern library · everymans library와 같은 문고판 영어 원서를 미국에 직접 주문해서 사 보았다든지[7] 하는 회고를 통해 박영희의 영어 원서 해독 능력은 충분히 검토된다. 뿐만 아니라 이 텍스트의 원본이 무엇인가 하는 판단의 근거는 이 텍스트 자체에 있다. "나는", "그는"과 같이 주어를 반복해서 사용한 점, "내가 나의 썩을"과 같이 주격과 소유격을 혼재해서 번역한 점, "나의 흰 썩을 위해서"에서 보듯 'for'를 직

---

7) 이동희·노상래 편, 『박영희 전집』 2, 영남대 출판부, 1997, 119면.

역하는 방식, 그리고 "나를 치여다 보게 하엿다"와 같은 사역동사식 구문 등에서 이것이 주로 영어 텍스트에 의존한 번역일 가능성을 확인할 수 있는 것이다. 즉 상징주의 및 낭만주의 수용이 일본어 이차 번역 텍스트에 전적으로 의존했다는 논의는 수정될 필요가 있는 것이다. 마치 동인지 시대 시들이 대부분 '일본어 이차 번역'을 통해 수용된 서구 상징주의, 낭만주의 시의 모방이라고 이해하거나, 바로 그것이 질 낮음을 증거하는 양 이해하는 태도는 이 시기 시에 대한 정당한 평가를 불가능하게 할 수 있다. '일본어 이차 번역'이라는 문제가 항상 이 시기 시를 가치 평가하는 데 결정적인 작용을 하기 때문이다. 이는 바로 이 시대 시에 대한 시 연구자들의 무관심을 불러일으키는 동인이 되기도 한다.

즉 당시 시인들이 받아들인 상징주의나 낭만주의는 서구 문예사조가 전개되는 내적 필연성과는 다른 맥락에서 이해되어야 한다. 당시 시인들에게 서구 낭만주의나 상징주의 시는 하나의 '틀'이다. 반복해서 말하면, 그것은 우리 근대시에서 시인의 내면이 형성되는 단계에서 하나의 장치로 기능한다. 상징주의, 낭만주의는 시인의 내면을 담아내는 일종의 '거푸집'과 같은 것이다. 그들은 근대시에서 근대적 주체로서의 인간과 예술(시)을 본다. 그것이 바로 근대시의 본질이자 그들이 추구한 절대적 이념이 된다. 이 같은 관점에서 상징주의 수용의 역사를 우리는 다시 점검해보지 않으면 안 된다. 상징주의나 낭만주의의 수용 과정을 비교문학적 방법의 틀 안에서 '근원'과 '모방'의 관계로 이해하기보다는 담론 형성의 계보학적 단계를 꼼꼼하게 살펴보는 것이 더욱 중요하다는 뜻이다.

예컨대 당대에 '보들레르'가 어떻게 수용되고 있는가는 시 이외의 다른 주변 텍스트들을 통해서 보다 정밀하게 검토되어야 한다. 즉 박영희의 「월광으로 짠 병실」이나 이상화의 「나의 침실로」가 구체적으로 당대에 번역되거나 수용된 다른 텍스트들과 어떤 관계를 맺고 있는가를 실증적으로 검토할 필요가 있다. 그 검토 과정에서 우리는 다시 박영희의 「「악(惡)의 화(花)」를 심은 쏘들레르론」을 만나게 되는 것이다.

이 텍스트는 두 가지 흥미로운 사실을 확인해준다. 하나는 박영희의 내면을 오랫동안 붙잡고 있었던 '달'의 상징성. 그리고 다른 하나는 이상화의 「나의 침실로」에서 문제적이고도 난해한 구절로 손꼽히는 2연의 첫 구절, "「마돈나」 오렴으나 네집에서눈으로遺傳하든眞珠는, 다두고몸만오느라"를 어떻게 해석할 것인가에 대한 작은 암시. 이 글에서는 특히 후자에 주목한다.

이 구절은 그간 연구자들에 의해서 꾸준히 해석이 시도된 바 있다. 먼저, 문맥적 해석의 용례는 아래와 같다.

①'겉치레고 뭐고 다 버리고—관습이고 다 버리고—알몸으로 오너라'는 의미이다.
②'진주'를 겉치레, 장식품으로 볼 것인가, '눈물'로 볼 것인가. 눈물로 보는 경우, '눈물'이라든가 감상에 젖지 말고 몸만 빠져 나오라는 행동을 촉구하는 의미이다.
③삶과 죽음, 일상적인 여자로 머무는 일과 영원한 여성이 되는 길의 두 가지 중 하나를 선택하는 것, 즉 삶의 일상성과 영원한 여성이 되는 길 중에서 후자를 선택할 때 흘리는 인간으로서 가지는 연민의 눈물을 거두고 빨리 오라고 말하는 것이다.

이 구절의 해석은 다음에서 보듯 이 시의 전반적 주제를 밝히고 그것을 평가하는 측면과 결부되어 있다.

> ④ 1920년대 팽배했던 세기말적 데카당스의 전형이며, 전반적인 관능과 퇴폐가 인간의 육체적 행복을 억압하는 융통성 없는 사회 환경에 대응하는 시인의 역설적 행위를 의미한다.
> ⑤ 마돈나와 나 사이의 정사는 현실이 아닌 꿈속의 일이다. "눈으로……"의 구절과 "수밀도의 네 가슴" 등의 표현에서 마돈나가 성적인 대상이며 이는 정사의 행위와 관계있는 내용임을 알 수 있다.
> ⑥ 백기만의 회고를 근거로, 이 시가 금강산 등을 유람하던 시기인 이상화의 나이 18세 때 창작되었다는 점을 주목한다. 보금자리를 잃어버린 방랑자의 마음이 마돈나를 애인(조국)으로 상징해 일제의 탄압으로부터 주권의 회복을 염원하고자 하는 심상을 낳게 된다. 마돈나를 일제로부터 보호하려는 시인의 상상활동을 엿볼 수 있다.

이상의 자료에서 보듯, 이 같은 해석과 평가는 다소 주관적이거나 환원적임을 부정할 수 없다. 이 같은 다소 불투명한 평가는 텍스트를 다시 실증적인 측면에서 검토함으로써 극복할 수 있을 것이다. 당대의 다른 텍스트들을 실증적으로 검토하는 과정에서 이 구절이 수용되는 무의식적 배경을 이해할 수 있고 그를 통해서 이 시를 보다 합리적으로 해석할 수 있는 가능성을 얻게 된다.

본인의 조사에 의하면, 이 문제적 구절은 보들레르의 시 「마돈나에게(àune Madone)」와 관련이 있어 보인다.8) 즉 이상화의 시의 구절은 「마돈나에게」라는 시와의 관련성 속에서 이해할 때 해석의 적절성을 보장받을 수 있다. 이를 통해 이 시의 주제를 설정하는

---

8) 자세한 것은 91면 참조

것이 더 투명한 해석 방법일 수 있는 셈이다.

> 黃金과푸른寶玉으로색이인 / 한 神堂을세우러로다 나의 聖像아! / 그러고나
> 의流暢한詩로쎗고 / 水晶과가티반작이는 내 詩韻을박은, / 黃金의王冠을너를
> 씨우고, / 쏘나는 나의熱情으로짠外套를너를위하야만들고 / 그리고 내의不幸
> 으로하야무거워진 / 거칠고 굿든 옷을주리라 / 그러나 그옷가에는 眞珠대신으
> 로 / 내눈물의眞珠를 박어서만들리라9)

이상화 시의 이 구절은 박영희가 당대에 쓴 이 한 편의 글에서 그 상관성을 추적할 수 있는 단서를 얻게 된 것이다. 당대에 보들레르 시의 구절을 읽고 번역·수용하는 것은 일반적인 일 중의 하나였을 것이다. 이상화가 「나의 침실로」를 쓰면서 이 구절을 의식했던가 아닌가 하는 것은 별반 중요하지 않다. 단지 당시 그가 읽었던 텍스트들 속에서 그리고 당대 지식인들이 일반적으로 수용하고 있었던 외국문학 특히 상징주의 시와 그 담론 내에서 이 시구가 가능할 수 있었던 것이다.

이상화 시의 이 대목을 해석하는 연구자들이 대부분 진주를 '겉치레 장식한 옷'의 의미로 이해하고 "그것을 다 벗고 몸만 오너라"라고 이차적 해석을 하고 있는 대목은 보들레르 시에서 나타나는 '외투'의 맥락과 중요한 연결점을 시사한 것이다. 하지만 보들레르의 텍스트를 염두에 두지 않았던 탓에 대체로 단편적인 해석의 수준에 머무르고 있다. 그것이 당대 시인들의 시에 실천적으로 투영되는 양상, 의식적 무의식적으로 수용되는 단계들을 살펴본다는 것은 비교문학적 방법이기는 하지만 우리 시를 이해하는 데 있

---

9) 박영희, 「「惡의 花」를 심은 쏘들레르론」, 『개벽』, 1924.6.

어 중요한 의미를 얻게 된다. 우리 시 연구를 실증적인 차원에서 한 단계 끌어올려 보다 의미있고 적절한 시 해석의 길을 열어주는 것이다.

단순히 근원과 모방의 사실 확인이나 진위의 여부, 번역 수준의 높낮이를 가리기 위해 비교문학적 접근을 필요로 하지는 않는다. 당대의 많은 텍스트들을 통해서 확인할 수 있는 것은 어느 시인이 서구 상징주의 및 낭만주의 시인 누구를 모방하거나 그것을 인용했다는 사실보다는 당대의 일반적인 시적 담론의 층위 속에서 이를 어떻게 이해하고자 했는가 하는 태도를 발견할 수 있다는 것이다. 특히 비교문학적 방법에 대해서는 우리 스스로 분명한 관점을 유지해야 한다. 근대시에 대한 이해의 폭을 넓혀 가는 시점에서 비교문학적 방법은 검토할 만한 것이다. 하지만 이를 대하는 해석자의 태도는 조심스럽고 진지한 것이어야 한다.

비교문학적 방법을 적용하는 데 있어 연구자의 관점은 중요하다. 비교문학의 전통적 방법은 '영향 관계 연구'이다. 이는 우리 근대시가 서구 시의 어떠한 영향 관계 아래 놓이는가 하는 점을 밝히는 것이다. 그러나 이 방법을 맹목적으로 받아들이게 되면 근대시 연구는 대체로 '결함'과 '한계'를 지적하는 데 소임이 바쳐질 뿐이다. 비교문학은, 지리적 근접성과 용이한 문화적 접근성을 가지고 있었던 유럽의 특성상 문학 연구 방법의 하나로 정립될 수 있었다. 유럽을 중심으로 발전했던 비교문학 연구는 미국화하면서 점차 다양화·세밀화하고 대중적으로 변화해 갔다. 한국문학 연구자로서, 서구문학이 가진 '선점된 권력'을 통해 우리 시를 이해하는 관점을 그대로 따를 필요는 없다. 비교문학이라는 학문의 근거가 이미 비서구 국가나, 제3세계에서 비판을 받고 있는 현황에서 비교문학 연구 '방법' 자체에 매달리는 경우 이들 비서구 국가의 근대문학 형성 과정은 한편으로는 '후진성'의 것으로, 한편으로는 부정적인 의미에서의 '지역성과 변경성'을 벗지 못한 것으로 오해되기 쉽다. 우리 근대시를 서구의 충격에 의해 형성된 것으로 이해해 온 관점에 따른다 해도, 이 '충격'을 '원천'과 '모방'의 관계 속에서 볼 것인가, '수용'을 통한 '창조'로 볼 것인가 하는 것은 확연히 다른 결론에 이르게 한다.

당대 담론의 주류가 무엇인가를 이해하는 것이 문학사 이해뿐 아니라 비교문학적 방법의 완고한 틀을 벗어나는 데 도움이 된다. 1920년대 근대 초기 시 담당자들이 자신들의 문학 활동을 '민족주의적'인 혹은 '계몽적인' 방향에서 이해하고 있었다는 점을 간과해서는 곤란하다. 그들이 상징주의나 낭만주의 경향의 문학을 '운동'이라는 거시적 차원에서 받아들이고 자신들의 문학을 '운동'의 측면에서 규정하는 것도 같은 맥락이다. 즉 이 시기 시에 관한 한, '비교문학'의 의미 자체를 '비교'가 아닌 '문학'의 항으로 무게중심을 옮겨 올 필요가 있는 것이다. 당대 담론의 층위를 절단해 내고 그 절단면을 분석함으로써 이 시기 시를 적절하게 해석할 수 있는 하나의 방법론적 틀이 구축될 수 있을 것이다.

셋째는, 해석학적 방법의 반성이다. 동인지 시대의 시는 실증적으로 사실을 확인해야 할 부분이 많이 남아 있다. 그 실증적인 자료들을 중심으로 시를 정교하게 해석하는 것은 특히 미지의 영역으로 남겨진 것이 많다. 시 해석의 틀, 곧 방법론을 어디에서 빌려 올 것인가를 고려하는 것은 시 연구자가 더욱 심려를 기울일 대목이다.

　우리가 상당한 정도로 기대고 있는 것은 여전히 역사주의적·
윤리학적 방법 및 태도이다. 우리 근대시 태동의 배경과 전개 과
정을 보건대 형식주의적 방법은 여전히 소루한 감이 있다. 그 못
지 않게 역사주의적 입장도 분명 방법의 선회를 요구하고 있다.
예컨대, 이상화「나의 침실로」는 앞에서도 이미 언급했듯, 여전히
역사주의 방법의 틀 속에서 이해하는 것이 주류적이다. 이 시 해
석의 역사는 아마도 우리 근대시 해석의 역사를 그대로 보여주는
것이 될 것이다. '3·1 운동 이후의 지식인의 좌절과 그로 인한 허
무주의 경향을 드러낸 것'이라는 평가는 일면 의미 있지만 그러한
규정이 오히려 시 전체의 세밀한 구절들을 해석하는 데 장애가 되
기도 한다. 이 시에 대해 우리가 이해하고 있는 많은 항목들은 동
인지 시대 시 자체에 대한 편견과 분리할 수 없고 이 시를 해석하
는 관점들은 사실은 우리 근대시 연구가 누적적으로 재생산해 왔
던 것임을 선명하게 보여주고 있다. 근대시를 '일제시대'라는 시대
적 배경을 결정적인 해석의 근거로 두거나, '식민지하'의 정치·경
제사를 전제한 바탕 위에서 해석하고자 하는 태도는 현재 많이 개
선되고는 있지만 여전히 주류적인 것이다. 본인이 검토한 몇몇의
동인지 시대 시 연구 자료에서 이 점은 분명하게 드러나 있다. 최
근 몇몇 논문들에서도 이와 같은 환원주의적 결론은 반복되고 있
다. 우리 시를 식민지하의 특수한 것으로 이해해 버릴 때 그것은
우리 문학의 자양 자체를 단순화하면서 공백화한다. 새로운 이론
의 습득과 학문적 관심이 생겨나고 있는 만큼, 이 시기 시는 새롭
게 해석될 수 있는 시점에 와 있다고 생각된다. 최근 젊은 연구자
들이 기호학 이론의 광범위한 자양 아래에서 공부한 것을 감안하

면, 선대 연구자들에 비해 시 해석의 깊이와 다양성을 확보할 수 있는 가능성은 충분하다고 판단된다.

넷째, 초창기 근대시 담당자들이 '낭만주의'나 '상징주의'를 받아들이게 되는 정신적 바탕에 대한 것.

그것이 전적으로 이른바 '이식된' 내면에 의한 것인가 아닌가 하는 것, 이를 판단하는 문제는 연구자 자신의 것이다. '낭만주의'나 '상징주의'를 통해 드러나는 인간 내면의 섬세한 욕망들은 상당 부분 동양 정신의 명상적 성격과도 분리할 수 없다. 일본 백화파들의 낭만주의가 그들이 고래로 가지고 있었던 일본식 자연주의나 범신론적 자연관과 유사한 속성을 띠고 있었고 그것이 초기 아나키즘과도 관련있다는 사실은 우리의 경우도 유사하게 적용할 수 있다.[10] 『장미촌』지에 참가한 동인들 중에는 전문적 문인뿐 아니라 사회주의 사상가와 같은 비전문 문인들도 존재한다. 이들 비전문 문인들의 이른바 '상징주의 시'는 아나키즘 사상과 매우 근접한 친화성을 보여주고 있다.

상징주의의 동양사상적 바탕, 곧 정관주의, 노장사상과의 상관성은 이미 알려진 것이다. 박종화·박영희·양주동·이장희 등의 시들에 나오는 정관적 명상적 성격을 전적으로 이식된 상징주의의 내면 속에서 얻어진 것이라고는 단정하기 어렵다. 그들 가계 자체가 전통적인 한학풍의 문화권 내에 속해 있었고 박종화나 양주동은 후일 역사소설·한학·고전의 세계로 나아가게 된다. 박영희를 비롯해 많은 시인들이 상징주의를 받아들이게 되는 동기는

---

10) 이는 뒤편에 실린 논문들에서 보다 상세하게 밝혀질 수 있을 것이다.

'상징주의'를 조선 내에 세우겠다가 아니라 '근대예술(근대시)'을 세우겠다는 데 있었다. 그리고 이장희의 시는 상징주의적인 문맥이 개인 내적인 실존적 인식론을 바탕으로 깊숙하게 들어와 있고 그 세계는 보들레르나 키타하라 하큐슈와는 다른 독창적인 공간을 만들어 내고 있다. 이장희 시의 시어의 내밀함·명징성 등은 양주동이 주장한 대로 '정관적·명상적·상징적'[11] 풍모를 띠고 있다.

그럼에도 상징주의의 모방이라는 혐의를 전적으로 인정하게 되면, 이들이 동양적 명상적인 자신의 내면을 단순히 모양만 달라진 어떤 그릇에 담았을 뿐이거나 형식적이고 모방적인 언어 유희를 시도한 것으로 이해되기 쉽다. '전통과 이식'의 문제는 임화가 문학사 서술을 통해 제기한 이래 여전히 문제로 남아 있는 부분이고 이것에 대해 본인은 여기서 명쾌하게 단언을 내릴 수 있는 처지도 아니다. 초창기 시의 정관적·동양적 풍모를 강조한 것은 '역방향의 오리엔탈리즘' 때문이 아니다. '모방된 상징주의'라는 담론을 우리 근대문학사적 토대 위에서 보다 객관적인 시선을 통해 아우르면서 한편으로는 이 같은 관점을 부분적으로 부정할 필요에 의해서 제기한 것이다. 문학 이외의 분야에서도, 낭만주의나 상징주의를 노장적 사유나 동양적 인식론, 아나키즘과의 관련선상에서 변증법적으로 고찰하는 논문들이 나오고 있고[12] 서구에서도 이에 관한 저서가 출간되고 있는 만큼 이것들이 폭넓게 논의될 부분은 많다.

---

11) 양주동, 「落月哀想, 이장희 군을 哭함」, 『조선일보』, 1929.11.17~24.
12) 이호룡, 「한국인의 아나키즘 수용과 전개」, 서울대 박사논문, 2000.2; 이성규, 「중국 대동사상의 역사적 전개와 그 특징」, 『한국사시민강좌』 제10집, 일조각, 1992; 안미영, 「康有爲 大同思想의 형성과 그 성격」, 『서울대동양사학과논집』 제2집, 1978 등 참조

다섯째, 당대의 1차 문헌 중 회고록이나 에세이적 성격의 글들을 학문적으로 재복원하는 작업.

특히 해방 이전 문학에 있어 그 문학 담당층의 주류적 담론을 생생하게 복원하는 데 회고록이나 에세이는 중요한 사료가 된다. 이들이 기록하고 있는 생생한 체험의 목소리들을 중요한 학문적 대상으로 편입시킬 필요가 있다. 이들의 기록은 실제 문학 활동 시기보다 몇 십 년 후에 쓰인 것이어서 객관성을 얻기는 어렵다. 그러나 사실의 부정확성이나 지나친 주관성을 빼면 당대의 담론을 이해하는 한 가지 준거가 된다는 점을 인식해야 할 것이다. 이들 에세이·회고록에서 많은 부분 시어의 '진실'을 확인할 수 있는 길이 있다. 문제는 지나치게 '에세이 류'의 자료에 의존해 주관적인 것을 객관적이고 보편적인 것으로 오해하거나, 당대 주류적 담론의 큰 틀 속에서 이를 이해하지 못하는 경우, 그리고 이를 연구자의 판단을 통해 거르지 않고 이해하는 경우이다. 다른 1차 텍스트와의 상관적인 이해를 통해 이 같은 위험은 부분적으로 해소될 수 있다. 이는 실제로 연구 과정에서 많은 부분 검증되기도 한다.

4. 실증적 관점과 해석학의 소통

실증적으로 텍스트를 검토하는 것은 시사를 재인식하고 새로운 시사를 구성하는 데 가장 기본이 된다. 이를 기반으로 한 해석학적 연구를, 편의상 '신실증주의 혹은 해석학적 실증주의'라고 부를 수 있을 것이다. 동인지 시대 시를 비롯해 그간 우리의 관심권 밖으로 밀려났던 '2류 시'나 몇몇 근대시에 대한 새로운 접근이 필요하다. 그간 논의의 중심에서 밀려나 있던 근대 초기의 시들에 대한 관심의 부족은 '문학성'이 중심이 된 일련의 형식주의적 방법을 중심에 둔 문학 연구 태도의 결과가 아닌가 한다. 더불어 근대 초기 시 형성에 대한 구체적인 자료 접근이 이루어지지 않은 탓이기도 했을 것이다.

그러나 자료에 대한 실증적인 접근 자체는 '해석'을 위한 주요한 바탕이 된다는 점은 재인식되어야 한다. 실증적인 자세는 '해석'에 대한 우리의 주관주의적 오류를 잡아주고, 해석학적 관심은 실증적인 관점이 낳게 되는 텍스트 해석의 건조한 접근과 원저자의 시적 의도를 '결정적인 의미'로 규정하는 위험으로부터 벗어나게 해준다. 자료의 실증적 검토는 문학의 한 시기를 개념적으로 구분하거나 거시적 접근에서 이해하는 단계를 넘어서서 개별 텍스트들을 미시적으로 접근해 보다 의미 있는 해석을 가능하게 해준다. 예컨대 근대시를 '리얼리즘/모더니즘'의 개념 덩어리에 환원시키게 되면 시가 가지고 있는 작은 뿌리들, 시가 산문과는 다른 차원에서 이해되는 언어의 내적 의미들을 거의 사상시키게 된다. 실증적 작업 자체가 시의 작고 미세한 부분에 대한 탐색을 가능하게 함으로써 보다 정치한 시 해석의 길을 열 수 있다.

우리 근대문학 연구의 방향은 대체로 서구 문예 사조 및 서구 문예 이론, 철학적 방법론을 통한 것이었다. 그것이 우리 문학 연구를 객관성과 보편성의 영역 속으로 끌어들인 점은 부인할 수 없다. 그러나 그 '이론'을 위해 우리 시의 미세한 영역이 희생되었던 것도 부정할 수 없을 것이다. 그렇다면, 이제는 우리 근대시 자체를 투명하게 연구의 대상으로 삼아 서구적 방법론과 이론을 끌고 들어오는 방법론 자체의 '전복'이 필요한 것이다. 근대시는 서구의 형이상학적 사유와 방법론에 기댄 시적 실천의 장이었다. 그렇다고 해서 이 시기의 시를 연구하면서 서구문학 이론에 전적으로 기댈 필요는 없는 것이며 반대로 서구 이론 자체를 거부할 필요도 없는 것이다.

근대시 연구에 있어서 무엇보다 중요한 것은, 해석의 강조점을 어디에 둘 것인가 하는 것, 곧 연구자의 가치 판단이라 생각된다. 텍스트에 대한 실증주의적 접근은 시 해석의 기반이 된다. 1차 자료를 객관적·실증적으로 분석한 다음 텍스트들 상호간의 유기적인 연결 관계를 고려하면서 정교한 해석학적 작업을 수행한다면 보다 의미 있는 근대시 연구의 지평이 열릴 것이라 기대한다.

동인지 시대 시 해석에 대한 몇 가지 문제

1. 떡·과자·빵

앞에서 언급한 '보들레르론'으로부터 다시 시작해보자.

보들레르의 산문시집『파리의 우울』15편「과자」는 인간의 적나라하게 발가벗겨진 본성과 치장하지 않은 욕망을 보들레르 특유의 초현실주의적 어법으로 접근해 간 시다. '과자'는 인간의 증오나 속세의 사랑, 저속한 정열, 야만적인 쟁투 등 온갖 현세적인 유혹을 상징한다. 보들레르는 자기의 발 밑 저 바닥의 심연으로 빠져 달아나는 악마적 유혹의 강렬함으로부터 인간 내면의 숭고함을 건져 올림으로써 그 악마적 유혹을 변증법적으로 승화시킨다.

이 시에서 화자가 말한다. 자신이 '흰 빵'을 먹고 있었는데 지나가던 거지 행색을 한 아이가 그것이 '과자'인 줄 알고 빼앗아 도망간다. 그 곁을 지나가던 다른 남루한 차림의 아이가 그것을 빼앗기 위해 다투게 되고 과자는 흙투성이가 되어 아무도 먹을 수 없게 된다. 이전투구하는 인간, 악마적 본성으로부터 인간성이 깨어져 나가는 그런 비참함으로서의 인간을 보들레르는 이 아이들의 이전투구하는 삶과 쟁투 속에서 읽었다. 이 보들레르를 어떻게 수용하고 있는가는 이미 언급한 바 있는 박영희의 「「악(惡)의 화(花)」를 심은 쏘드레르론(論)」(『개벽』, 1924.6, 이하 「보들레르론」으로 표기)를 통해 확인된다.

이는 상징주의 및 낭만주의 수용이 일본어 이차 번역 텍스트에 의했다는 사실을 다소 수정하게 한다. 앞의 논의에서 밝힌 원본 확정 문제보다 더 흥미롭게 우리의 주의를 끄는 것은 박영희가 제목을 '쩍'이라 붙이고 있다는 점이다.

현대 번역본[1]에서는 '과자'라 번역하고 있는 것을 '떡'이라 번역한 것, 현대 번역본에서는 '빵', '과자'를 분리해서 번역하고 있음에도 당시 박영희는 이것을 일괄적으로 '쩍'이라 번역하고 있다. 이는 이 시대 문학 연구에 대한 상징적인 암시라고 할 수 있다. 이 점은 매우 시사적이면서도 흥미로운 것이다. 이는 무엇보다 먼저 당대적 문맥으로, 당대적 담론의 층위 속에서 이 시대 문학이 이해되어야 한다는 것을 반증한다. 푸코가 말하는 이른바 '고고학적 연구'의 필요성을 이 텍스트는 보여주고 있는 셈이다.

1) 보들레르, 전영애 역, 『파리의 우울』, 민음사, 1996, 91면.

과거의 문학을 우리 시대의 담론 층위나 우리 시대의 '문학성'의 문제로 환원해서 이해할 때 그 시대의 문학은 일변 과장되거나 평가 절하되기 쉽다. 박영희의 보들레르 번역은, '과자'나 '빵'이 일상적인 담론으로 이해되지 않는 시대, 혹은 '과자'와 '빵'이 간식과 주식으로 분화된 의미를 갖지 않고 다만 '떡'이라는, 배고픔을 면하는 수단으로서의 음식('밥'과 거의 동일한 개념)으로 이해되는 시대에 읽혀지고 소통된 '보들레르 텍스트'를 잘 보여준다. 즉 박영희의 번역은 문학사회학적인 문맥을 안고 있는 것이다. 이를 제대로 파악하고 들어가야만 이 시대 문학의 특수성이 이해되고 보편 담론의 체계 내에서 이 시대 문학의 문학사적인 성과도 기대할 수 있는 것이다. 따라서 '당대의 담론으로 당대의 문학을 이해하는 것'의 일차적 중요성은 다시 한번 강조할 필요가 있다.

더불어서 이 글에서 문제삼고자 하는 것은 이 시기 시의 해석 문제이다. 지금까지 '동인지 시대' 시 연구가 부진했던 이유로 우리는 다음 몇 가지를 상정할 수 있다.

이 시기 상징주의 문학에 대한 평가로는 다음과 같은 것들이 있다.

① 이식된 것, 모방된 것, ② 시어의 관념성과 모호성, ③ 퇴폐적·데카당스적인 것, ④ 동인지 시 전반적인 부정적 가치 평가.

이 같은 규정은 이 시기 시에 대한 객관적이고 합리적인 분석을 가로막는 이유가 된다. 서구 문예 사조사의 단선적인 구도에 우리 문학사를 간단하게 대입해서 이해할 수 있는가의 문제는 우리 근대문학 100년사를 정리하는 과정에서도 중요한 문제일 수 있음은 이미 언급한 바 있다. 시어가 관념적이고 몽롱한 이유도 본인이 이미 다른 논문에서 지적한 바 있다.[2] 간단히 말하자면 이 관념성·모호성이 상징주의적인 시의 특성으로부터 오기도 하지만 우리 시가 처음으로 '은유'라는 문학 언어의 문맥을 생성시키게 되는 사정과 전적으로 무관하지 않다는 것이다. 그리고 문학사적으로 이 시기 시를 데카당스적·퇴폐적·세기말적 상징주의, 허무주의적 낭만 경향 등으로 규정하는 것은, 개별 시 텍스트에 대한 분석이나 해석을 시도하기보다는 연구자 개인의 선입관에 근거한 일방적인 판단을 내리게 한 직접적인 원인이 되었다.

상징주의와 낭만주의의 수입·소개·수용의 문맥을 말할 때조차도 그것은 '일반적인 의미'로 그러한 것, 보들레르·싸멩·베를렌느를 모방했다고 지적하지 실제로 누구의 텍스트가 누구의 텍스트를 수용·변용했는가에 대한 실증적인 자료 조사는 대체로 행해지지 않은 상태였다.[3] 백철 이후 실증주의 시대가 열리기는 했지만 1920년대 문학의 연구는 거의 답보 상태에 머무르고 있다고 해도 과언은 아니다.[4] 동인지 시대 시 전반에 대한 일차적인

---

2) 조영복, 「1920년대 동인지 시대 시의 관념성과 은유의 탄생」, 『문학과 교육』 9, 1999년 가을호, 144~150면.
3) 김춘수는 이상화의 「나의 침실로」를 정신과 육체의 대립항으로 이해하면서 17세기 영국 시인 앤드류 마블(Andrew Marvell)의 「수줍어하는 애인에게」를 비교, 인용하고 있다. 예컨대 김억—베를렌느, 주요한—폴 포르 등의 비교, 연구는 자주 행해졌다. 유사한 주제를 보이는 시들을 별 의심 없이 비교 평가하는 방식은 특히 상징주의 시 수용 단계의 시를 해석하는 연구들에서 빈번하게 발견되는데, 이것이 적절한가에 관해서는 의문이 많다.
4) 조남현의 『폐허』·『백조』 시대 문학의 연구사 검토는 1970년대 이루어진 평가임에도 합리적이고 객관적인 판단 위에 서 있다는 점에서 평가할 만하다(조남현, 「『창조』·『폐허』에 관한 연구사 비판」, 『관악어문연구』 2집, 서울대 국문과, 1977).

자료의 수집과 그것의 평가가 거의 마무리된 것으로 판단된 것이 중요한 이유가 된다. 그러나 이 시대 문학 상황 전반의 자료 발굴은 여전히 필요하며 발굴 가능성도 여전히 존재한다. 그러나 대부분 연구가 이 시대 문학 담당자들의 회고록이나, 백철이 그의 『신문학사조사』에서 언급한 것에 기대어 이루어진 탓에 보다 객관적이고 합리적인 평가가 불가능했던 것이다. 보들레르·시몬즈·싸멩·베를렌느 등의 영향을 우리가 인정할 수밖에 없고, 이들 문학의 번역 과정이 사실은 우리 시의 근대적 성격이 형성되는 과정임은 분명한 사실이다.[5] 하지만 이들 시가 어떻게 한국 근대 시인들의 시의 문맥에 침투하고 수용되는가에 대한 구체적인 연구는 여전히 부족한 형편이다. 몽롱함과 치기 어린 모방적 의식의 산물로 이해되었을 뿐이다. 당연히 '수용과 영향'이라는 비교문학적 관점에서 동인지 시대의 시를 언급하면서도 구체적인 문맥 속에서 영향과 수용의 근거들을 밝히려는 노력들은 대체로 희박한 편이었다. 따라서 동인지 시대의 시의 난해성과 모호성에 대한 깊이 있는 논의들이 시도되지 못한 채 '비약적인 해석학'이 난무했던 것이다.

실제로 이들 서구 상징주의 시인들의 시적 문맥이 우리 근대시의 문맥에 수용된 것은 의심할 여지가 없다. 그리고 이들 시인들의 시의 어휘나 문맥이 우리 시인들의 시에 직접적으로 인용되고 있다는 점을 간과해서도 안 된다. 그러나 이 같은 입장은 비교문학적인 관점에서 필요한 작업이기보다는 우리 시를 보다 잘 이해하기

---

5) 가라타니 고진, 박유하 역, 「언어와 정치」, 『세계의 문학』 74, 1994년 겨울호, 116~117면.

위한 조건으로 이해되어야 한다.

따라서 우리는 몇 가지 사항을 전제할 수 있다.

당대의 담론의 층위와 시적 문맥 속에서 시어를 이해하고 해석할 것.

이 시기의 시어에서 새롭게 생겨나게 된 '내면', '오뇌'와 같은 미세한 언어적 울림들을 제대로 이해하기 위해서 그들이 쓴 다른 산문적 글쓰기, 곧 에세이나 평문을 상관적으로 확인할 것.

대상이 된 시 텍스트와 다른 종류의 텍스트들의 간텍스트적 이해 속에서 시어를 해석하고 문맥을 이해하는 신실증주의적인 연구의 필요성.

〈카프〉의 전단계로서 『백조』 문학을 이해하는 방식의 재고.

문학사회학적 연구에 대한 지나치게 경직화된 관점의 선회 곧 사회·역사학적 조건들을 지나치게 '식민지하'라는 문맥으로 한정시키는 태도를 지양할 것.

이것들은 당대적 담론의 틀 속에서 이 시기 문학을 이해하기 위한 근본적인 조건들이라 할 수 있다.

이 글은 위에서 제기한 문제의식을 바탕으로 '동인지 시대'[6] 시의 이해와 평가에 대한 몇 가지 문제점 및 연구 방법을 지적, 검토하고자 한다. 특히 『백조』파 시인으로 평가되는 박영희와 이상화의 시 해석 문제를 검토하면서 이 문제에 접근하고자 한다.

---

6) 통상적인 용어이다. 언제부터 언제까지를 상정하는가 하는 것은 엄밀한 고증학적 작업 뒤에나 가능한 일이다. 여기서는 주로 상징주의적인 시의 문맥이 성립되고 확장되는 시기를 의미한다. 『창조』 잡지를 전후로 해서 『금성』 잡지가 발간되던 시기의 전후까지 일별해서 말할 수 있을 것이다.

2. 동인지 시대 문학 연구의 한 경향과 그 비판

동인지 시대 시인들에 대한 부정적 평가는 이 시대가 시의 시대
였다는 점을 감안하면 이 시대 문학을 평가하는 것과 밀접한 관련
을 갖게 된다. 예컨대 박영희 연구도 마찬가지다. 비평가로서의 박
영희나 계급주의 문학 단체 〈카프〉의 서기장으로서의 박영희에 대
한 연구는 그간 충분히 시도되었다. 그러나 시인으로서의 박영희
와 그의 시에 대한 연구는 의외로 부진한 편이다. '박영희 문학 연
구사'를 검토해보면 그 동안 동인지 시대 문학에 대한 연구와 평가
가 어떤 방식으로 진행되었는가를 잘 알 수 있다. 박영희 연구는
대체로 〈카프〉의 조직과 전향 과정, 따라서 그의 신경향파 소설이
나 비평에 치중되어 연구되었고 그의 '백조 시대'의 시에 관해서는
자세하게 언급되지 않는 경향이 있다. 따라서 그의 시에 대한 연구
나 평가도 미미하거나 부정적이다.

『창조』·『폐허』·『백조』의 시적 문맥들이 단순히 퇴폐적이거나
데카당스적 낭만주의 경향이라는 평가로부터 관점을 선회할 필요
가 있다. '『백조』 시대'의 박영희의 '문학에 대한 욕망'을 이해하
지 않으면 카프 시대를 열게 되는 박영희의 '변신'이 전적으로
'『백조』 문학'의 부정이라는 문맥으로 오해되기 십상이다. 박영희
의 회고록 속에 있는 『백조』 시대 및 동인지 시대의 평가는 당대
다른 동인들의 회고기에 나타나는 일방적인 반성의 차원에 비하
면 논리적이고 객관적인 수준에 있다. 박영희의 논리적 사고는 주
목해야 할 부분이며 우리가 1920~1930년대 문학 이해에 대한 선

입관을 제거하게 위해서도 평가해야 할 대목이 많다. 박영희의 이 논리적이고 지식인적인 풍모는 그의 상징주의 수용이나, 〈카프〉의 가담, 그로부터의 전향 등 그의 일생의 중요한 고비들에서 빛을 발하기도 하고 굴절되기도 하는데 이 부분에 관한 한 연구자들의 관심은 대체로 부족했다고 볼 수 있다.

일찍이 우리 초기 시의 상징성을 문제삼은 오장환은 서구 상징주의 시의 조선에서의 수용은 내·외적으로 필연적인 것일 수밖에 없었다고 평가한다.[7] 오장환이 말하는 '상징'은 경향적인 관점의 방향 위에서 설정되어 있는 만큼 일면적인 것이기는 하다. 오장환은 회월과 월탄과 같은 '『백조』파'들이 가지고 있는 '기분상징'을 이상화의 경향적인 시가 보여주는 '관념상징'과 비교·대조한다. 그러나 회월과 월탄 등 백조파의 시를 꼭 이 시기 시의 데카당스한 측면이나 세기말적 분위기를 비판하는 맥락에서 제기하고 있지는 않다. "시인들이 그들의 자의사와 내면 모색과 정신적 고뇌의 발현을 위해서는 무엇보다도 '상징성'을 중시하지 않을 수 없었다"는 주장은 서구 문예 사조적 입장에서 상징주의 시를 파악하는 태도와는 분명한 선을 긋는다. 그것은 '상징'이 갖는 두 가지 측면 때문이다. 오장환은, '식민지적인 질곡'에서 시인이 그들의 정당한 권리를 주장하기 위해서는 '상징'의 의장을 입지 않을 수 없었고, 수용미학적 측면에서 보더라도 공동체적 문화 환경 속에서 그러한 상징을 통해 동일한 민족감정을 갖지 않을 수 없다고 말한다. 이러한 측면은 그가 김소월의 시를 민족 감정을 형상화한 '상징'의 세

---

7) 오장환, 「朝鮮詩에 있어서의 象徵」, 『오장환 전집』 2, 창작과비평사, 1989, 73면.

계 속에서 해석하려는 일관된 문맥 속에서 뚜렷하게 나타난다.

오장환은 상징시 도입 초기에 박영희나 박종화가 보여주는 '기분상징'이란 '처음으로 눈뜨는 시민 계급이 자기 위치와의 공감성을 발견한 것'에서 찾을 수 있다고 말한다. 그는 이 '기분상징'이 이상화의 진보적이고 경향적인 '관념상징'으로의 전이를 통해 상징시의 존재론적 기반을 이루었다고 평가한다. 오장환의 이 말은 이 '기분상징'파들이 자기 감정을 표현하고 사물을 인식하는 수준이 미학적으로 서투르기는 하지만 무엇보다도 '자기'를 인식했다는 것에 초점이 모아진다. 이 자의식적인 내면 공간이 섬세하고 풍부했던 시인 오장환을 안심시켰을 것이다. 이 '자기 인식'은 이른바 문학 담론의 자기 분화 과정을 조심스럽게 지적한 것에 다름 아니다. 바로 시를 은유의 차원에서 이해하고자 하는 새로운 문학 담론의 형성이다. 박영희가 이 시기에 보여준 시적 담론의 층위는 이 개인적 정서의 발견과 그것의 구체화 과정 속에서 존재했던 것이다.

조선의 근대문학에 관한 한 박영희는 하나 하나의 '계단'을 상정하고 있고, 그 계단은 변증법적이기보다는 역사적이며 상대주의적이다. 이광수 식 계몽주의 계단, 상징주의 문학의 계단, 다음으로 카프 문학 계단, 다음, 다음…… 과 같은 계단들이 그의 논리 속에는 존재하고 있다. 이 논리의 전개는 많은 부분 지적이고 학문적인 그의 성격과도 분리하기 어렵다.[8] 따라서 박영희 문학 연구가 카프

---

8) 김윤식, 『박영희 연구』(열음사, 1989)의 「서론」 참조. 박영희의 '서재인'으로서의 풍모에 대한 사실적이고 실증적인 연구를 위한 많은 자료들이 이 서론 부분에 기록되어 있다. 실제로 '서재인으로서의 박영희'는 이미 1930년대 문인탐방기에서도 확인된다(이선희, 「조선작가군상」, 『조광』 2권 5호, 1936.5).

시기를 중심으로 진행돼 온 것은 바람직하지 않다. 오히려 동인지 시대 '시인' 박영희의 인식론적인 지점을 포착하는 것이 카프 시기 박영희 문학을 이해하는 중요한 단서가 되지 않을까 한다.

3. '달' 이미지에 대한 실증적 검토

동인지 시대 박영희 시의 핵심은 상징주의 문학의 자장권 내에 있었다는 점이며 그의 시는 그가 상징주의 텍스트로부터 얻은 인식론적 산물이다. 이 부분에 관한 한 그는 많은 자료를 통해 밝혀 놓았다. 그 중 가장 주목되는 것은 이 글의 서두에 인용한 「보들레르론」이다. 이 「보들레르론」은 그가 아직 '『백조』 시대'를 벗어나지 않은 시기에 쓴 것이다. 『태서문예신보』 이후 『금성』에 이르기까지 보들레르를 비롯해 서구 상징주의 문학의 소개가 빈번했었지만 대체로 일본 상징주의 문학 소개서를 참고로 하거나 그것을 번역한 수준의 글들이 대부분이었다. 그에 비해 박영희의 보들레르 소개는 상당한 정도로 보들레르 문학의 본질을 나름대로 인식한 수준에서 쓰인 글이어서 주목할 만한 것이다. 그가 쓴 이 「보들레르론」은 그의 시와 간텍스트적 성격을 지니고 있어 그의 시의 난해함이나 모호성을 상당 부분 해소할 수 있게 해준다. 또한 박영희의 시인으로서의 내면을 내밀하게 드러낸 것이어서 주목된다. 『창조』·『폐허』·『백조』 시대의 문학에 대한 합리적인 이해와 평가를 위한 한 중요한 단서를 제공해주기도 한다.

적어도 박영희의 시인으로서의 품성 및 자질은 그의 문학적 생애를 이해하기 위해서 점검하지 않으면 안 된다. 그의 시인으로서의 동일성의 욕망은 그가 쓴 회고록·에세이 등 몇 가지 문헌 자료에 의해 추정 가능하다. 그의 호가 '회월(懷月)'이라는 것, 그가 1937년에 『회월시초(懷月詩抄)』(중앙인서관)라는 자선시집을 낸 것, 「월광(月光)으로 짠 병실(病室)」의 시적 완결성 등은 이 추측에 힘을 실어주고 있다. 시 「월광(月光)으로 짠 병실(病室)」은 시인으로서의 박영희의 내면이 잘 드러나 있는 텍스트이다.

박영희의 문학적 이력 속에서 시를 쓰지 않은 시기는 대체로 그가 〈카프〉에 몸담으면서 소설과 비평문을 썼던 시기와 일치한다. 전향한 이후 그는 1937년에 『회월시초』를 자선해서 간행한다. 이 시집의 서문을 쓴 박종화와 서평을 썼던 이하윤은[9] 대체로 시인으로서의 박영희에 대한 일관된 평가를 보여주고 있다. 서문이나 서평의 관례상 찬사나 우호적인 언급을 하는 점을 감안하더라도 시인으로서의 박영희를 인정하고 있음을 주목해볼 수 있겠다. 이를 카프 시대의 박영희나 '문학적 소아를 버리지 못한' 박영희의 전향을 평가하는 것보다 본질적인 시각이라 판단된다.

박영희가 근대문학의 성격을 띤 것으로서의 시를 접하게 되는 것은 분명히 보들레르·포·시몬즈·바이런·메테를링크와 같은 서구 낭만주의 및 상징주의 시인들의 텍스트를 통해서였다. 그러나 그것은 '문학을 한다'는 단순한 동기보다는 근대적 성격으로서

---

9) 이하윤, 「박영희 자선 회월시초」, 『동아일보』, 1939.6.30.

의 문학, 내성을 소유한 인간, 주체적 자아로서의 인간을 자각하는 것과 결코 분리될 수 없는 것이었다. 그것은 이광수 식의 실용적이고 계몽적인 문학 담론으로부터의 일차적인 차별성을 담보하고 있는 것이기도 했다. 그가 시인으로서 출발하게 되는 계기는 그의 문학적 이력이 말해주듯 상대주의적이고 원근법적인 인식이 개재된 데 따른 것이다. 앞에서 말했듯, 그는 이를 '문학의 계단'이라는 용어로 표현하곤 했다.10) 그가 『백조』를 전후로 시를 쓰게 되는 과정은 바로 신문학(근대문학)·예술이 자기 정립되는 지점에서 맨 아래 계단을 형성하는 것과 관련이 있다. 그는 보들레르나 포가 보여주는 인간의 내면을 담은 시에서 근대시의 원형을 보았다. 그는 이 '관념과 내면'을 상징화하는 것으로서의 시를 이해하고 이를 근대문학, 예술이라는 문맥 속에서 의미화했던 것이다. 그의 근대문학·예술에 대한 인식은 '서투른 모방'의 차원에서 점차 인식론적인 완결성을 지향해 가는 면모를 보이게 되고 시인으로서의 이 작업의 꼭지점이 바로 『회월시초』인 것이다.

『백조』에서 출발한 시인들 중 박종화처럼 소설로 선회하거나, 홍사용처럼 적빈으로 일찍 죽음으로써 사후 평가가 부진하거나, 이상화처럼 독립운동가로 나서면서 시적 경향을 변모해 간 것과 달리, 회월은 카프 시기 동안 시를 쓰지는 않았지만 시인으로서의 자기 동일성을 포기하지는 않았던 것으로 보인다. 그것은 '『백조』 시대'의 시들과 이 『회월시초』의 시들을 점검하면 간접적으로 증명된다.

---

10) 박영희, 「初創期의 文壇 側面史」, 『박영희 전집』 2(이동희·노상래 편), 영남대 출판부, 1997, 298면.

회월은 이 시집에서 특이하게도 그가 '『백조』 시대'에 쓴 시들을 상당 부분 수정 아닌 개작을 하고 있고, 그것을 결정화된 상태로 만들어 놓는다. 「미소(微笑)의 허화시(虛華市)」·「여승(女僧)」·「환영(幻影)의 황금탑(黃金塔)」 등의 시는 발표 당시와는 달리 시집에서 거의 개변된 상태를 보여준다. 이 같은 '수정' 아닌 '개작'의 과정은 서구적 관념의 정교화 과정과 시의 정제화 과정과의 병행 관계를 의미하는 것이 아닌가 생각된다.

황석우가 『폐허』 창간호에 쓴 「석양(夕陽)은 꺼지다」·「태양(太陽)의 침몰(沈沒)」 등을 보면 의미를 명확히 하기 위해 시어에 괄호를 하고 유사한 의미의 단어를 병기하는 형식이 나타난다. 예컨대 "깨긋한마음을펼(擴)쳐서", "나의 熱泉(끌는샘)"과 같은 방식인데, 노출된 단어가 한글이냐 한자어냐는 별 문제는 아니었던 것 같다. 당시의 독자들에게 어느 것이 더 명확하게 전달되는가, 일상적인 의미 전달이 잘 되는가하는 기준에서 노출하는 언어와 그것의 유의어격인 괄호 속의 단어가 결정되었던 것도 아닌 듯 하다. 또한 이 선택의 기준을 시적 형식의 정제와 완결미에 두고 이를 자각적이고 합리적으로 실천했던 것도 아니었던 것으로 보인다. 서구적 관념을 시적 형식으로 의미화하는 계몽주의적 문학 단계에 형성된 시 형식의 문제인 듯 보이지만 이 부분은 좀더 연구가 진행되어야 할 것이다. 주목할 것은 『백조』에 와서 괄호 속에 의미를 부기하는 방식이 사라진다는 점이다.11) 시어의 의미를 설명하는 괄호 속의 단어가 사라지고 시 언어가 독립된 형태로 표기된다. 이

---

11) 김용직, 『한국근대시사』 상, 학연사, 1986, 219면.

는 『창조』나 『폐허』, 『장미촌』에 비해 『백조』가 한층 시 언어의
독자적인 기능과 형식을 자각했다는 의미와 통한다. '일상 언어'와
'문학 언어'의 차이를 자각하고, 문학 담론을 독자적인 것으로 인
식했다는 것을 이로써 확인할 수 있게 되는 것이다. '『백조』 시대'
의 문학이 은유적 형식의 담론인 사랑이라는 테마가 주가 되었던
것도 같은 이유이다.[12]

박영희가 하이네의 「이별한 후에」를 인용하면서 자신의 시 「이
별(離別)한 후(後)에」를 쓰고 있는 대목은 그래서 흥미로운 것이다.
『백조』 2호(1922.5)에 실린 이 시는 하이네의 시에서 이미지를 빌려
오고 있을 뿐 아니라 하이네의 시 전문을 자신의 시 가운데 인용하
고 있기까지 하다. 이처럼 괄호 속에 단어를 병기해 의미를 명확히
하는 형식이나, 시 속에 다른 시 전문을 인용하는 것과 같은 과도기
적인 시 형식은, 그것이 모방이나 이식의 서투른 단계라기보다는
관념의 자기 인식화 과정의 한 단계라고 말해야 할 것이다.

특이하게 「월광(月光)으로 짠 병실(病室)」(『백조』, 1923. 9)은 발표 당
시의 시와 비교해보면 거의 손을 대지 않은 상태로 게재되는데 이
것은 매우 흥미로운 사실이다. 이는 그가 '월광'이 갖는 상징적 의
미에 대해 상당한 정도의 자각적인 인식을 견지하고 있었다는 증
좌이다. 이는 그가 후일 쓴 「나의 아호(雅號) 나의 이명(異名)」이라
는 글에서도 확인된다.

그는 이 글에서 '달'의 의미에 대해 밝혀 놓고 있는데 이것은
그의 시에서 드러나는 '달'의 상징적인 의미로부터 벗어나지 않으

---

12) 조영복, 「1920년대 동인지 시대 시의 관념성과 은유의 탄생」, 『문학과 교육』
9, 1999년 가을호, 148면.

며 그가 읽은 보들레르적인 '달'의 문맥으로부터도 분리되지 않는다. 시기적으로 보면 그가 이 글을 쓰기 15년쯤 전에 이 호를 지었다는 것이 되고 이 시기는 그가 『백조』 잡지를 창간하던 무렵 혹은 그가 서구의 상징주의 문학을 이해하고 수용하던 시기와 거의 시간상으로 일치하고 있다. 「보들레르론」이 발표된 시기가 1924년이고, 이 시가 발표된 것은 1923년이며 『백조』 창간호가 발간되던 시기는 1922년이다. 그가 처음 서구 문학 텍스트를 접하고, 수집하며, 그것에 탐닉했던 시기는 더 앞으로 거슬러 올라가게 된다. 그가 '달'의 상징에 그토록 오랫동안 붙들려 있었다는 사실은, 이 근원적인 것(달)에 대한 인식이 초기의 문학적 감수성이 성립되는 시기로부터 이미 형성되어 있었다는 사실을 의미하며, 카프 시기를 거쳐오면서도 그 내향적 성격을 상실하지 않았음을 의미한다.

그 때의 나는 달(月)을 冷却된 宇宙의 象徵이라고 생각하며 달을 「孤寂의 香爐」라고 幻想하였다. 이리하야 이 孤寂의 香爐에서 타고 잇는 不可見의 煙氣(月光)는 사람의 가슴 깊이 스며 들어갈 때는 情愛와 苦悶에서 窒息하게 하는 것이라고 굉장한 詩感에서 나온 것이었으나[13]

박영희는 이 비현실적인 달의 이미지를 시감의 원천으로 생각하고 『백조』 시대를 관통하게 된다. 이 미묘하고 내밀한 몽상적 이미지는 그의 시의 많은 이미저리를 만들어 내고 있고 그것은 근대시의 원형을 미묘한 정서로부터 찾고자 한 그의 욕망과 정확하게 대응되고 있다. 달이 주는 이 고적한 정서는 이지적이고 냉철한 지식인적인 풍모를 지닌 그의 기질과 조화롭게 결합하면서

---

13) 박영희, 「나의 雅號 나의 異名」, 『동아일보』, 1934.3.24.

'달'에 대한 애착을 한층 밀도 있게 끌고 가게 만들었던 것이다.

박영희의 호 '회월'이 '달'의 이미지와 밀접한 관계를 맺고 있음[14]은 그가 쓴 「보들레르론」에서도 확인할 수 있다. 그가 이 글에서 인용하고 있는 '달'의 이미지는 보들레르가 쓴 「달의 은혜」·「달의 슬픔」 등에서 빌려 온 것이다. 그가 보들레르에 얼마나 심취했는가는 몇몇 에세이 속에서 다양하게 확인할 수 있다. 문학 청년으로서 그가 가장 애독했던 텍스트 중의 하나는 포의 「애너벨리」 등과 함께 보들레르의 「달의 은혜」였고 그것은 자신과 같은 문학 청년에게는 경전과 같은 것이었다고 훗날 고백하고 있다.[15] 위에 인용된 '냉각된 우주의 상징이며 고적의 향로'라 밝히고 있는 부분은 「달의 은혜」에 나오는 '어떤 미지의 종교의 향로와 같은 음침한 꽃들'과 동일한 맥락을 형성하고 있다. 그가 이 에세이에서 '달'이 가지는 미묘한 아름다움을 '상징'이라는 의미로 이해하고 있었다고 밝히고 있는 대목에 다시 주목할 필요가 있겠다.

그가 이해한 '달'의 상징성은 달빛이 여자에게 비칠 때 두 물체는 영원히 상징의 나라에서 결합한다는 다소 이상주의적이며 신비주의적인 이미지와 결합되어 있다. 미묘한 달의 빛(달의 영)은 보이지도 않고 말할 수는 없어도 그것은 영원한 깨달음, 곧 상징의 체험을 의미하는 것이어서 최고의 가치를 지니는 것이기도 하다. 달은 '미인'(여성)·'영원성'·'상징' 등의 문맥으로 이해되면서 박

---

14) 김윤식, 『박영희 연구』, 열음사, 1989, 39~42면. 「月光으로 짠 病室」을 '회월 데카당스의 마지막 봉우리가 되게 한 것'으로 평가하는 것도 같은 맥락이다.

15) 박영희, 「나의 文學 靑年時代」, 『박영희 전집』 2(이동희·노상래 편), 영남대 출판부, 1997, 119면.

영희는 이 '달'의 이미지를 내면 깊숙이 받아들이게 된다.

　박영희가 서술한 달의 상징의 근원은 보들레르이다. 보들레르는 그의 시에서 '달'은 깊은 밤 침상에 홀로 누운 여자의 눈 속에서 빛난다고 쓴 바 있다. 창백한 달의 영을 받은 여자의 눈에서는 달빛과 같이 푸른빛이 돈다. 고적한 침실에서 여인은 옛 기억에 취한 채 잠들어 있다. 그래서 잠은 끝이 없고 꿈 또한 그러하다. "끝없는 꿈, 한 못푸는 꿈 속에 그 얼마나 슬픔이 감추어져 있는가"라는 구절에서 '달'의 이미지는 시인(여인)의 이미지와 극적으로 조우하게 된다. 이 미묘하게 움직이는 달의 영상은 '상징'의 언어, 곧 시란 말로 다할 수 없는 것이라는 박영희의 인식 속에서 긴 여운을 남겨 놓았던 것이다. 달빛이 비추는 미묘한 상징의 그림자를 박영희는 문학 혹은 시적인 언어로 유추했던 것이다. 그는 이를 "조밀한 관찰이며 치밀한 사상과 영원한 미가 감초여 있"는 것으로 파악하고 있다. 박영희는 이 상징의 세계가 던져주는 미묘한 사상과 영원성을 문학의 본래적 완전성으로 인식한 것이다. "월광이 주는 신비적 미감과 월광이 주는 광명의 실제와 같은 것"으로 비유적으로 말한 것은 바로 문학의 완전성을 의미한 것인데, '월광'의 의미는[16) 바로 이러한 신비와 미묘의 복합적 상징 속에서 효과적으로 전달되고 있다.

　'달빛'이 주는 상징과 이미지를 시로 구체화한 것이 바로 시 「월광(月光)으로 짠 병실(病室)」이다.

---

16) 박영희, 「文學上 功利的 價値 如何」, 『박영희 전집』 3(이동희·노상래 편), 영남대 출판부, 1997, 87면.

밤은깊히도모르는, 어둠속으로
씃임업시굴으고, 쏘빠져서갈째
어둠속에, 낫츨가린, 微風의한숨은
갈바를몰라서, 애쑤진사람의마음만
부지럽시도, 미치게흔들어노토다

　가장아름다웁든, 달님의, 마음이
　이째이면은, 남몰래, 알코서잇다

근심스럽게도한발한발거러 오르는달님의
靜脈血로짠, 面紗속으로서나오는
病든얼굴이말못하는, 근심의비치흐를째
갈바를모르는, 나의허매는마음은
부지럽시도그를思慕하도다

　가장아름답든, 나의쓸쓸한마음은
　이째로부터, 病들기비롯한째이다

달비치가장, 거리씸업시흐르는
넓은바다까, 모래우에다
나는, 내압흔, 마음을, 쉬게하랴고
죡으마한, 病室을맨들려하야
달비츠로, 쉬지안코, 짜코잇도다

　가장어린애가티, 비인나의마음은
　이째에처음으로, 무서움을알엇다

한숨과눈물과 後悔의憤怒로
알는내마음의 臨終이, 끚나려할째
내病室로는 어엿분, 세處女가들어오면서

── 당신의알는가슴우에우리의손을대이라고,
달님이, 우리를보냇나이다 ──

이째부터, 나의마음에감추어두엇든
히고힌사랑에, 피가무듬을알엇도다

나는고마워서그處女들의이름을물을째
── 나는「슬픔」이라하나이다
나는「두려움」이라하나이다
나는「安逸」이라고부르나이다 ──
그들의손은압흔내가슴에고요히닷도다

이째로부터내마음이, 미치게된 것이
씃업시고치지못하는病이되엇도다

─『백조』, 1923.9

박영희의 「월광(月光)으로 짠 병실(病室)」은 상당 부분 보들레르나 보들레르적인 것(시몬즈, 혹은 고띠에)으로부터 온 것이다. 박영희의 시는 관능성과 퇴폐성의 세계를 그린 것이라기보다는 '미묘한 상징'의 세계에 눈뜸이라는 문학사적인 조건이 붙어 있다. 어둠 속에서 혼자 고적하게 자기를 돌아보는 사람에게만 이 달빛의 은총은 내려진다. 창백하고 예민한 사람에게 달은 어머니이며 그 빛은 달의 혜택(은총)이다. 달빛의 영이 이 고독한 사람에게 내리면 그도 달과 같은 창백한 얼굴과 파리한 용모를 지니게 된다. "그는 달처럼 병든다"고 보들레르는 쓴 바 있다. 말하자면 시인은 어린애처럼 달에 매달리는데, "달 / 어머니"는 여기서 등가적 의미를 띠고 있다. "달이 입마춤으로 女子의 얼굴빗과 눈빗치 푸르게 되엿다"는 것이다. 시인은 달의 품속에서 어린애가 된다. 시인이 누워 있는 이 고적한 침상은 달빛에 멍든 병실이다. 이를 회월은 '월광으로 짠 병실'이라 부른다. '달의 입맞춤으로 우리는 병든다'는 메타포는 회월의 이 시에 뚜렷하게 나타나 있다. 그러나 그 병의 근원을 알 수는 없다. 그래서 달(어머니)에 매달리고 아픈 것 아닌가.

죽음의 공포와 삶의 후회와 인생의 두려움의 병을 앓는 이 '어린아이'에게 달이 사랑의 전언을 보낸다. 달이 보낸 세 전령의 이름은 이 미묘하면서도 헤어나기 힘든 인생의 근본적인 문제이다. 바로 "슬픔", "두려움", "안일"이 그것이다. 이 병은 끝없는 꿈, 결코 고치지 못하는, 한 못 푸는 꿈이다. 그러니까 이 꿈이 온 곳은 '달'이다. 달은 느리고 게으르게 꿈꾼다. 고적하고 병들기 쉬운 어린아이(시인)의 육체에 달은 입맞춤한다. 달의 입맞춤에 이 예민한 자는 병든다. 그러나 그 병은 영원한 미, 미의 완전성을 추구하는 자에게만 내려지는 것이다. 이때 침상에 누워 달빛을 친구하고 있는 이 고적한 자의 육체는 달의 육체와 동일성으로 결합한다. 이 달의 '어린 아이'가 될 수 있는 자는 신경이 예민하고 날카로운 오관의 육체를 가진 자이다. 그는 바로 시인이었던 것이다. 이 시인은 달의 어린아이이면서 달의 여성성과 결합된 '영원한 여성(성)'이기도 한 것이다. 그것은 바로 문학·예술의 메타포와 상통한다. 말하자면 이 시는 박영희의 문학 예술에 대한 지고한 관념·영원성·은유(상징) 등에 대한 그의 인식을 드러낸 것으로 간단하게 '퇴폐적인 문학'의 실례로 이해할 수만은 없는 것이다.

마찬가지로 이 시에서 특징적으로 드러나는 달=여성(미인)의 이미지는 보들레르가 「달의 슬픔」에서 읊은 것과 유사한 이미지를 보여주고 있다.

> 잠들기 前에 興에 뜬 가비야운 손으로
> 가슴을 어루만지면서 누워잇는
> 寢床 우에 어엽분 게집보다도
> 오날 밤의 달은, 더욱, 게으르게 꿈을 꾸도다
> ─ 보들레르, 「달의 슬픔」[17]

따라서 달의 여성적인 이미지에 대해 지나치게 관능적이고 퇴폐적인 의미로 한정지어 해석하는 방식은 지양되어야 할 것이다. 앞서 지적했듯, '달'의 이 여성적 이미지는 문학·예술의 영원성이라는 상징과 내밀하게 결합된 이미지다. 당시 텍스트들의 상관성을 염두에 두지 않고 "처녀", "침실", "병실" 등의 표면적이고 사전적인 의미에 집착한다면, 당시 이 단어를 상징의 문맥 속에서 이해했던 박영희의 내면과는 멀어지게 되는 셈이다.

박영희 시의 많은 부분, 예컨대 「초몽」·「환영의 황금탑」 등과 같은 시에서의 달빛·황금빛·꿈의 맥락들도 마찬가지 방법으로 재검토되어야 한다. 이는 그가 읽은 보들레르뿐 아니라 하이네·포·예이츠·바이런·시몬즈 등의 텍스트로부터 변용된 것일 확률이 높다. 그러나 박영희가 이 글들을 읽고 있는 욕망은 그들 시에 대한 패러디의 욕망이기보다는 그가 새로운 문학 예술이라고 생각했던 어떤 관념에 대한 경사를 보여주는 것으로 이해된다. 그것은 이광수식 문학 담론의 지양이면서 다른 한편으로는 그의 기질적 취향과 관련되는 것이기도 했던 것이다.

---

17) 박영희, 「「惡의 花」를 심은 쏘들레르론」, 『개벽』, 1924.6, 17면.

이 시기 문학에 대해, 상징주의 사조의 '이념'을 우리 시인들이 얼마나 적확하게 수용하고 있는가라는 준거를 적용하는 것은 일면적인 논의가 될 가능성이 있을 듯하다. 따라서 근대시 담당자가 수용했던 외국 문학 텍스트의 '실제'나 '기원'에 대한 모범답안을 확인하기 위해서 보들레르 텍스트가 필요한 것은 아니다. 더욱이 비교문학적 과제를 수행하기 위하여, 영향 관계의 실증적 연대기적 규명을 위해서, 원형과 모방의 층위 내에서 우리 시를 평가 절하하기 위해서 보들레르가 필요한 것도 아니다. 그보다는 우리의 시문학이나 해석학적 수준에 대한 근본적인 검증을 위해 이 텍스트들이 필요한 것이다. 우리는 그동안 얼마나 많은 환원주의적 텍스트 이해에 길들여져 왔으며 의도론적 오류에 빠진 시의 해석을 보아 왔던가. '상징주의의 완결함'(원본성)에 미치지 못한 '상징주의 모방의 산물'이라는 평가, 그렇지 않으면 3·1 운동 이후의 퇴폐적 지식인의 내면을 그린 것, 혹은 그들의 좌절과 절망을 드러낸 것이라는 평가, 현실도피의 산물이라는 평가는 제한적이다. '일제 시대 '님'(조국)에 대한 간절한 기원의 역설적 표현' 등의 해석은 그 단적인 실례가 될 것이다. 문제는 이 같은 해석이 불가능하다는 데 있는 것이 아니라 이 같은 해석이 가능해지기 위해서 일차적인 의미의 해석 과정이 필요하다는 것이다. 이차적인 의미의 확장이나 변용이 가능해지기 위해서는 일차적인 텍스트 해석의 엄밀함이 보증되어야 한다. 이 일차적인 의미의 텍스트 검증은 바로 실증적인 작업을 통해 구현되어야 한다.

1920년대 많은 시들이 그러하듯, 근대 초기 시는 초기 시인들이 읽고 문학적 관념을 키워 온 외국문학·이론·시텍스트로부터 영향을 받은 경우가 많다. 그들이 읽은 텍스트에 우리가 관심을 기울이는 이유는, 다시 말하지만, 그들 시의 원천을 밝히는 데 있다기보다는 시의 합리적인 해석의 근거를 찾기 위한 것이다. 즉 근대 초기 시 담당자들의 시의 창작 과정을 보다 명료하게 이해하고 그들의 이 근대문학적인 내면이 생성되는 과정을 이해하기 위해서 이 '원천'의 텍스트에 대한 검증이 필요한 것이다. 이 같은 필요성은 이상화의 경우에도 비슷하게 적용된다.

4. 실증적인 것과 해석학적인 것

『백조』 시대의 시인들 중에 '최고의 시인'으로 평가되는 이상화의 시 중 가장 주목해 왔던 시는 「나의 침실로」와 「빼앗긴 들에도 봄은 오는가」이다. 근대시(자유시)의 형식상의 완결성을 지녔을 뿐 아니라, 1920년대 동인지 시대의 시 중 가장 완성도가 높은 것으로 평가되는 「나의 침실로」의 해석을 보자. 이 시는 박영희의 시와는 달리 지금까지 수많은 평가와 해석이 있었다. 이 시가 최고의 시로 평가되는 만큼 연구자들은 다양한 문맥 속에서 이를 해석하고자 시도하고 있다.

그런데 이 시 중에서 가장 난해하고 문제성 있는 대목으로 꼽히고 있는 것은 "마돈나"라는 시어와 "눈으로 遺傳하든 眞珠"라는 시구이다. 2연의 첫 구절, "「마돈나」 오렴으나 네집에서눈으로遺傳하든眞珠는, 다두고몸만오느라"는 난해하고 문제성 있는 대목으로 지적되었고 따라서 이에 대한 다양한 해석이 시도되었다. "눈으로 유전하든 진주"와 같은 대목은 분명히 문제적인 구절이고 중요한 해석학적 문제를 남기고 있다. 또한 '난해성'이라는 차원에서 시의 이해불가능성을 합리화하는 기제로 작용하고 있는 구절이기도 하다. 하지만 이 '난해성'의 근원이 어디인가를 따져 보는 일은 거의 시도되지 않았다. 이 시구의 해석을 통해서도 우리는 동인지 시대의 시가 어떻게 이해, 평가되어 왔는지를 파악할 수 있다.[18]

논의를 보다 용이하게 하기 위해 기존의 평가들을 추적해보자.

'겉치레고 뭐고 다 버리고—체면이고 관습이고 다 버리고—알몸으로 오너라' (김춘수)[19]

'진주'를 '겉치레' '장식풍'으로 보는 해석을 비판하고 바로 '눈물'로 본다. 즉 '눈물'이라든가 감상에 젖지 말고 몸만 빠져 나오는 행동을 촉구하고 있다. (김용직)[20]

김용직이 눈물로 해석하는 점을 긍정하면서 삶과 죽음, 일상적인 여자로 머무는 일과 영원한 여성이 되는 길의 두 가지 중 하나를 선택하는 것, 즉 삶의 일상성과 영원한 여성이 되는 길 중에서 후자를 선택할 때 흘리는 인간으로서 가지는 연민의 눈물을 거두고 빨리 오라고 말하는 것이다. (오세영)[21]

이 시는 20년대 팽배했던 세기말적 데카당스의 전형, 전반적인 관능과 퇴폐가 인간의 육체적 행복을 억압하는 융통성 없는 사회 환경에 대응하는 시인의 역설적 행위를 의미한다. 마돈나와 나 사이의 정사는 현실이 아닌 꿈 속의 일이다고 평가하고, '눈으로 —'의 구절과 '수밀도의 네 가슴' 등의 표현에

---

18) 자세한 것은 51~52면 참조.
19) 김춘수, 『시의 이해와 작법』, 고려원, 1989.
20) 김용직, 「의도의 오류와 문학 비평」, 『한국문학의 비평적 성찰』, 민음사, 1974.
21) 오세영, 「어두운 시대의 빛의 미학」, 『현대문학』, 1978.8.

서 마돈나가 성적인 대상으로 규정되고 있음을 알 수 있고 이는 정사와 관계 있는 내용이다. (박철석)[22]

　백기만의 회고에 근거해 이 시가 이상화가 금강산 등을 유람하던 시기인 그의 나이 18세때 창작된 점을 인정하고 보금자리를 잃어버린 방랑자의 마음은 마돈나를 애인(조국)으로 상징, 일제의 탄압으로부터 주권의 회복을 염원하며 그로부터 보호하려는 시인의 상상활동을 엿볼 수 있다. (장백일)[23]

　다양한 평가와 해석이 시도되고 있지만 그럼에도 어떤 일관된 태도가 견지되어 있음을 확인할 수 있다. 그것은 대체로 일상적인 의미의 틀 내에서 시어를 환원론적으로 해석하고 있다는 점이다. 이차적인 의미의 확장을 원형 비평적 관점(오세영)에서 하든 아니면 형식주의적 접근 방식으로 하든(김용직) 아니면 역사주의적 해석 방식으로 하든(장백일), 이 해석들은 일반적으로 평자의 주관적 인상에 근거한 측면이 강하다. 시인이 읽은 외국문학 텍스트가 자신의 시에서 이차적으로 변용되어 나타났을 가능성을 인정하고, 그 원 텍스트를 찾아내는 것에 거의 관심을 기울이지 않고 있는 셈이다. 원텍스트와의 유사한 이미지나 의미를 추적함으로써 변용의 과정을 밝혀 낼 수 있고 거기서 시어에 대한 합리적인 해석이 가능해진다. 원텍스트로부터 시인이 일차적으로 유사한 이미지를 모방한다고 해도 시인들은 자신의 시 속에서 그것을 이차적으로 변용한다. 원텍스트 속에서 시적 이미지나 모티프를 차용한다고 해도 의미는 다르게 분화되고 변용된다. 이러한 이유에 대해 형식주의자들이 말하는 '어휘론적 채색 과정'으로서의 시적 변용이나 야콥슨

---

22) 박철석, 「이상화 시의 문학사적 평가」, 『시문학』, 1986.11.
23) 장백일, 「寢室의 原型과 意味的 擴充」, 『한국문학』, 1977.7.

이 말하는 시어의 특징 곧 선택과 결합의 이중 축이 갖는 '시적 언어의 긴장' 관계를 인용해도 무방하지 않을까 한다.

형식주의자들은 문학의 언어는 기본적으로 어휘론적 채색 과정을 거치게 된다고 말한다.[24] 모든 단어는 이중적 의미를 지니며, 그래서 언어는 본질적으로 모호한 속성을 띤다. 이것은 우리가 단어의 의미를 일차적이고 사전적인 의미와 이차적인 의미로 구분하는 중요한 이유가 된다. 시어는 일차적으로는 사전적인 의미를 가지지만, 곧 그 언어의 어휘론적 통일성을 깨트리면서 언어 내적 문맥 속에서 다양한 이차적 의미를 파생시킨다. 그것은 한 문맥 내에서 다른 단어들과의 상관성 속에서 파생된다. 시가 문맥 내의 다른 단어들과의 관계·위치·상황에 따라 변하는 이 같은 특징을 뜨이냐노프는 '어휘론적 채색'이라고 부른다. 시어의 일차적인 의미론적 성격이 모호해지면 단어의 이차적 의미는 강화된다는 것이다. 세련된 문체를 구사하는 작가들이 '같은 표현을 너무 자주 구사하지 않는다'고 말할 때 이는 다양한 표현 양식을 통해 드러내고자 하는 욕망의 규칙이며 언어의 규칙을 염두에 둔 것이다. 단어를 하나의 기본적인 의미의 규칙 속에 가두지 않고 문맥 속에서 다양한 채색을 입힌다는 것이다. 이것은 '은유'라는 문학 언어가 갖는 기본적인 특질이기도 하다. 회화적(會話的) 언어(일상적 언어)가 특정한 의미를 특정한 문맥 속에서 고정시키는 데 반해 시의 언어는 다양한 선택 가능성을 제공한다. 시적 언어의 다양성과 시적 기교의 풍부함이라 부르는 것이다. 이 같은 특징은 어느 민족과 시대를 통틀어서도 보

---

24) 유리 뜨이냐노프, 「시에 있어서의 단어의 의미」, 『시의 이해와 분석』(조주관 편역), 열린책들, 1994, 123~135면.

편적으로 발견되고 있다.

이 같은 언어학적 입장은 우리가 시를 해석하는 입장에서도 동일하게 적용될 수 있다. 사전적이고 일상적인 담론의 문맥 속에서 시어의 의미를 파악하게 되면 그것은 일차적인 의미 해독의 수준에 머무르고 만다. 다른 환경(역사·인간·청자) 속에서 파생되는 단어의 의미를 파악하고자 함으로써 우리가 원래 의도했던 텍스트 내적 문맥의 기본적인 의미를 해독하고자 하는 동기가 왜곡되는 수도 있다. 이는 시 해석 텍스트 속에서 흔히 발견되는 오류들이다.

"눈으로 유전하든 진주"에 대해 일상적인 언어의 틀로 접근하면 문장이 모호하거나 표현이 서투르다는 평가를 부정할 수 없게 된다. "마돈나"의 의미에 대해 조국·애인·성녀 중 어느 것인가 하는 데서 비약적 해석의 결과를 낳는 수가 있다. 이는 문학 텍스트의 언어적 특수성을 간과한 것이다. 야콥슨의 논의는 문학의 언어가 원래의 사전적이고 일상적인 담론으로부터 비껴 가는 과정을 잘 보여주고 있다.25)

시의 언어는 문맥 내적인 코드와 시간성의 맥락 사이에서 이차적인 번역의 과정을 겪으면서 끊임없이 유동한다. 시어는 이른바 선택과 결합의 이중적인 관계 속에서의 끊임없는 일탈 과정에서 존재한다. 이미지 차용 등을 통해 언어적 모방이 수용·변용·창조라는 언어의 메카니즘 속에서 작동될 때, 그 텍스트를 선행 텍스트에 대한 모방의 담론으로 치부하기는 어렵다. 시의 해석은 표

---

25) Roman Jacobson, "Two Aspects of Language and Two Types of Aphasic Disturbance", *Fundamentals of Language*, The Hague Mouton, 1956, pp.67~96; Deleuze, Paul Patton(ed.), *A Critical Reader*, Blackwell Publishers, 1996, p.246에서 재인용.

절의 원천을 찾는 것이 아니라 변용과 수용의 원천을 찾는 것이다. 이런 점에서 일차적인 텍스트 수용 단계는 모방의 단계라 하더라도 이차적 변용은 분명 언어에 대한 자기 인식적 결과이다. 우리가 동인지 시대의 상징주의 수용을 전적으로 부정할 수 없는 이유가 바로 여기에 있다.

그렇다면, 동인지 시대 상징주의적인 경향을 띠는 텍스트들에서 난해성은 어디서 기인하고 있는가. 관념의 시적 기호화를 시도하는 초기 상태에 해당하는 것이 바로 이 시기 시적 텍스트들이라 할 수 있다. 관념의 번역 과정에서 난해성의 문제는 매우 일반적인 것이다. 이 번역의 원본 텍스트가 어느 것인가 하는 것은 우리가 실증적으로 점검해서 밝혀내야 할 부분이다. 그것은, 앞서 이미 말했듯이, 원본의 정통성을 정립하고자 하는 의도거나, 도착지의 텍스트를 출발지의 텍스트와 비교하고 '원본 / 모방'의 가치를 규정하기 위해서도 아니다. 시를 엄밀한 객관성의 토대 위에 세우고 이를 논리적이고 합리적으로 해석해 내는 데 있는 것이다. 이런 의미에서 이를 신실증주의적 해석학 혹은 해석학적 실증주의라고 불러도 무방할 것이다.

적어도 이 "눈으로 유전하든 진주"의 맥락이 어느 정도 타당성을 가지려면 당대에 수용된 많은 상징주의 텍스트, 불어 텍스트는 아니더라도 영어 텍스트와 일본어 텍스트 등 당시 수용된 많은 번역 텍스트를 동시에 점검해보아야 할 것이다. 이 과정에서 수많은 텍스트들이 상관적으로 얽히고 얽혀 원텍스트에서 비껴가고 다른 텍스트와 공유되는 부분을 찾아야 할 것이다. 그리고 이차적으로 그들이 다른 에세이들, 작은 논문들, 단편적인 글에서 언급하고 있는 원본 텍스트들, 그리고 일본어 번역본, 우리말 번역본 등의 번역 텍스트들과 그 시구들과의 접촉점을 찾고 이것이 접촉에 의한 유사성인지 보편적인 인간의 심성에 의한 것인지를 구별해야 할 것이다.

　이 관점에서 우리는 보들레르의 텍스트를 다시 들여다보게 되는 것이다. 박영희의 글 중에서 「마돈나에게」라는 시를 번역한 것이 있다. 박영희는 이 시의 일부분을 이렇게 옮겨 놓고 있다.

　　마돈나!나의사랑아!나는내슬푼靈안에
　　너를위하야 한 깁흔제단을싸흐리라
　　그리고 내마음 어두어진구석에다가,
　　사람의 所望과 微笑의눈을써나서
　　黃金과푸른寶玉으로색이인
　　한 神堂을세우러로다 나의 聖像아!
　　그러고나의流暢한詩로썻고
　　水晶과가티반작이는 내 詩韻을박은,
　　黃金의王冠을너를씨우고,
　　쏘나는 나의熱情으로짠外套를너를위하야만들고
　　그리고 내의不幸으로하야무거워진
　　거칠고 굿든 옷을주리라
　　그러나 그옷가에는 眞珠대신으로
　　내눈물의眞珠를 박어서만들리라26)

　박영희가 인용하고 있는 「마돈나에게(À une Madone)」는 『악의 꽃』 57편에 나오는 시로 "스페인식 봉납물"이라는 부제가 붙어 있다. 『악의 꽃』을 현대적으로 해석하고 있는 박은수의 번역 및 해설을

---

26) 박영희, 「「惡의 花」를 심은 쏘들레르론」, 『개벽』, 1924.6, 20면.

참고하면, 이 시는 보들레르가 스페인의 그림과 조각상에서 본 이미지를 차용해서 애인에 대한 마조히즘적 욕망을 드러낸 것으로 이해할 수 있다.[27] 시인은 마돈나 성상의 발 아래 엎드려 봉납물을 바치겠다는 맹세를 하고 있는데, 그 봉납물은 다름 아닌 수정과 같이 반짝이는 시운을 박은 왕관이며 외투이다. 이 시에서 이상화 시의 중요한 모티프가 되는 구절은 외투와 관련되는 이미지들이다. 시인은 스페인의 그림과 조각에서 황후와 같은 태도로 시인을 내려다보는 어떤 마리아상에서 시적 영감을 얻는다. 이때 '마리아'는 고유명사로서의 마돈나이기보다는 일반적인 어떤 여성(une Madone)이다. 시인은 이 '마리아'로 표상된 여성에 대한 질투와 적개심을 성스러운 마돈나 상에 투사한다. 마돈나는 숭배할 대상이자 증오의 대상이다.

이처럼 사디즘적 욕망의 대상으로서 여성이 숭배와 증오의 대상으로 양가적인 속성을 띠는 것은 일반적으로 영원성을 동경하는 예술가의 욕망과 깊은 관련을 갖는다.[28] 따라서 시인은 자신을 고통받게 하는 이 여성의 매력을 가두어 버릴 '파수막'과 같은 외투를 바치겠노라고 고백한다. 그 망토는 진주 아닌 시인의 눈물방울이 수놓아진 것이다. 박은수의 현대어 번역은 "파수막처럼 네 매력들을 안에 가두고 말, / 네 망토 하나를 말라줄 수 있겠지 / 진주 아닌 내 눈물 방울들 모두로 수놓은 망토를!"인데, "눈으로 유전하든 진주"는 바로 이 "진주 아닌 내 눈물 방울 모두로 수놓은

---

27) 보들레르, 박은수 역, 『보들레르 시전집』, 민음사, 1995, 595~596면.
28) 자허 마조흐의 모피를 입은 비너스와 그것에 대한 들뢰즈의 해석 참조(질르 들뢰즈, 이강훈 역, 『매저키즘』, 인간사랑, 1996).

망토"의 맥락과 깊은 상관성을 가지고 있음을 추정할 수 있다.

　이상화 시의 이 대목을 해석하는 연구자들이 대부분 "진주"를 '겉치레, 장식한 옷'의 의미로 이해하고 '그것을 다 벗고 몸만 오너라'라고 문맥적 해석을 하고 있는 대목은 보들레르 시에서 나타나는 이 "외투"의 맥락과의 중요한 연결점을 시사한 것이다. "눈으로 遺傳하던 진주"의 해석은 이미 앞서의 연구자들이 조금씩 그 본래적 의미에 대해 언급하고 있고 그것들은 부분적으로 타당한 의미를 지니는 것인 셈이다. 즉 김춘수가 '겉치레, 장식풍'의 의미로 파악하고 있는 것도, 김용직이 이를 비판하고 '눈물'로 피악하고 있는 것도 부분적으로 근거 있는 해석이 되는 셈이다. 결국 "눈으로 유전하든 진주"는 보들레르의 "진주 아닌 눈물 방울"로 수놓아진 외투의 변용인 셈이다. 눈(눈물)·진주·유전의 이미지는 모두 눈물·흘러내림·반짝임 등과 같은 동질적인 이미지를 지니고 있는 것이기도 하고 반대로 '눈(눈물) / 진주'의 대립쌍은 '진정성 / 허위', '사랑 / 질투', '헌신 / 증오'의 마조히즘적 욕망의 양가성을 이루는 중요한 의미소가 되어 시의 주제를 심화시키는 기능을 하기도 한다. 보들레르적인 것에서 차용된 것으로 보이는 이 구절은 여러 시적 형상화 단계를 거치면서 이상화 시의 문맥 속에서 재정립되고 있는 것이다. 그것이 표절의 수준이 아니라 다소 다르게 변용되어 나타나 있다는 것이 오히려 상징주의 시의 다양한 문맥들이 이 시기 시인들에게 미치는 광범위한 영향을 증거하는 셈이다.

　다음으로 "마돈나"가 '조국, 애인, 종교적 상징, 보편적 인간' 중어떤 의미로 해석할 것인가 하는 점인데, 그것은 일차적인 의미를 찾아내는 것에 비해 그다지 중요한 문제가 아닐 수도 있다. 그것

은 보다 심층적인 해석학의 지평에서 곧 이차적인 의미가 파생되
는 과정에서 논의되는 것이니 만큼 연구자 개인의 주관적인 관점
이 시 해석에 결정적인 영향을 미치게 된다. 어느 것이 적절한가
는 판단자의 문제지만, 시 전체와의 유기적 상관성을 고려하면서
다양한 해석학적 방법을 적용한다면 합리적인 해석이 가능해질
것이다.

수사법의 한 형식으로서 '은유'가 단어 차원보다는 어구나 시
전체와의 연관성 속에서 작동된다는, '은유'에 대한 현대적 해석은
참고할 만하다. 그러므로 염두에 두어야 할 것은, '동인지 시대' 시
에 대한 주관적이고 비약적인 해석은 시의 난해성을 해소하기보다
는 오히려 가중시킨다는 사실이다. 이 같은 문제를 해결하기 위해
서도 당대의 다른 텍스트들에 대한 실증적인 접근이 필요한 것이
다. 마찬가지 의미에서 이상화 시 해석상의 문제에 있어 자주 거론
되는 구절 중 하나인 "寺院의 쇠북이, 우리를 비웃기 전에"와 같은
대목도 사실은 상당한 정도로 근거 있는 해석을 가능하게 하는 자
료들을 추적할 수 있다. 이 시구는 베를렌느와 싸멩, 보들레르의
텍스트 속에서 자주 발견되는 것이다. "寺院의 鐘聲과 함끽 빗겨
울어라"(싸멩, 「畔逍遙」), "夜半의 鍾소리는 빗겨울어라"(싸멩, 「小市의
夜景」), "寺院의 鍾은 울어러보는높흔하늘에서 / 보드랍게도, 한가롭
게 울어라"(베를렌느, 「하늘은 집웅우에」) 등과 같은 구절들은 우리 번
역본(『懊惱의 舞蹈』 등)에서도 쉽게 찾을 수 있다. 이 점을 염두에 두
고 동인지 시대 시어들에 대한 실증적인 검토 및 해석학적 연구가
진행되어야 할 것이다.

이 글은 동인지 시대 문학 연구에 대한 몇 가지 문제의식에서

출발해 이 시대 문학을 다양한 관점에서 검토해보고자 했다. 시론 격의 글이므로 『백조』 시대의 시문학 전반, 특히 박영희나 이상화 시에 대한 정치한 분석이 행해진 것은 아니다. 몇몇 시 해석의 문제점을 지적하면서 하나의 방향성을 지적하고자 했다. 그것은 결국 우리 근대문학의 연구 방향이 새롭게 개척되어야 한다는 것이다. 엄밀한 개념은 아니지만 '신실증주의적인 해석학' '혹은 해석학적 실증주의'의 태도로 되돌아가야 한다는 뜻이다.

제4장 동인지 시대의 담론과 '내면-예술'의 계단

1. 계몽과 내면의 문제

1920년대 동인지 문단에 대한 문학사적 평가는 '허무주의적·퇴폐적·낭만적 경향'이라는 담론으로 집약된다. 일반적으로 본격적인 우리 근대시의 출현을 『태서문예신보』의 발간으로부터 찾을 때,[1] 이때 우리 시의 모습은 이미 「해에게서 소년에게」에 비해 상당한 낯설음을 동반하고 있다. 많은 연구에서 지적되었듯, 이 이후 우리 시는 이광수나 최남선의 창가나 신체시와는 리듬과 운율 및 어휘의 수준에서 많은 차이를 드러내게 된다. 이 같은 형식적인

---

[1] 김용직, 『한국근대시사』, 학연사, 1986, 123면.

측면뿐 아니라 시에 드러난 시인의 주관적 정서의 무늬 또한 그 이전과는 뚜렷한 대비를 보인다. 근대시의 전개를 전통적인 정형 시형으로부터의 '탈정형화'라는 관점에서 언급했던 그간의 논의들, 그리고 근대시가 정형시에서 자유시로 어떻게 단계적 발전을 겪으면서 이행되었는가를 고찰한 논의들은, 근대시의 형성과 진전을 주로 형태상의 단절을 통해 파악하고자 한 연구자의 의도를 담은 것으로 볼 수 있다. 그러나 우리가 주목할 것은 그와 같은 근대시적인 자유시형의 형식이 흔히 '주체의 발견'으로 이해되는 '내면의 드러냄'이라는 문제와 분리하기 어렵다는 점에 있다. 내면을 드러낸다는 것은 시혼, 혹은 시적인 어떤 것(poésie)의 형성이 시적 의장의 중요한 요소가 됨을 인식하게 된 것을 의미한다. 내면을 드러낸다는 것은 개인의 내밀한 시적 감수성의 표출을 의미하는 것으로, 이것은 최남선이나 이광수가 보여주던 개화기 시체의 계몽주의적 감수성과는 상당한 차이를 보인다. 이 감수성의 차이가 그 낯설음의 정체일 것이다.

'3대 동인지'시대로 오면 그 내면의 표출 방식이 정교화되면서 점차 영혼의 심층 깊숙이 존재하는 어떤 정서들을 붙잡아 내고자 하는 열정들을 보여준다. 동인지 시대 시인들은 언어에 시인의 내면을 깊숙이 밀어 넣고 지극히 '퇴폐적이고 낭만주의적인 감수성'을 만들어 나간다. 당시 시에서 주로 보여주는 '오뇌·내면·죽음·동굴·눈물' 등의 언어는 이 내면 언어의 거주지이다. 김억의 최초 번역시집인 『오뇌의 무도』를 비롯해, '오뇌'라는 말이 거의 유행처럼 쓰이고 있다는 점은 이 언어들이 우리가 흔히 생각하는 내적 번민의 무게를 충실하면서도 심각하게 반영하고 있지는 않았음을 말해주고 있다. 이것이 오히려 이 시기 시를 '관념적'이라 평가하게 된 이유가 되었을 것이다. 시적 언어들의 기호적 의미에 대해 숙고하고 그것의 의미화 작용2)을 논하는 대신 이들 시에 관념적·추상적·병적이라는 평가를 가하고 동인지 시대의 시를 질적인 결함이 있는 것으로 판단하는 것은 일면적인 것이다. '관념적'인 것이 질적인 결함을 내포한다는 종래의 인식은 '계몽주의적 입장'에서 이들의 시를 반계몽이라는 척도로 평가하는 일종의 환원주의적 시각을 반영한 것으로 보인다. 이 같은 잣대가 이들 시의 문학사적 의의나 시성의 질적 수준에 대한 보편적 규준으로 제시될 수는 없다.

그보다 이들의 시에서 보여주는 '관념 덩어리와 비애와 눈물의 왕국'이 근대시적 시혼과 만나는 지점을 탐색해야 한다. 왜 그것이 근대시의 실체로 그들에게 나타나는가 하는 점을 주목해야 한다는 것이다. 『폐허』파의 시가 '퇴폐적이고 데카당한 의식의 산물'로만 규정할 수 없는 것과 마찬가지로 『백조』파의 시가 '병적 낭만주의의' 성채에 갇혀 있다는 평가는 부적절해 보인다. 이 시대의 시에서 병적이고 퇴폐적인 어떤 것들을 추출해내고 그것을 비판하는 대신에 우리는 이 데카당스의 징후를 근대시적 계몽의 차원에서 탐색해보아야 할 것이다. 이때 '퇴폐성'과 '데카당스'는 내면 표출의 한 의장이며 또 다른 근대예술을 향한 계몽의식에서 비롯된 것이다.

우리 근대시사를 보면, 퇴폐와 세기말 의식이 항상 하나의 등고

---

2) 라캉이나 크리스테바에게서 이 개념은 다소 상이하게 나타나지만, 여기서는 에밀 방브니스트가 지적하듯, '의미작용의 세계(le monde de signification)'로 지칭되는 발화 상황을 전체적으로 포괄할 수 있는 구체적인 것이다(에밀 방브니스트, 황경자 역, 『일반언어학의 제문제』 1, 민음사, 1992, 25면).

선으로 이어져 있음은 전환기적 단계에서 일반적으로 일어나는 현상임을 확인할 수 있다. 니힐리즘적 경향이나 퇴폐성의 징후들을 절대 부정의 차원에서 평가할 수는 없다. 1930년대 말기의 오장환·이찬 등의 시에서 보이는 니힐리즘적 경향은 1930년대의 전환기적 세계 인식에 대한 글쓰기의 대응물이다.3) 예컨대, 청록파 시인 중 건강하고 순결한 내면을 드러낸 것이라 일반적으로 평가된 박두진 시의 한 축도 분명 시대고와 당대의 허무주의적 경향에 닿아 있다. 그는 '자연'을 통해 세기말의 심연을 통과해 나가고자 하는 적극적 의지를 보이면서 니힐리즘적 경향을 초극하고 있다.4) 1920년대도 마찬가지 의미에서 접근할 수 있는데, 내면의 적극적 탐색이 근대시 형성 단계에서는 병적이고 니힐리즘적인 경향으로 나타나기도 했던 것이다. 내면과 시성(문학성)에 대한 계몽적 차원에서 동인지 시대의 시는 탐색되고 있는 것이다. 그렇지 않으면 이들이 왜 그토록 데카당스와 퇴폐적 감수성을 견지하려고 노력했는가 하는 의문들로부터 우리는 쉽게 벗어날 수 없다.

당대의 이 같은 데카당스적 표정과 퇴폐적 분위기에 대해 구체적인 문제점을 지적한 사람은 이광수였다. 이광수는 당대에 유행처럼 번지던 이 같은 경향에 우려를 표명하면서 1920년대 문학의 허무주의적이고 퇴폐적인 국면에 대한 춘원 식 반격을 시도한다.

近來에는 文士라 하면 「學校를 卒業하지말것」 「무른 술, 붉은 술애 眈溺

---

3) 1930년대 시를 비롯해 우리 시의 퇴폐적 경향에 대해 적극적으로 의미를 부여하고 있는 최근의 한 연구는 주목할 만하다(신범순, 『한국 현대시의 퇴폐와 작은 주체』, 신구문화사, 1998 참조).

4) 김동리, 「자연의 발견-三家 시인론」, 『문학과 인간』, 민음사, 1997, 49면.

할것」「반다시 戀愛를 談할것」「頭髮과 衣冠을 야릇이할것」「신경쇠약성 빈혈성 容貌」를 가질 것 不規則 不合理한 生活을 할 것等의 屬性을 가진 人物을 의미하게되엿슴니다. 漢文時代의 文士의 風은 支那에서 輸入한 것 今日의 文士의 風은 日本에서 輸入한 것임은 勿論이외다. (…중략…)

그러나 今日의 文士의 生活方式은 漢文文士의 그것보다 더욱 社會에 害毒을만히 끼치는것이외다. 今日의 文士들은 昔日 文士의 次點을 고대로 繼承하고 게다가 頹廢期의 日本 文士의 次點을 加味하엿스며 그뿐더러 識見업고 鍊鍛업는 靑年의 흔히 하는바와 갓치 그네의 次點만 배우고 長處는 배흐지 못하엿슴니다. 이리하야 오늘날 우리 文壇의 절몬 文士諸氏는 무서운 道德的 惡性病에 걸려잇슴니다. (…중략…) 所謂 最少抵抗을 골라 나가는 生活이오 내 意志力으로 開拓하랴는 기개가 보이지를 아니함니다. 意志力, 克己, 奮鬪, 力行, 高尚한 人格, 信義 等의 德目은 文士에게는 아모 相關도 업는 것갓치 생각하시는 모양이외다.

아아 아직 발아기에 있는 우리 文壇에는 「데카단스」의 亡國情調가 風靡하야 마치 阿片 모양으로 毒酒 모양으로 靑年文士 自身과 밋 純潔한 그네의 讀者인 靑年男女의 精神을 迷惑함니다. 이것은 眞實로 不健全한 日本 文壇의 傳統을 밧은 結果외다. 사랑하는 讀者여 나로 하여곰 文士와 德性과의 關係를 暫間말케하시오.5)

‘문사 곧 인격자이며 학적 지식’이라는 전통적 문사 개념에 의거해 있었고 문사는 사상가이자 교육자의 입장에 서 있어야 한다는 이광수의 입장은 『무정』을 비롯한 그의 계몽주의 소설의 한편을 지배하는 사고인데, 이는 문학이 민족과 역사를 구원할 수 있다는 절대적 가치 개념으로 내면화된다. 학교를 졸업하지 말 것, 연애를 담(談)할 것, 붉은 술에 탐닉할 것, 의관을 야릇하게 할 것, 신경쇄약증 빈혈성 용모를 가질 것 등의 데카당스의 세부 목록들

---

5) 이광수, 「文士와 修養」, 『창조』, 1921.1.

이 결핵균, 매독균과 같은 차원의 적대적 문학의 메타포로 상징되고 있다는 점은 흥미로운 사항이다. 김동인에게 진정한 글쟁이의 모양새나 태도로 이해되었던 '데카단스'가 이광수에게는 망국의 정조라고 염의를 품게 했던 사실은 1920년대 초두의 문학 지도를 그리는 데 중요한 관점을 제공해준다. 그러나 김동인의 「마음이 옅은자여」에서 보여준 성격 파산자형 인물설정이나 정서 못지 않게 이광수 소설 또한 퇴폐주의 일파인 우울과 고민의 메타포를 상당한 정도로 거느리고 있음 또한 인정하지 않을 수 없다. 이광수·전영택·김동인·염상섭 등은 성격파산, 연애생활, 공상생활로 표현되는 '퇴폐적' 문학 경향의 공통된 특성들을 부분적으로는 조금씩 공유하고 있었다고 볼 수 있다.6)

그럼에도 이광수가 이들 동인지 문학 담당자들 특히 『백조』파나 『폐허』파의 낭만성·퇴폐성을 지적할 수 있었던 것은 자신의 이상적 계몽주의 입장에 극히 상반되는 문학적 경향에 대한 비판과 그것을 통한 자신의 문학적 입장의 변호 때문이었다. 이광수의 근대성이란 계몽성이며 '서구화=근대화·개화'라는 의미의 내포를 가진 것이다.7) 그러나 이광수의 계몽을 '뒤집고' 있는 1920년대 염상섭의 소설을 비롯한 일련의 '일본 근대문학 제도에 의해 쓰인' 텍스트인 '내면 고백체 소설'들은 그 자체로 '내면'의 '주체'가 펼치는 드라마이며 미적 근대성을 상징적으로 드러낸 것이다.8) 동인지 시대의 시가 드러내는 특이한 장면도 사실은 이광수 식의 관점과는 '다른' 각

---

6) 백철, 『신문학사조사』, 신구문화사, 1983, 148면.
7) 조영복, 「근대성의 개념과 구도」, 『소설과 사상』, 1998년 겨울호 참조.
8) 가라타니 고진, 박유하 역, 『일본 근대문학의 기원』, 민음사, 1996 참조.

도에서 들여다 볼 필요가 있는 것이다. 동인지 시대 시의 과도한 내면의 표출이 피상적이고 관념적이라는 이유로 비판받아 왔지만 왜 '관념'이 비판받아야 하는가, 관념이 어떤 계몽성이 펼치는 역동적 드라마는 아닌가를 우리는 주목할 필요가 있지 않은가 한다.

동인지 시에 주로 나타나는 죽음의식과 병적인 몽롱성, 낭만적 감수성의 면면들은 이미 지적해 온 것 같이 서구 상징주의 시의 번역 과정에서 얻어진 시대적 산물일 것이다. 백철 이후의 문학사가들이 세세하게 관찰하고 있는 것도 이들 상징주의나 데카당스 사조의 조선 내 유입과 수용의 장면들이었다. 그것이 3·1 운동 이후의 시대의 비극적 메타포를 의미하는지, 근대적 문학 개념의 인지인지 하는 것들에 대해 굳이 판정을 내리는 것이 이 글의 의도는 아니다. 일본식 서구 수용 및 2차 모방의 산물임을 지적한다 하는 것도 이 글이 지향하는 것은 아니다. 『창조』의 주요한, 『폐허』의 염상섭·남궁벽·변영로, 『백조』의 박영희·홍사용·박종화·이상화 등 이 시기 동인지 활동에 조금이라도 간여했던 문인들은 분명 어떤 내면의 휘황한 장관들을 자신의 텍스트에다 기록하고 있다. 이것을 주목해야 하는 것이다. 이들의 담론들은 1910년대에서 1920년대 초반에 이르는 근대문학의 근대성에 대한 인식의 질적 차이를 보여주는 담론을 형성하고 있다. 계몽의 지형 위에 펼쳐지는 근대성의 역동적인 드라마가 바로 1920년을 전후로 한 우리 시의 근대적 지형이 되는 셈이다.[9]

---

9) 비서구권 국가에서 근대문학에 대한 이해는 언어에 대한 기호학적이고 계보학적인 탐색이 필요하다. 일본도 마찬가지다(柳父章, 『飜譯語成立事情』, 岩波書店, 1997, 61~65면).

2. 『폐허』, 생성과 주체의 계몽

『폐허』의 실질적 이론가였던 염상섭은『폐허』창간호에서 이렇게 말하고 있다. 그의 글은 '폐허'의 의미에 대한 기존 인식을 전복하고 있는 듯 보인다.

一雨 一芽의 짯듯한 봄바람이, 復活의頌榮을 밧드는 初春의 날, 느진아침이엿슴니다.

아담, 이브의머리속에智의이삭이, 북도든째로부터, 입에물엇든「재갈」의자족 스러저가고, 째를 짜라 등에 흐르는, 넷道德의「□□」□□□□□□□□ 한무리倍達의子孫들은, 지난밤雲霧에쌔여險한뫼에놉히올나, 서로 끼고울며 날새이던괴롬과 슬픔, 다— 이저버리고, 오즉가슴을압搾하는듯한, 初戀에마음조리는少女가, 歡喜와希望에타나, 그러나孤獨과不滿을呼訴하는듯한, 애처러운한숨을고요히쉬이며, 默默히東으로東으로, 가벼우나느린步調로거러나감니다. (…중략…) 이悽慘하나 거룩한「聖殿」에드러온靑年의무리는, 自己들이, 이정□한沈默과燦爛한「리씀」을, 破壞하는侵入者가안일가두려워하는同時에, 自己에게는, 이材木의知己之友가되고, 주츄돌의主人이되야, 이荒廢한墟址에(藝術의)□□□□□□責任이잇다고自負합니다. (…중략…) 銳敏한귀를, 이삭의間斷엄는숨소래에기우리고, 코를흙의馥郁한香佳에 찡그리며, 愛와希望에타는視線을, 半空에고치질하는그무리의顔上으로는, (道德의)말쑥과 채쭉족에呻吟하던者의묵은憂愁는스러지고, 只今의사랑과未來의榮華를꿈꾸는者의단(甘)微笑가, 口邊에흘너감니다.

이무리의무엇보다도굿센決心은, 서로에게許諾한盟誓는, 이「廢墟」에솟아나오는쩍닙의낫낫이, 그瞬間『의새로운生命을, 무엇에게도□□되지안코, 沮害밧지안코, 열매가매즐째까지, 自己네들은웃깃을난흐지안켓다는것이외다. 아는것이 안이라, 그리하지못하겟다함니다. 그러나이것은些少한友情이거나, 不純한事精이그무리에게强要하는것이안이라, 眞理의宮殿에巡禮하겟다는者의至高至順한靈

魂이握手한째문이요, 쏘그握手는永遠히흐터질時間을가지가지안키 째믄이외다. (…중략…) 그러나彼等은理智에만살랴고는안이함니다. 「荒野」에彭湃한過去의光熙와, 眼前에展開한甦生의金波가, 眞理의神香을彼等의靈魂에쑴어너흘際, 그무리는그것에만족지안슴니다. 그歡樂과感激을가슴에품고悶死함으로만은, 決코滿足지안슴니다.[10]

『폐허』의 서문격인 염상섭의 글은 개화기 계몽주의 문체에서 그렇게 멀리 벗어나 있지 않은 듯 보인다. 개념어와 한자어와 한글 어휘가 부자연스럽게 혹은 다소 유치한 상태로 혼재되어 있다. 그러나 개화기 문체에 비해 뚜렷하게 달라져 있는 것은 주관적이고 내면적인 문체적 특성을 보인다는 점이다. 낭만적인 감수성에 깊게 침윤된 작가의 내면성을 단단하게 떠받치고 있는 것은 그 내면이 영성의 성소적 의미를 띤다는 점의 강조에 있다.

내면이 성소로서 규정된다는 것, 그리고 그것이 삶의 영원성과 생명성을 향해 있다는 것은 미가 곧 진리라는 미적 인식의 확대와 긴밀하게 결합된다. 이 같은 문학 담론은 춘원의 담론과는 다른 지층에 놓여 있는 것이어서 그만큼 낯설고 신선한 느낌을 준다. 염상섭은 낡은 도덕과 관념을 버리고 폐허 위에서 '예술'을 하겠다고 선언한다. 예술의 황무지에 서 있다는 인식은 내면을 가열하게 충동시킨다. 메마르고 황량하고 거친 황무지의 숨결이 "의로운 생명"의 "떡닙"으로 솟아나리라는 것, 이것이 사소한 우정이나 불순한 순간적 충동에서 기인하는 것이 아니라 한 영혼의 순례이며 영원성을 띤 시간의 맥락 속에 있다고 주장한다. 이는 개화기 이

---

10) 염상섭, 「廢墟에 서서」, 『폐허』, 1920.7.

후 끊임없이 탐색되어 온 개인 주체의 발견이 내면의 육체성을 안게 되었음을 의미하는 것이다.

이 같은 염상섭의 입장은 「개성과 예술」(『개벽』, 1922.4)에서도 거의 일관성 있게 전개되고 「암야」의 주인공이 내지르는 관념적 예술관이자 인간론에서 변용되어 나타난다. 그의 소설이 일본 근대문학 제도에 의해 쓰인 중성적 차원의 텍스트인지 일본 사소설의 왜곡된 자연주의 경향의 모방인지 하는 것은 필자로서는 언뜻 판별하기 어렵다. 그러나 내면적 성격을 강하게 띠고 있는 염상섭 글의 근대성은 독특한 차원에 있다. 이 시대 잡지 발간에 얽힌 많은 후일담은 그들의 내면 욕망이 예술의 절대성을 강조하는 차원에서 형성되고 있음을 확인해주는 것들인데, 염상섭의 이 글에서 보여주는 욕망도 이 범주에서 벗어나지 않고 있다.

시인이기에 앞서 비평가로 활동했던 오상순은 「시대고(時代苦)와 그 희생(犧牲)」(『폐허』 창간호)에서 퇴폐·고민·불안 등의 개념을 계몽의 차원에서 의미화한다. 이 개념들은 건강하고 권력적인 입장에서 논의된다. 이 건강성은 같은 지면에 실린 염상섭의 「폐허에 서서」에서도 확인되는 것이다. 이 말은 이 시대의 '폐허·퇴폐·불안·병·죽음·육체·영혼' 등의 퇴폐를 가능하게 하는 기호적 표상들이 실제로는 그 같은 실재적인 병, 죽음, 퇴폐의 징후들을 의미화하기보다는 그들 나름의 계몽의 차원에서 시도된 측면이 있다는 점을 설명해준다. "우리 조선은 황량한 폐허 위에 서 있고 우리 시대는 비통한 번민의 시대다"로 시작되는 이 글은 허무주의의 시대적 맥락을 탐색한 것이다. 오상순의 논문은 당시로 보아서는 상당한 수준의 인식론적 지점을 훑고 있고 염상섭의 글을 논리적으로 상회하고 있다. 「폐허 위에 서서」가 낭만적이고 순진한 감수성의 분열을 드러낸다면 오상순의 논문은 왜 그들이 '폐허'라는 기호를 가슴의 주홍 문자처럼 달고 나올 수밖에 없는가를 설득력 있게 보여준다.

오상순의 인식은 허무를 단순히 지적 포즈로 인식했다든지 하는 비판을 넘어서 있고 치기와 유치함이 제거되어 있다. 시대상이라는 현실적 상황 논리와 미학적 차원에서의 필연성을 동시에 고려하고 있다고 판단된다. 오상순의 '허무'의 선언은 그의 시의 일관된 미의식과 대응되는 것인데, 적어도 오상순에 관한 한 미학적 인식을 퇴행적이고 유아기적인 낭만성의 발로로는 볼 수 없을 듯하다.

오상순이 힘들여 강조하고 있는 것은 폐허 위에서의 개인의 철저한 투쟁이다. 시대는 "피와 육(肉)과 전심전령"을 다 바쳐 싸워나가야 할 자기 희생의 완전한 연소를 요구한다는 것이다. 그는 이를 생명이자 이상 자유의 요구실현이라고 표현하고 있다. 이는 "영적 도약"이라는 의미와 가치를 향한 싸움이기에 자기 희생의 면전에서도 두려움을 걷고 이를 초극할 수 있다는 것이다.

世人의눈에는生活難이나成功難의不平이나惑은虛榮野心의權化갓흔無知沒覺者밧게빗치지안는것갓다. 무슨생각이잇고熱情이잇고, 무엇을眞正해보고자하며참意味잇는生活을營爲코자하는靑年들은, 다만함브로傳統과習俗과權威에反抗하는不道德자, 悲哀와孤獨을自招하는患者, 自己와世上을보지못하는, 쏘世間과步調를合해갈줄모르는幼稚者라는冷評을퍼붓는다 쏘조곰하면「어룬」들의 우宙갓흔쑤지람이비오듯한다. (…중략…) 이갓치하야시대를懊惱하는眞摯한靑年은無抵抗속에沈하야간다. 뎌들은남에게理解도못되고, 쏘理解할수도없난絶

對不可解속에孤獨한魂을안고간다. 世上은더욱俗的으로醜惡하게發展해가고좀 새롭다는者는왼만콤날가지고無知한者는放蕩하고奸嬌해간다. 다만眞實한靑年만 永遠한 靜寂으로흘너간다. 世上은참奇妙하다!11)

이러한 시대의 희생은 필연적으로 비극적일 수밖에 없다. 특히 '영원한 내적 세계'에서 그것은 '가장 숭고하고 장엄한 부활'이 된다. 이 같은 문맥들은『백조』의 미학적 인식과 뚜렷한 차이를 보이지 않는다. 그가 "우리 청년의 열정적 신앙"이라고 표현한 것은 기독교적인 부활과 영생의 논리가 시대적 희생이라는 역사성을 안고 나타난 것으로 이해할 수 있다. "새로운 시대 창조의 주인은 이 험난한 시대에 자기 희생을 가장 많이 한 사람"이라고 말할 때 이는 허무주의의 선언서가 아니라 '미적 계몽주의'의 또 다른 산물임을 확인할 수 있다. "폐허 위에서 영원한 생명과 축복을 얻는다"는 이 소멸과 부정의 미학은 춘원의 '생활 개조론'에 대항적으로 자리한다.『폐허』의 동인들은 '폐허' 위의 전사들이며 개인의 내면을 계몽적 맥락 위에 세운 조선의 첫 '파우스트' 세대이다. 그들에게 '영생되지 않고 소멸되는 것은 절대로 없다.' 그들은 춘원과 육당의 계몽을 '단절적으로' 이어받는다. 그들의 주장은 비장하면서도 다소 과장된 모습으로 나타난다. 그러나 새로운 계몽과 대항적 미학을 유포하고 자기화하는 데 있어서 그 과장은 어쩌면 단순한 나르시즘의 표현일 수 있다. 극적인 낭만성과 퇴폐로 포장된 이 '폐허' 위의 전사들의 얼굴은 따라서 체질화된 허무주의의 표징이라고는 보기 어렵다.

---

11) 오상순, 「시대고와 그 희생」,『폐허』, 1920.7.

오상순은 『폐허』에서 보여준 이 같은 권력적 자기 표현의 일부를 그의 평생의 시적 작업의 바탕으로 삼게 된다. 그의 시 「허무혼의 선언」을 비롯한 1920년대 초반에 발표된 시들은 「시대고와 그 희생」의 문화적 시대적 맥락들이 자아의 공간으로 평행 좌표이동하면서 추출된 것이다.

오상순의 시집 『공초(空超) 오상순(吳相淳) 시집(詩集)』(자유문학사, 1963)의 시들 가운데 1920년대 초두에 쓰인 시들은 한 가지 특징을 공유하고 있다. 다른 시들이 지나치게 교술적이고 평면적인 차원임에 반해 이 시기 시들은 허무·어둠·생명·생·힘의 의지와 같은 생철학적이고 니체적인 사유의 흔적을 보여준다. 「허무혼(虛無魂)의 선언(宣言)」(1923)·「폐허(廢墟)의 제단(祭壇)」(1923)·「타는 가슴」(1921)·「미로(迷路)」(1921)·「어둠을 치는 자(者)」(1922)·「아시아의 마지막 밤 풍경(風景)」(1922)·「아시아의 여명(黎明)」·「나의 고통(苦痛)」(1920), ·「몽환시(夢幻詩)」(1920)는 허무와 적멸과 소멸에 대한 담론으로부터 삶과 생명의 영원성을 탐구하는 것으로 의미화한다. 1920년대에 나온 시라 하더라도 전반기에 비해 후반기에 발표된 것들은 그 주제와 미적 완결성에 있어서 결함을 가진다. 「한잔 술」(1928)·「항아리」(1929)와 대비해보면 그 선명한 차이를 읽을 수 있다.

슬어지는 것이 너의 美요 生命이요
滅하는 瞬間이 나의 享樂이다.
오—— 나도 너와 같이 죽고 싶다
나는 애타는 가슴을 안고 얼마나 울었던고
슬어져가는 너의 뒤를 따라——
오 너는 永遠의 放浪者

설음 많은 「배가본드」
천성의 거룩한 「데카당」
오── 나는 얼마나 너를 안고
몸부림치며 울었더냐
오── 그러나 너는
너무나 외롭고 애닲다
그리고 너무도
反覆아 無常타

─「虛無魂의 선언」

　소멸과 비애와 데카당스, 그리고 허무의식이 숨김없이 표층으로
드러난 이 시는, 이 시기의 다른 시나 산문적 텍스트가 보여주는
주제의식과 그다지 다르지 않다. 그런데 오상순의 시적 담론들은
이 허무와 적멸의 파토스를 '병적이고 낭만적인' 청년기의 감수성
으로 충동하지 않고 거기에 시대와 현실의 에토스를 저며 넣고 있
다. 동지사 대학 철학부에 적을 두고 있었던[12] 탓인지 그는 군데
군데 니체적인 요소와 생철학적인 허무의식을 저며 넣고 철학적
사변성으로 늘어진 사유의 끈을 달아 놓기도 한다. 그것은 근대적
삶과 사유의 토대 위에서 배태된 개인적 역사적 실존의 풍경들이
다. 기존의 평가대로 '병적인' 수식어를 붙이기에는 그 내적 파토
스가 강렬하다. 오상순이 말한 시대상의 의미와 허무에 침윤된 청
년기의 열정적 파토스를 고려해보면, 오상순 시의 내면적 열도를
일본 유학을 통해 형성된 이식된 것으로 보기에는 무언가 그 이식
의 강도와 가치 부여가 지나치게 강렬하다. 주체의 견고한 자기

---

12) 학적부에 그의 이름이 없는 것으로 보아 그의 재적 관계가 불투명하다는 지
　　적도 있다.

동일성이 유지되고 있는 것이다.

따라서 '아시아는 밤이 지배한다'는 정언적 명제와 '허무혼의 선언'을 치기와 유치함과 신기성과 이식된 내면으로 '선언했다고' 평가하기는 어렵다. 조선의 정체성을 묻지 않고 아시아적 정체성을 말했을 때, 그것은 당대를 보는 그들의 세계 인식과 관련되어 있을 것이다. 시 군데군데 보여주는 '흰 빛'과 '밤'의 이미지들은 시인의 내면에서 상호 융화된 하나의 이미지를 거느리고 있다. 그러나 그것은 분명 춘원 식도 아니고 최남선의 방식도 아닌 1920년대 초기의 시적 담론이 보여주는 낯선 방식이다. 그것은 '이광수의 계몽'을 넘어서서 새롭게 인식된 '내면성의 계몽'이 아닐 수 없다.

> 呼吸이 거칠고
> 血脈이 뛰노는
> 殉難의 아픔
> 같이 받는 흰옷의 무리들——
> 입을 닫고
> 눈을 감고
> 廢墟祭壇 밑에 엎드려
> 心臟 울리는
> 世界가 무너져버릴 듯한
> 그 呻吟을 들으라
>
> 廢墟의 祭壇에 길이 넘는 검은 머리 풀고
> 맨발로 素服 입은 處女들의
> 말도 없이 敬虔히 드리는
> 木檀香과 기름등불은
> 주검같이 소리없는 廢墟의 하늘

바람 한 점 아니 이는데
꽃도 밑도 없는 깊은 밤 「어둠속」에
아프게도 憂鬱하고 單調하고도 끊임없는
曲線의 가는 흰 「길」을 찾아 虛空에
헤매이다 헤매이다!
꿈나라의 한숨같이 그윽히도 가는 좁의 曲線은
헤매이다 헤매이다

—「廢墟의 제단」

여기서 어둠과 죽음과 우울의 파토스들은 공동체적이고 집단적인 어떤 이미지를 껴안고 있다. 의로운 죽음을 의미하는 "순난"이라는 의미를 감싸 안고 있는 이 죽음의 공간은 「어둠 속」과 「길」에서 강조된 부분(「 」)에 의해서 보다 구체적인 심상을 얻고 있다. 폐허의 제단에서 우러나오는 목단향과 신비한 처녀들의 기도는 성스럽고 경건해서 죽음과 절멸의 저 밑간 데 없는 "페허"의 내면들을 뛰어 넘어 현실의 구체적인 맥락들과 시대적 의미들과 내밀하게 조우한다.

"거칠고", "뛰노는" 등의 시어들은 "세계가 무너지는 듯한" "힘"의 자장 내에서 강렬하게 의미를 발산시킨다. 여기서 '폐허'는 '죽음', '절멸'의 소극적 의미를 벗겨낸다. '죽음'의 문제가 여타 시인들에게 나타날 때 이는 세밀하게 검토되어야 할 문제이며 단순히 개인적 삶의 테두리 내에서 혹은 그 반대로 국가적 이데올로기의 차원에서 해명될 문제는 아닌 것이다. "허무어 불꽃을 날려 버려라"(「허무의 선언」)나 "나의 가슴에 불을 질러라"라는 경구들은 어둡고 우울한 이 시대의 비극으로부터 얼마나 깊숙하게 달아나고 있

는가. 어둠과 허무, 죽음의 '데카당스적' 의미를 뒤집고 있는 역설
적 카테고리들이 '아시아적' 담론의 층위에서 새롭게 인식되고 있
다는 점은 그가 어떻게 이들 카테고리를 체험하고 이해하고 인식
하고 의미화하는지를 흥미롭게 보여준다. '아시아의 진리는 밤'이
라는 인식을 펼친 「아시아의 마지막 밤 풍경(風景)」과 어둠의 깊이
에서 아시아의 미래적 비전을 제시한 「아시아의 여명(黎明)」은 후
기에 보여준 그의 다른 시들처럼 교술성과 계몽성을 시의 표층적
차원에서 드러내기는 하지만 허무의 텍스트로서는 드물게 허무(죽
음·어둠) 그 자체가 공적인 삶의 공간에서 의도되고 있어 특징적
이다.

<blockquote>
萬古의 秘密과 驚異와 奇蹟과 神秘와
陶醉와 夢想과 沈默의 具體的인
아시아!
哲學未踏의 秘境
頓悟未到의 聖地 大아시아!
毒酒와 阿片과 美와 善과
無窮한 自尊과 無限한 汚辱
祝福과 詛呪와 相伴한
기나 긴 아시아의 業이여.
</blockquote>

—「아시아의 黎明」

    아시아적 가치에 대한 그의 인식이 일본의 대동아공영권과 같
은 맥락에서 있는 것인지, 조선을 비롯해 제국주의의 칼날 아래에
서 신음하고 있는 아시아의 공동 운명에 대한 유대적 관심인지 우
선 확인할 필요가 있을 터이다. 그러나 '대동아공영권'의 담론이

1930년대 중반기경에 본격화된다는 점을 감안하면 이것이 일본 제국주의 담론의 교묘한 침략 정책을 반영하기보다는 인도 시인 '타골'의 영향에서 비롯된 것일 확률이 높다. 약소 민족으로서의 시인의 우울한 내면성을 극복하고자 하는 의도로부터 비롯되었을 개연성이 크지 않을까 한다.

오상순이 보여주는 죽음과 소멸의 시적 모티프들은 실은 역설적인 의미를 던지는 것이다. 그의 다른 시들에서 억압받고 있는 조선 민족과 민중의 이미지들이 내밀하게 드러나 있는 점을 감안한다면, 이 아시아적 가치는 소수민족으로서 가지는 변경의식의 산물이고 그렇다면 그에게 죽음의식은 낭만성에서 오기보다는 정열적 청춘의 파토스가 충동하는 허무와 생의 갈등에서 비롯된 생철학적인 허무 의지의 드러냄이라 할 수 있다. "허무의 칼아 허무의 검아"라고 내지르는 내면의 불꽃이 던지는 부정 정신은 물과 불과 흙, 바람, 인간과 신과 자기 자신에 이르기까지 일체의 것을 부정하고 그 허무까지 절멸한다는 인식에 이른다. 허무를 초극하고자 하는 의지가 그의 시에는 깃들어 있는 것이다.

아나키즘에 경도되었고, 논리적으로 생철학을 배운 오상순으로서는 이를 추체험할 수 있었고 시적 담론으로 의미화할 수 있었던 것이다. 여기까지 이르면 "애와 미와 진"(「허무혼의 선언」)이 한 지점에서 교우하는 이 인식의 근원을 받아들일 수 있다. 사랑의 담론이 곧 진리이자 절대적 미의 가치로 이해되는 담론의 형성 과정이 고스란히 나타나 있는 것이다. 이는 병적 낭만주의와 데카당스와 퇴폐적 이미지와 죽음 충동을 심층에서 파악해 들어갈 수 있는 한 통로가 된다. 『폐허』 잡지의 성격은 주체적이고 계몽적이라는 점이다. 예술과 문학, 종교, 사상 등 개별 학문에 대한 가치를 인식하고 잡지의 성격을 현저하게 '자유'의 개념에다 놓고 있는 것은 이들 잡지가 근대적 인식의 소산이라는 것을 반증하는 것이다. 이는 '예술'에 대한 새로운 인식론적 지점을 확보해 가는 것과 동일 지평에서 평가될 수 있다.

1920년대 상징주의·낭만주의 시에서 흔히 발견되는 퇴폐적이고 데카당스한 육체의 풍경을 그리고 있는 장면도 사실은 이 같은 영적 내면이 계몽의 어떤 지점에서 조우한 것으로 보아야 할 것이다. 그것이 당대 시인들에게 분명히 자각되지는 않은 채 몽롱한 도취의 상태로 내면성에 습합되는 탓에, 육체와 영혼의 이원성에 대한 자각을 보여주거나 영적 구원의 형이상학적 사유의 냄새를 풍기지는 않는다. 말하자면 상징주의 시의 번역 과정에서 상징주의(보들레르·베를렌느)를 베끼되 그것은 보들레르(베를렌느)의 사유에 근접해 있지는 않다. 그렇다고 그것이 '결여'나 '열등'의 의미를 지니지도 않는다. 박종화의 초기 시도 마찬가지로 '관념적'이라는 잣대로 부정적으로 평가될 수 없는 것이다. 죽음과 허무와 퇴폐와 불행의 그림자를 안고 있는 것은 다소 과장된 측면이 없지 않지만, 내면을 드러내는 것 자체가 미적 근대성의 맥락에서 탐색되고 있음을 말해준다. 모든 것은 '꿈, 동굴, 죽음 안에 있다'는 이상화의 경구(「나의 침실로」)는 미가 곧 진리이며 영원성이라는, 미를 절대화하는 인식을 드러내고 있다. 미와 학적 인식이 분리되지 않은 채 결합해 버린, 선이 곧 미이며 진리라는 이광수의 인식과는 '다르게' 비껴나고 있다. 동인지 시대 시인들은 근대적 계몽성을 그들 예술(문학) 개념의 한 축으로 삼아, 죽음과 허무의 내면을 통해 또 다른 미적 계몽을 시도한다. 이광수와 동인지 시대 문학 담당자들 간의 상반된 문학 경향들은 미적 인식의 상대성을 가운데 두고 안에서 들여다보아야 할 사항이지 이데올로기로 규정되는 외연 개념은 아닌 것이다.

김기진의 평가도 이 같은 맥락에 서 있다. 그는 『한국문단측면사』에서, 1919~1920년 사이의 우리 문단의 공헌을 시, 소설 분야의 전문화와 분업화라 주장하고 주요한·김동인 등의 문학적 성과를 인정하고 있다.[13] 이 점은 『창조』파인 전영택의 글에서도 언급된다.[14] 『창조』에 이어 등장한 『폐허』를 3·1 운동 이후의 회의와 절망의 음울한 풍조에 대한 정서적 반응으로만 이해할 수는 없다. 팔봉이 주요하게 지적하고 있는 점은 영혼의 각성이라는 근대적 지식 내적인 문제이다. 그는 염상섭의 글을 인용하고 있는데 이 부분은 염상섭이 『폐허』 서문에서 밝히고 있는 내용과 그 맥을 같이한다.

> 희망과 광명과 갈 길을 잃고 몰락하는 생활에 헤매는 亡國民으로서 유일한 위안이랄까, 自己欺瞞의 刹那主義적 頹廢的 風潮가 그렇게 맨든 것이라고 하겠지마는 또 하나의 近因은 三一 운동 이후 경제 산업의 復興熱에 띄워서 남은 땅마지기라도 팔아 올려다가는 會社를 조직하네, 어쩌네 하는 동안에 실속없는 헛경기를 조장하여 料理집이며 妓生집 출입이 청소년들의 茶飯事가 되었던 것이라고도 하겠다. 이러한 것이 後日에 廢墟社 혹은 廢墟時代를 대표하는 듯이 指目되는 모양이나 반드시 그런 것도 아니었다.[15]

잡지의 제호를 '폐허'로 삼음으로써 후일 『폐허』를 세기말적 퇴

---

13) 김팔봉, 「廢墟의 雰圍氣」, 『한국문단측면사』, 삼문사(영인본), 1982, 226면.
14) 전영택, 「창조시대」 1~3; 『한국문단측면사』, 삼문사(영인본), 1982, 383~385면.
15) 염상섭, 「나와 '폐허' 시대」, 『신천지』, 1954.2.

폐 풍조의 아성인 것처럼 인식하게 하고 그들의 문학을 부정적으로 평가하게 만들었다는 것이다. 당대적 언어 습관에서 '폐허'가 갖는 미묘한 뉘앙스는 그것에 부가된 침통·우울·고민·공허·자조·오뇌 등의 단어와 함께 얽히고 설켜 그 시대의 부정적 담론을 총괄하는 것으로 후일 인식된다. '폐허'를 통해 부활·생성을 꿈꾼다는 실레르의 시구를 애용한 당시 『폐허』파의 의도와는 달리 '폐허'의 기호적 의미는 절대적으로 부정적 가치 평가의 선상에 존재했던 것이다. 『백조』 이후 신경향파 문학이 거세지면서 신경향파적인 문학 이외의 감상·눈물·비통·번뇌는 부르조아 의식의 산물로서 '퇴폐성'으로 집약되었고 『폐허』파는 말 그대로 '폐허 이미지'의 산물에 의해 평가되었던 것이다. 오상순이 당대를 '황량한 폐허의 조선이요 비통한 번민의 시대'임을 규정하고 그것으로부터의 극적인 탈출 욕망을 보여주는 것과는 무관하게, 그리고 염상섭이 폐허로부터의 소생 의지를 낭만적 정열로 발산한 것과는 무관하게, 다분히 경향파적인 시선으로 이 시대를 규정하고자 하는 욕망들이 『폐허』의 당대적 가치들을 무너뜨리게 되었던 것이다. 이는 김기진이 인정하고 있는 바로 그것이다.16) 팔봉은 신경향파의 출현을 이야기하는 과정에서 『백조』파의 신경향파로의 새로운 모색을 이야기한다. 민촌·이익상·최승일·박팔양·조명희·김동환 등은 '과거의 퇴폐적이었던 것, 영탄적이었던 것, 도피적이었던 것에 불만을 가지고 있었고 또 신경향파의 이념과 공통되는 것이 있었던 까닭으로 신경향파의 깃발 아래로 모였다'고 토로하고 있다. 당대에

---

16) 홍정선 편, 『김기진 전집』 2(회고와 기록), 문학과지성사, 1988, 240면.

‘허무’·‘폐허’는 절대적인 부정 개념이 아니었으며 다소 유행적인 분위기를 띤 시대적 절망과 낭만적 감수성의 싹 위에서 배태된 것이었다. 그러나 이것이 신경향파와 카프 문학을 통과하면서 하나의 부정 개념으로 인식되었고 특히 그것을 표방한 『폐허』파가 집중적인 공격의 화살을 받았던 것이다. 『백조』파나 『폐허』파, 그리고 『창조』파를 위시한 동인들 대부분이 낭만파적 감수성과 우울, 퇴폐적·허무적 파토스를 그들의 시에 내장하고 있었다면 ‘폐허’만이 유독 퇴폐적일 까닭은 없는 것이다.

그것은 텍스트의 차원에서 그 안을 들여다보기보다는 텍스트 바깥에서 텍스트를 규정지어 버리는 어떤 태도와 관계있다. 그것이 바로 ‘폐허’에 대한 사전적 의미의 규정이며 다른 하나는 경향파적 시선으로 이 3대 동인지 시대를 바라보는 관점인 것이다. 1910년대와 1920년대를 계몽과 퇴폐의 대립항으로 규정하거나 1920년대 초두와 신경향파 이후의 시기를 부르조아 문학과 프롤레타리아 문학으로 대립항을 삼는 태도도 이와 관련이 있다. 누가 간행하고 누가 서문을 썼는가 하는 점만이 부각되었고 그 텍스트의 본질에 관해서는 그다지 주의를 기울이지 않은 것이다. 기호의 내적 의미를 밝히기보다는 표층 차원에서 텍스트를 판별하는 방식도 마찬가지 결과를 초래한 이유가 아닌가 판단된다.

3. '옷'—'예술' 절대주의의 기호

주요한이 「불놀이」에서 보여주는 '불과 소멸'의 이미지는 육체의 소멸과 영적 상승의 이미지와 접해 있다. 내면에 넘쳐 나는 당대 문학 청년들의 정열은 『창조』·『폐허』·『백조』의 동인지 시대를 거치면서 한편으로는 타나토스의 내밀한 동굴에서 다른 한편으로는 에로스적 생의 충동 속에 비약적으로 전이되면서 '불과 소멸'의 시적 이미지를 계속 변주해 나간다. '나 혼자만이 고독과 비애에서 벗어날 수 없다'는 「불놀이」의 테마는 전근대적 삶으로부터 벗어난 각성된 주체의 '홀로 있음'의 발견이며 그것에 대한 몰입이다. 그들이 이 내면의 동굴에서 금세 민족주의로, 계급문학주의로 돌변할 수 있었던 것을 계몽주의적 맥락에서 이해할 수는 없을까. 그 내면의 퇴폐주의를 계속 밀고 났던 사람은 김동인이었고 그의 야심만만한 '예술지상주의' 텍스트들은 극단적인 내면 추구의 산물이었다. 김동인을 다른 계몽주의자들과 차이 나게 했던 것이 바로 철저한 데카당스 의식의 산물이었음은 그가 쓴 문단 이면사에서 확인된다.

金瓚英이나 내나 모두 평양 명문집 자제로서, 옷도 (南宮처럼) 늘 손질은 못하지만 모자에서 신발 까지 모두 최고급품을 여러 벌씩 가지고 있는지라 늘 깨끗하였고, 이런 점이 南宮의 뜻에 맞는 듯하여 내나 瓚英이 서울 와 있으면 南宮은 아침부터 저녁까지 우리의 定宿인 패밀리 호텔에 와서 세월을 보냈다.

그다지 말이 없는 南宮이요 그다지 말이 없는 내가 종일 한 마디의 이야기도 없이 마주 앉아 있다가 저녁 때 내가 먼저 내 단장을 짚고 외투를 입으며 일어서면 南宮도 따라서 외투를 입고 단장을 짚고 일어선다.

　(南宮은 그 외투의 엉덩이가 허옇게 갈린 것을 매우 마음 썼다. 그러나 존 심이몹시쎈 남궁은 그 자기의 외투의 초라함을 한 번도 하소연한 일이 없었다. 나는 여유 있는 집안에 태어나서 여유있게 자란만치, 옷 같은 것도 감이 보이면 짓고 짓고 하여 옷이 남아 돌아가고, 남이 달라면 서슴지 않고 주고 하여 유지영 같은 사람은 내 옷을 꽤 여러 벌 얻어 입었지만, 南宮은 달라는 일도 일체도 없었고 나도 또한 南宮에게는 달라느냐는 말이 나오지 않아 마음으로는 한 벌 주고 싶으면서도 주지 못했던 것이다.)[17]

이들 근대문학 '신사'들이 얼마나 외모나 의관에 신경을 썼느냐는 것은 김동인이 쓴 위 글에 잘 드러나 있다. 김동인은 여기서 중요한 발언을 하고 있는데, 당대의 『폐허』파 중 가장 돋보이는 자가 남궁벽이라는 것이다. 남궁벽은 룸펜벽의 『폐허』파들과는 다른 기질의 소유자라는 것이다. "단벌 옷이나마 늘 깨끗이 손질하고 대림쳐 입고 날카로운 콧 등에 안경을 쓰고 단장을 짚고 담배도 굶으면 굶었지 「해태」가 아니면 피지 않았고"라고 쓰면서 김동인은 남궁벽의 이 같은 귀족적이고 고결한 내면은 『폐허』당의 룸펜벽과는 차원을 달리하는 것이라 밝히고 있다.

김동인이 말하는 룸펜벽이란 철저한 데카당스의 습벽과는 차질되는 것으로서 포즈적인 작가적 기질을 의미하는 것으로 생각된다. 김동인에게 작가 혹은 예술가는 천재적 개성으로부터 비롯되는 철저한 데카당스 의식의 소유자다. 이 '다른 모양새'와 '의관 취미'는 「광화사」·「광염소나타」 등에서 보이는 천재적 기질을 가

---

17) 김동인, 「문단 30년의 발자취」, 『한국문단측면사』 3, 삼문사(영인본), 1982, 33면.

진 예술가의 메타포로 김동인에게는 이해되고 있었던 것이다. 김동인은 이 차이 징표를 뚜렷하게 '예술'이라는 문맥 속에 집어넣고 있다. 역설적으로 김동인의 말 속에는『폐허』파의 본질이 우리가 흔히 생각하듯 '데카당스'의 모방과 포즈 속에 있는 것이 아닌 '새로운 이념항'으로서의 '룸펜'식 이념[18] 속에 있다는 것을 증언한다. 김동인이『폐허』파와 자신을 '다르게' 인식하고 있다는 점은 당대 예술 개념과 문학관의 정체성 형성에 있어 사소한 차이를 스스로 내세우고 있었음을 보여준다. 김동인은 예술은 '실제 생활'과는 다른 가치 있는 것이라는 의미로 예술 개념을 받아들인다. 반면『폐허』파의 룸펜식 기질은 그것이 우리가 흔히 지적하는 바로 그 데카당스이나 퇴폐주의와는 다른 차원이다. 즉 새로운 이념항으로서의 문학의 건설인 점에서 '퇴폐적'인 차원에 있지는 않았던 것이다. 김동인 자신이 지적하고 있듯, 김동인과『폐허』파의 차이는 유미주의적인 예술(예술지상주의의 입장에 가장 근접해 있는 사람으로서의 김동인 자신)과 예술 자체가 삶을 희생시킬 정도로는 철저하게 절대적이지 않은 예술 사이의 질적 차이에 지나지 않는다.

　김동인에게 '옷'은 새로운 예술 이념을 드러내는 하나의 기호이다. 외관을 통해 신식 예술의 징표를 확인하고자 했던 김동인·김기진·양주동 등 근대문학 담당자들에게 그것은 예술에 대한 동일성의 욕망을 의미하는 것이다. 인상주의 이후 보들레르를 비롯한 서구 예술가들에게 있어 옷과 댄디즘과의 관계나, 합스부르크 말기의 장식주의와 카프카 문학과의 상관 관계는 흔히 지적되어

---

18) 김윤식·정호웅,『한국소설사』, 예하, 1993, 93면.

왔다.[19] 카프카에게 '옷'은 중요한 모티프가 된다. 카프카의 '옷'에 대한 관심은 전기적 사실로 확인되는 수준을 넘어선다. 유년기 때 그의 아버지가 프라하에서 의류 악세서리 상점을 했다는 사실이 옷에 대한 그의 관심의 원인을 설명해주지는 못한다. 연인이었던 밀레나 예센스카에 대한 카프카의 관심이 단순히 에로틱한 감정 때문이 아니라 그녀가 지니고 있는 패션 아티클에 대한 흥미였다는 사실도 그다지 중요하지 않다. 그것은 보다 글쓰기의 실존에 관련된다.

카프카에게 화려한 의복의 세계는 '아버지의 영역'이며 그 세계는 인간 실존을 상징하는 전형적인 수사와 관계있다. '아버지의 세계'는 순간성의 세계이며 허위·거짓·실수·죄의 세계이다. 카프카는 「가장 존경하는 아버지(Dearest Father)」에서 성스러움을 위해 옷을 벗고 나체가 되어야 한다고 썼다. 카프카는 '옷'이라는 수사를 진리와 가상 사이의 형이상학적인 관계, 인간 세계에서의 존재 상황과 그것을 넘어 성스러움의 영역에 도달하기 위한 투쟁 상황을 묘사하기 위해 특징적으로 사용하고 있다. 작가에게 미적 진리는 '지성소(The Holy of Holies)'이자, '꺼지지 않는 불꽃(Undying of Fire)'이다. 이를 탐색하기 위해 작가는 모든 그의 치장, 곧 모든 잘못된 경험적 자아의 은폐물을 벗어버려야만 한다. 예술의 제단에 '희생당하기' 위해 자아(the self)는 옷이 벗겨진다. 자아를 흔들기 위한 것이 아니라 자아를 절멸하기 위해서 말이다. '죽음을 불사하는' 글쓰기에 대한 이러한 과격한 언명은 카프카의 모더니티의 표상이

---

19) Mark M. Anderson, *Kafka's clothes*, Oxford Univ. Press, 1992, pp.4~18.

면서 뚜렷하고 새로운 글쓰기 형식의 보증으로서 받아들여져 왔
다. 새로운 예술을 위해 카프카는 옷을 벗고 나체가 되어야 한다
고 썼다. 그러나 김동인 등 근대문학 담당자들에게는 새로운 예술
의 징표로 내세우기 위해 댄디의 옷이 필요했던 것이다.

한편, '옷'에 대한 또 하나의 수사는 데카당스·심볼리즘·예술
을 위한 예술, 유겐트 스타일과 같은 유럽 19세기의 '세기말의 미
학주의 운동'으로부터도 유추할 수 있다. '옷'에 대한 지대한 관심
은 결국 상징적인 행위로서 '예술' 개념을 인식하는 것과 동일한
선상에 존재한다고 할 수 있는 것이다. 예술은 생에 대항한다. 예
술만이 믿을 수 없는 종교를 대신할 수 있다. 보들레르를 비롯한
댄디들은 '옷'이라는 외관을 예술이라는 절대적 신념을 표상하는
것으로 이해했다. 김동인의 '옷'에 대한 지나친 결벽성은 바로 이
절대적 예술 개념이 내면화된 것이다. 당대에 가장 철저하게 예술
절대주의 입장에 있었던 김동인이 두드러지게 "데카단스"의 표정
을 지으려 했던 것은 '예술'이라는 새로운 개념을 통해 자신을 타
자로부터 분리하고자 했던 동일성의 욕망 때문이다.

김동인과 비슷한 관점에서 양주동은 옷과 구두, 모발이 신문학
의 새로운 개념을 치환하던 사정을 소개하고 있다. 신문학에 대한
열정이 주로 일본에서 소개된 상징주의 문학에 대한 관심으로부터
비롯되었던 것은 잘 알려진 사실이다. 양주동의 경우에도 그가 신
문학을 처음 접한 것은 생전(生田) 모(某)의 「근대문학 16강」이나 위
천(尉川) 백촌(白村)의 「근대문학 10강」 등에서 읽었던 새로운 단어
와 새로운 사조를 통해서였다고 고백하고 있다.[20] 그 중 가장 생경
하면서도 현란하게 마음을 들뜨게 했던 것은 바로 '신(神)과 영(靈),

사람과 육(肉), 영(靈)－육(肉) 일치, 상징'과 같은 개념이었고 오스카 와일드, 베를렌느, 보들레르 등의 상징주의 및 탐미주의 계열의 시인, 소설가였다. 양주동의 고백을 통해 근대문학의 개념 형성에 가장 적극적인 영향을 미친 문학의 기호는 바로 영·육·수성(獸性)과 같은 육체와 영혼에 대한 주체적인 자각과 관계 있는 것이었음을 알 수 있다.[21] 재미있는 것은 데카당스와 탐미주의 문학에 대한 심취가 '옷'에 대한 자각과 함께 병행된다는 점이다. '루바시까'에 '보헤미안 넥타이'를 매고 직접 고안한 구두를 신고 동경과 서울 거리를 활보한다는 것은 '신문학'을 인지하고 있다는 것의 '차이 기호'가 된다.

> 내가 그 책(「근대문학 10강 등」)에서 배운 「새－말」들은 어느것이나 내게 「驚異의 感」을 주었지마는, 지금에도 특히 기억되는 것은 "Fin du Secle"(기말), "Tour d'iviore"(상아탑) 및 데카덩(decadent)이란 참으로 매력있는 세 프랑스語 단어였다. 나는 그 책을 읽고 나서 어쩐지 「썩은 송장」을 아름답다 노래한 「악의 꽃」의 작자 보오들레르가 좋았고 , 一대의 소년 奇才로 저 천재詩 「母音」의 작자 랭보와 그 同姓 애인으로 압쌍트 痛飮者요 최고 音律 象徵詩 「쉔송 도톰」(가을노래)의 작자 「데카덩」의 化身 베를렌느가 좋았고, 자기가 손수 고안한 「耽美服」을 입고 런던의 거리를 유유히 漫步하면서 아이들의 돌팔매를 태연히 무시하였다는 「獄中記」의 작자, 一대의 驕兒 오스카 와일드가 좋았다.[22]

---

20) 양주동, 「文酒半生記」, 『한국문단측면사』 3, 삼문사(영인본), 1982, 504~512면.
21) 『폐허』·『백조』 등에 실린 많은 글들이 기독교 사상에 바탕을 둔 개념어를 널리 쓰고 있으며 그에 관련된 주제의식을 특징적으로 드러내고 있다는 점은 주목되어야 한다.
22) 양주동, 「문주반세기」, 앞의 책, 504면.

자칭 서구문학의 신입생인 양주동은 신문학을 배우던 시기의 자신의 모습을 "遼東白豕"와 같았다고 적고 있다. 돼지를 치는 요동 사람이 흰 돼지새끼를 얻었다. 너무 신기하고 미물스러운 나머지 임금에게 바칠 요량으로 그 흰 돼지새끼를 안고 서울로 가다가 중간에 요서(遼西)땅에 닿았다. 놀랍게도 요서에는 돼지 색이 모두 흰색이었다. 그는 그만 흰 돼지새끼를 버리고 집으로 돌아왔다는 고사. 이 우화는 무엇을 말해주고 있는가?

'데카당'이라는 새 문자에의 탐닉은 자신만이 소유한 것으로서의 '흰 돼지'의 절대 귀물과도 같은 대상에 대한 몰입이자 관심이었던 것이다. 김기진이나 박영희가 경향문학에로 관심을 돌리기까지, 그리고 김억·주요한·양주동 등이 시조나 민요 등 우리 전통으로 다시 관심을 돌리기까지 이 '새 문자'에 대한 탐닉은 꾸준히 계속되고 있었다. 동인지 시대의 관념어나 개념어, 비애, 죽음, 퇴폐, 데카당스의 열풍은 이 '흰 돼지새끼'에 대한 관심과 몰입에 비견될 것이다. 보드리야르 식으로 말하면 어떤 차이나는 기호에 대한 인식이 이 같은 '데카당스'의 흥미를 유발시키고 있었던 것이다. 양주동에게는 그것은 한편으로는 예술의 '차이'(신문학)에 대한 표지로 다른 한편으로는 평범한 속인들로부터 자신을 뚜렷하게 구별해주는 '천재'의 징표로서 이해되었다. 양주동은 춘원과의 '「철저와 중용」에 대한 논쟁'을 끝내고 난 뒤 아주 자랑스럽게 보헤미안 넥타이를 매고 루바시카를 입고 동경 거리를 활보했노라고 쓰고 있다. 그것은 춘원 식 계몽주의에 대항하는 또 다른 계몽의식의 드러냄이었다. '자기만이 근대 예술의 사도'라는 것 말이다. 양주동의 이 '옷'에 대한 관심은 그가 『금성』을 창간하고 『백조』와 동렬에 올랐음을 선언하는 시기에도 똑같이 나타나 있다. 그의 예술 절대주의는 일종의 선민의식과 같았다. 기품과 운치와 음영(陰影)을 중시하는 동양적 예술관과도 통해 있다는 의식은 당대 신문학을 섭렵하는 시기의 문인들에게는 거의 공통된 인식이었을 것이다. 그 기품이란 애당초 보들레르 식의 사회에 대한 저항과는 그 질을 달리하는 것이었고 오히려 이들 근대문학 천재들을 타인들과 구별 짓는 표지였다. 이장희를 추억하면서 양주동이 "정관적 명상적 상징적"의 의미는 "사회적 현실적 비속화 경향과 대립된 의미"라고 썼을 때 그들에게 예술은 하나의 절대적 가치가 아닐 수 없었다. 근대문학(예술)에 대한 자긍심과 예술가(문학인) 스스로에 대한 형언할 수 없는 존귀함에의 인식은 절대적 가치로서의 예술관을 대변해주고 있다.

4. 『백조』, 춘원 계몽의 다음 '계단'

『백조』파들은 예술가는 외적인 것과 내적인 것의 두 가지를 동시에 구비함으로써 존재한다고 본다. 그것은 타인과의 비교에서 뚜렷하게 차이나는 것으로 부각되는 것이어야 했다. 형식적인 것(외적인 것)은 앞에서도 보았듯 옷을 치장하거나 머리를 길게 기르는 것. 김동인이나 양주동 못지 않게 박영희도 신흥 예술의 표징으로 이 외적 의관을 들었다. 남궁벽의 백안의 미모에 어울리는 길게 늘어뜨린 장발은 "거리의 아름다운 풍경"이었다고 박영희는 회고한다.23) 황석우·김기진·이서구·김복진 등 당대 신흥예술의 맛을 본 사람들은 대개가 중 장발이었고 특히 『백조』 동인들은 그 화려한 예술에의 순교자답게 이 형식 외관을 중요시했다. 홍사용·나도향 등도 장발을 자랑했다.

내적인 것의 요소로는 작품에 담긴 현대를 초월하고자 하는 정열적 욕망을 들었다. 박영희가 말하고 있는 이 '초월'이란 무엇을 의미하는 것인가. 여기에 『백조』파를 위시해 『창조』·『폐허』파의 글쓰기의 욕망이 놓여 있는 것은 아닐까. 현세 곧 속세의 정치·경제·사회 문제 등에는 흥미를 갖지 않고 다만 문학의 왕국에서 작가의 생활과 감정이 하나로 모이는 것, 생활의 문학화가 그들이 추구한 목표이자 이상이었다. '문학적 생활'을 위해 노작은 그의 전 재산을 『백조』 발간에 바치고 스스로 빈자가 되는 것을 두려워하지 않았고 김동인도 마찬가지였다. 중산 계급 이상의 가정에서 태어나 어느 정도 여유로운 생활을 했던 이들은 그들의 감정과 정열의 요구에 따라 아무 구속 없이 예술을 통해 자기 생활의 질적 비약을 꿈꾸었던 것이다. 『창조』·『폐허』·『백조』파의 차이는 이 '예술-생활'에 대한 인식의 '정도'의 차이에서 비롯될 것이다. 거기에 그들의 출신 지역이나 계층 문제가 더불어서 잠복해 있을 것이다. 『백조』파가 유달리 낭만성과 데카당스와 퇴폐의 얼굴을 하고 나타난 것도 이 점에 있을지 모른다. 이에 대해 박영희는 탁월한 안목으로 이 시대의 정서를 읊었다.

---

23) 박영희, 「초창기의 문단측면사」, 『박영희 전집』 2(이동희·노상래 편), 영남대 출판부, 1997, 123면.

이 시대의 정서는 바로 삶을 문학적으로 조응시키는 것이었다. 박영희는 "문장의 내용이 정열적, 애상적, 감격적이니 문장의 형식도 물론 특이한 것이 자연히 나타나게 된 것"이라 말하고 당대 유행하던 4가지 문체적 특질을 분류한다.[24] 첫째, 춘원 식 문장. 짧막하고 읽기 편한 문장. 계몽적 성격에 가장 근접한 문장이다. 둘째, 염상섭 식 문장. 만연체의 사변체 문장. 내면 암시, 내면 성찰 형식의 문장을 의미한다. 박영희는 읽고 나서 무엇을 얻은 듯 마음을 듬뿍하게 한다고 표현한다. 셋째, 감격적인 문장. 도향·노작과 같은 감상벽이 있는 문체. 넷째, 춘성 노자영의 문장과 같은 인위적 치장 때문에 다소 속되게 보이는 것. '?', '!' 등의 감탄사와 의문사를 빈번히 쓰는 형식.

여기서 박영희는 도향과 춘성의 문체가 비슷하다고 밝히고 있는데, 결국 당대에 유행한 문체적 양상은 도향 식의 감상적이면서도 내밀한 문체와 의문사와 감탄사가 빈번히 노출된 춘성 식 치기 어린 문장으로 보면 된다. 이 새로운 문체 종들을 그들은 지극히 선호했고 그것은 그 이전 한문식 문장이나 고답적인 계몽주의적 문체에서 벗어나 새로운 예술의 카테고리에 접맥된 것으로 이해되었다. 감탄사, 의문사 가득한 이 시대 문학 텍스트에 나타난 문장은 지금 보면 다소 과장적이고 낭만적 감수성으로 분탕질한 것으로 보이지만 그것은 그 시대 문학의 내적 질서에 조응하는 계몽적인 의장이기도 했다.

박영희가 예로 들고 있는 『백조』 2호에 실린 춘성의 소설 「표백

---

24) 박영희, 「초창기의 문단 측면사」, 『박영희 전집』 2(이동희·노상래 편), 영남대 출판부, 1997, 139면.

(漂白)」은 전형적인 예를 보여준다. 소설과 시의 장르적 분화에 둔감했던 노자영의 치기 때문이기도 했겠지만 이 같은 감탄사가 만연된 문장은 당대에 유행하는 신흥 문체였다. 당대의 유행이란 다른 의미로는 당대에 가장 신선하면서도 매력적인 것으로 이해되었다는 말과 같다. 이는 새로운 문학 경향들에 익숙해 가는 조선 독자들의 내면에 새로운 문학의 인식소를 생성시켰다.

당대 갑부집 아들이었던 최승일이 『신청년』지 간행을 위해 부친에게 찾아가 신흥문학의 진면목을 설파하던 광경은 지금 보아도 흥미 있는 대목이다. 전시대 문학 개념과의 단절을 새로운 문체 혁신을 통해 보여주고자 하는 장면을 박영희는 이렇게 옮겨놓고 있다.

> 君(최승일-인용자)은 그의 父親에게 雜誌의 趣旨를 說明하고 그 印刷費를 請求했으나 君의 父親은 쉽게 承諾하지 않았다. 그러나 君이 文學을 硏究하는 것이라고 하면서 너무도 조르는고로 먼저 發行한 雜誌를 보자고 하여 결국 그 內容을 보니 공교롭게 「아!! 영숙씨!」 等의 小說對話가 있는 데로 눈이 가지 않을 수 없었다. 文學이라고 했으니 점잖은 漢詩나 하다 못해 그럴듯한 時調라도 한 首 있으리라고 期待한 것과는 너무도 어그러진 까닭이었다.
> 「글세 이자식아, 어! 아! 하면 모두 文學이란 말이냐」[25]

'!'나 '?'와 감탄사, 의문사가 난무하는 문장에서 박영희는 이 시기의 "문학적 계단"이 존재한다고 본다. '계단'은 서구 문예 사조의 단계적 수용을 의미하는 내적 욕망과 함께 '계몽성'에 대한 암

---

25) 박영희, 위의 글.

시를 보여준다. 구미 각국에서 유행되고 있는 문예 사조를 좇으려는 조급성에 무방비로 노출된 당대적 상황을 박영희는 '계몽'이라는 또 다른 이름으로 이해하고자 한다. '춘원의 「무정」 이후 『창조』·『폐허』·『백조』 등의 시대는 이와 같이 급속히 밀고 들어오는 세계 문학의 '계단'에다 자기들의 문학을 병행시키려고 노력하였던' 시대라고 그는 쓰고 있다. 이른바 '3대 동인지'는 춘원의 「무정」 식 계몽주의를 뛰어 넘는 다른 계몽적 욕망의 산물이었다는 의미일 것이다. 이 시대의 다음 계단을 프롤레타리아 문학의 단계로 설정하는 박영희의 계몽적 내면을 이해하기란 어렵지 않다. 그들은 서구 문예 사조를 받아들이면서 우리 근대문학 단계의 발전적 국면을 모색하던 지식 청년들이었던 것이다.

초기의 상징주의와 낭만주의적 감수성을 퇴폐와 정열의 단계로, 그 다음 단계를 자연주의 문학의 탐색기로 이해하면서, 그는 그 다음 단계를 프롤레타리아 문학 단계로 설정하고 있다. 인간의 추악하고 비루한 속성에 대한 관찰과 감시는 자연히 생활과 현실에 대한 인식론적 진전을 가능하게 했다. 그들의 '생활 속의 문학'은 여기서 큰 방향 전환을 하게 된다. 그들의 '인생 순례'는 그대로 문학으로 반영되고 관철되었다. 나도향의 정열과 애상의 감상적인 정열은 이지와 과학적 관찰이 어우러진 객관적 시각으로 전이되었다. 「벙어리 삼룡이」는 학대와 저항과 반항과 연정의 복합적 삶의 파노라마를 담고 있다. 박영희는 나도향의 이 시기를 생활 현실과 문학의 일원화 경향의 산물이라고 파악하고 있다. 빙허의 「희생화」·「술 권하는 사회」도 이 입장에서 서술할 수 있다는 것이다. 박영희·김기진의 경우, '예술=삶'을 예술의 절대적 가치로 일원화했던 단계에서 삶을 위한 예술이라는 목적론적 예술관의 단계로 그 관심을 전이시켰던 것이다. 『백조』 시대는 신경향파 문학을 위한 아래 단계의 역할을 했던 것이다. 1920년 전후의 3대 동인지 시대는 단계를 훌륭하게 달성시키게 되었던 셈이다. 그 다음 단계는 우리가 익히 알고 있는 파스큘라와 카프 시대이다. 이렇게 본다면 박영희의 탈카프 선언, 곧 그 유명한 전향 선언은 그의 계몽주의적 문학 경향의 종언을 뜻하는 것이었다. 더 이상 계몽주의의 전사로서의 그들의 존재론적 가치는 시효 말소되었다. 그곳에 박영희의 "잃어진 것은 예술이요 얻은 것은 이데올로기"의 의미가 존재해 있다.

박영희가 말한 것은 예술적 가치, 유미주의적 예술 가치의 상실을 의미한다기보다는 계몽적 문학 가치의 시효 소멸을 의미한다. 계몽적 문학 전사로서의 자신의 가치를 상실했을 때 그는 더 이상 문학예술 선구자의 위치나 예술에 순사한 순교자로서의 입지점을 강조할 필요가 없었던 것이다. 그 다음 단계는 바로 순수·계몽·생명 등의 문학적 카테고리가 그것 자체의 이념적 가치를 그대로 가지는 것으로 인정되는 바로 그 시기이다. 이제는 순수의 전사, 생명의 전사 등의 계몽주의적 전사로서 자신을 의미화할 필요는 없었다. '순수'는 곧 '순수'가 되고 '생명'은 곧 '생명'이 되며 '민족'은 곧 '민족'이 되었다. 그것이 1930년대 문학의 진면목이 아닌가 한다. 계몽의 입장으로 동일성의 신화를 주장하던 '요동백시(療東白豕)'는 더 이상 요구되지 않았다.

'홍사용―서정시인 / 이상화, 박영희―데카당이즘 / 박종화―휴맨이즘'으로 구분하고 있지만 사실 박영희는 이를 범박하게 낭만주의 문예운동으로 규정한다. 그러나 박영희가 "쩨카단이슴의 씸쏠이슴"이라 말할 때, 그 당시로서 심볼리즘·데카당·로만티시즘·예술지상·순수예술 등은 한 마디로 낭만주의에 포괄되는 개념으로 이는 사조상의 낭만주의를 지칭하기보다는 개인주의와 자연주의에 입각한 자본주의 초기의 문예 사조를 일컫는 말로 이해된다. 박영희는 와일드의 화사(華奢), 베를렌느의 퇴폐, 포의 기성(奇性), 보들레르의 방종 등의 종합적 기질을『백조』동인들이 소유했다고 말하고, 이 같은 경향은 당대 문단의 주조였다고 평가한다.『백조』시대를 '로만주의의 황금기 및 시의 황금시대'로 칭한 박영희는『백조』가 당시의 대표적 잡지로 강렬하게 인식될 수 있었던 요인을 봉건적 사고의 관습으로부터의 탈피와 문학을 한 단계 끌어올린 질적 수준을 들었다.

당대『백조』시대를 눈물과 퇴폐의 시대로 규정하는 인식과는 달리 박영희는『백조』를 적극적으로 평가하고 있는 셈이다. 그는『백조』를 문학적 코터리('coterie'─동호자 동인의 소집단)로 칭하고『폐허』나 다른 집단들도 이 범주에서 이해할 수 있다고 말한다. 뒤떨어진 봉건적 조선에 자유주의와 개인주의에 바탕을 둔 자본주의 초기의 한 과도기가 형성되고, 그 같은 경제적 토대에 맞춰 그 시대에 맞는 예술의 주류 사상을 수입, 반향하려는 욕망이 생겨났다. 이로써 이들『백조』동인들의 동지적 결합이 가능했다는 것이다. 일본에서 수입된 니체의 철학, 스틔네르의 자아론, 하이네·괴테의 시, 모파상·졸라의 소설, 오스카 와일드의 소설이 조선의 젊은 예술가를 사로잡았고『백조』가 이 같은 낭만주의 문화사상을 수용함으로써 조선의 문화운동은 한 계단을 훌쩍 뛰어넘으면서 질적 성장을 이루게 된다는 것이다. 이 같은 낭만주의 문화운동은『백조』를 통해 집약적 계단을 형성할 수 있었다는 것이다. 다른 문예잡지도 결국은 '백조적 경향'의 동일성으로 수렴될 수 있으며 그것은 한 개의 문단적 운동에 가까운 것이었다는 것이다. 박영희의 주장은, 우리가 이 시기의 문학적 단계를 동일하게 백조적 경향의 병적 낭만주의 단계로 설정하고 그것을 비판적으로 바라보는 것과도 무관하지 않을 것이다.

박영희에게 이 같은 개인주의적이고 자본주의적 성향의 문학 이념은 현대문학의 이념적 기둥으로 의미화되는 데 그 중요성을 지적할 수 있다.

> 동일한 경향의 「로맨틱 무브멘트」의 개척자 「씸볼이슴」의 부대는 반드시 「씸볼이슴」 시인이 소유해야 하며 노력해야 하는 언어의 미적 선택치밀한 감정의 표시, 微妙한 기분의 感染 —— 等에 注力하였든 것이다. -그 內容은 頹廢的이라고 하드래도……26)

박영희의 평가는 이 심볼리즘의 부대가 결국은 시의 현대적 표징을 안고 성장했다는 사실에 기초한다. 퇴폐적인가 아닌가 하는 것은 시 '이전' 혹은 그 '이후'의 평가일 것이다. 한자 일구라도 조잡하게 취급하지 않았다는 그들의 자부심이야말로『백조』시대를 평가하는 객관적인 준거의 하나가 되어야 하는 것이다. 제호인 '백조(白潮)'가 '백파(白波)'를 의도적으로 전도시키려는 욕망에 의해 선택되었다는 것은 신예술을 도입하는 그들의 절대적인 욕망을 내면화한 것과 무관하지 않다. 박영희의 신문학에 대한 계몽주의

---

26) 박영희, 「젊은 심볼리즘 부대」,『한국문단측면사』3, 삼문사(영인본), 1982, 375면.

적 욕망은 『창조』·『폐허』·『백조』 등의 동인지 시대를 춘원 시대로부터 한 계단을 뛰어 넘은 것으로 평가하는 대목에서도 확인된다. 그는 이 동인지들을 통해서 예술을 위한 예술, 문학을 위한 삶을 꾸려가고자 했다. 이는 곧 문학의 상아탑을 쌓는 것과 같았다. '현대 예술'에 대한 일정한 관념의 토대 위에서 박영희의 계몽적 욕망은 한편으로는 예술절대주의의 나르시즘으로 발전되고 다른 한편으로는 개인적 감수성의 낭만적 표출로 나타난다. 이 시기의 시가 과도하게 내면과 관념의 덩어리를 용암처럼 분출하고 있는 것은 이 때문이다. 그것은 그들이 생각한, 그리고 동시대의 문학 언어들이 내포하고 있는 근대문학의 징표였다. 이를 두고 관념인가 아닌가, 병적인가 아닌가 하는 것은 본질적인 논의 대상이 아니다. 그들은 철저하게 그들이 가진 근대시 혹은 근대예술에 대한 관념을 문학적 담론으로 실천하고 있었다. 박영희가 지적하듯, 이 시기의 낭만적 정열이란 개인의 성격이나 자질과는 다른 것으로 문학인이 가져야 할 '인격'으로 규정되는 것이었다.

박영희는 '『백조』 시대'를 일컬어 후일 "『백조』 시대의 화려하던 꿈"이라 칭하고 그 같은 경향을 "잘 놀았다", "정서를 마음껏 향락하였다"는 말로 전환시킨다.27) 그는 이것이 비현실(현실도피)을 의미하기보다는 "정열이 끓는 대로 분방하게 나아감을 뜻한다"고 못박았다. 이상화의 「나의 침실로」에도 나오는 유명한 '꿈'의 의미 맥락들은 욕망의 분화구를 지칭하는 이른바 '정열과 감상의 풍부한 연회'를 의미하는 것으로 이해해야 한다. 생활이 곧 문학이 되는 이

___

27) 박영희, 「초창기의 문단측면사」 3, 『한국문단측면사』 3, 삼문사(영인본), 1982, 132면.

시대의 예술적 정열은 단지 세속적인 방탕과 호화와 방종을 의미하는 것은 아니었다. 정열과 광기는 문학 예술의 제단에 바치는 일종의 제물이었다. 요정과 기생과 술에 대한 탐닉은 이 같은 예술적 감성의 소도구에 지나지 않았다. 『백조』지가 최상급의 종이질을 자랑했다는 것이나, 나도향과 기생들과의 낭만적 연애 감정에 기초한 일화들, 그리고 치기 어린 요정 문화의 부산물인 당시의 소설들은 "예술을 위해서 인생을 순례한다"는 그들 시대의 중요한 목적의식을 간과해 버리면 '사치와 방탕'이라는 표면적인 가치 규정에 의해서만 이해될 수 있을 뿐이다. 이광수의 계몽주의적 인식은 동인지 시대에 오면 이 같은 '다른 계몽'의 언어들에 자리를 내주게 된다. 염상섭·오상순·김동인·양주동·박영희·김기진 등은 이 계몽적 욕망의 미세한 차이를 그들의 텍스트에 드러낸다. '내면'과 '예술'의 미학적 개념을 인식하기 시작하는 1920년대 동인지 시대의 언어들은 이 지점에서 다시 탐색해 들어가야 할 것이다.

제 5 장

동인지 시대 시의 관념성과 은유의 탄생

1. 관념성·근대성의 조건

앞의 글에 이어, 이 장에서는 '관념성'과 '은유'의 의미에 대해 상세하게 고찰하고자 한다.

동인지 시대 문학으로 지칭되는 『창조』·『폐허』·『백조』 시대의 시들에 대해서는 주로 세 가지 관점에서 연구되었다. 가장 두드러진 연구들은 자유시 형성 과정의 과도기적 단계에 속하는 것으로서의 몇몇 개별 시인들의 시를 대상으로 한 것이다. 다른 하나는 1920년대 시에 대한 사조적 접근으로 낭만주의와 상징주의 수용과 관련한 연구이다. 마지막 하나는 『창조』·『폐허』·『백조』로 이어지는 동인지 문학으로서의 의의를 밝히는 연구로, 특히 신경향파 문학의 전사적 의미로서의 『백조』의 성격이나 그 동인에 대한 연구이다. 이는 카프 문학에 대한 관심이 고조되었던 시기에 주로 박영희나 김기진의 사상의 변화 과정과 신경향파에서 카프로 이어지는 조직의 성격과 관련한 연구이다. 『백조』의 와해 과정을 연구하는 단계에서 시도되었던 것인 만큼 『백조』 잡지의 총체적 성격을 규명하는 연구와는 거리가 먼 것이 대부분이었다. 이에 반해 첫 번째 경향은 근대시의 외형적 완성태로서의 자유시의 출현이라는 문학 내적인 문제에 관심을 기울인 것이었다. 하지만 형식적인 측면에 주목한 탓에 이들 시의 내적 의미에 대한 정밀한 접근이 이루어지지 못하였다. 특히 두 번째 연구들은 상당한 정도로 외국 문예 사조의 수용사라는 입장에 이들 근대시 형성 단계를 조율함으로써 일종의 '결함'으로서의 한국 근대시를 이해하는 한 가지 뚜렷한 준거가 되었다. '병적', '감상적'이란 용어는 곧 '결점 있는'이라는 형용어구와 등가를 이루게 되었고, '퇴폐적' 상징주의 시 혹은 '낭만적' 경향이라는 수식어구로 상징되는 동인지 시대 시사에 대한 평가를 낮게 하였다.

이 시기의 시를 문학사적인 차원에서 처음 평가한 백철은 『신문학사조사』에서 '퇴폐주의 문학'이라는 항목을 설정하고 1920년대 문학의 감상주의와 낭만주의와 데카당스 의식을 비판하고 있다.

二十년대를 直前後하여 우리 젊은 文壇에 선을 보이게 된 근대적인 文藝思潮들은 그것들을 받아들이는 주체측의 미숙한 조건 때문에 깊은 理解나 충분한 소화로써 참된 우리 신문학다운 本 境地를 개척하지 못하고 한갓 旣

成된 남의 것을 피상적으로 배워서 모방에 끝난 혐의도 있지만, 그러나 하옇
든 一九一九년 전후부터 들어오기 시작한 一九세기의 近代文藝思潮들은
二十년대로 넘어가면서, 우리 文壇에도 思潮적인 구실을 하게 되어 우리 新
文學史上의 첫 번째 開花期를 이룩했던 것이다.[1]

백철이 인식하고 있는 1919년 전후『창조』·『폐허』·『백조』로 이
어지는 동인지 시대의 시는 서양 문예 사조의 단선적인 발전 모델
에 입각한 피동적인 수용과 모방의 산물에 지나지 않는다. 그것은
본질적으로 '결여'의 의미를 지닌다. 원형성(originality)으로서의 서구,
본질로서의 서구와 그것에 구심력적 존재로서 구속될 뿐인 비서구
문학으로서의 우리 문학의 운명은, 백철이『신문학사조사』를 집필
한 이후로 문학사가나 문학인들에게 원죄와 같은 것이 되었다. 우
리 근대문학에 대한 유형학적이고 내밀한 접근이 이루어지지 않은
상태에서 이러한 문예 사조적 접근은 역방향의 오리엔탈리즘적 사
고를 불러왔고 이 시대의 시는 한층 가치 절하해서 평가되었던 것
이다. '병적'·'감상적'·'퇴폐적' 문학주의자들로 규정되자 이 동인
들은 후일 자신의 이 시기 문학을 부정, 반성하는 차원에서 혹은 그
퇴폐성의 불가피성을 주장하는 회고 담론을 남기게 된다. 후일 문
학연구자들은 이 회고담을 중심으로 그들에게 윤리적 면죄부를 부
여하는 평가를 내리기도 한다. 이들의 시가 식민지 지식인의 허무
주의의 담론이거나 민족 저항시적 성격을 갖는다는 것이다. 특히,
이들 시에 대한 개별적이고 구체적인 평가가 이루어지기보다는 동
인지 시대의 문학이라는 거대 담론의 층위로 이들 시를 일괄해서

---

1) 백철,『신문학사조사』, 신구문화사, 1983, 146면.

묶는 경향으로 연구 방향이 설정되기도 했다.

1920년대 문학사 전반을 사조적인 차원에서 이해하면서 시를 분석하는 경우에 있어서도 동일한 결과를 낳고 있다. 이 시기 시들이 '추상성, 관념성'을 견지하고 있다는 비판이 그것이다.

'시인의 구체적 삶'과 결부되지 않은 이 관념적 '죽음'과 그 '이웃언어'들인 '부활·동굴·꿈' 등은 시인이 가지는 시적 인식의 미흡함을 보여준 것이며, 문학성과 미학적 차원에서 보면 절대적 결함으로 이해될 수 있다는 것이다. 평자들이 말하는 이 '추상성'은 상징주의와 낭만주의의 모방적 경향을 의미하는 항목이며 '관념성'은 죽음·꿈·영·육·부활 등의 관념적인 언어들이 정제되지 않은 상태로 이들 시에 혼재되어 있음을 지적한 것이다. 그러나 현재적 관점에서 파악하고 있는 이 '문학성'이라는 규준적 표상은 문학사를 이해하는 데 있어 일면적 가치 평가에 머무르는 위험을 내재한다. 이는 '문학성'이라는 관점이 1920년대 문학을 재단하는 위험을 초래할 수 있다는 뜻이다. 문학의 자율성이 문학의 고립화를 의미하는 것이 아니라 문학 예술 영역과 사회 구조의 역동적인 관계를 의미하는 것으로 이해하면,[2] '문학성'은 문학·예술 영역과 사회 구조를 이루는 구성 성분과의 변증법적인 관계를 파악함으로써 도출될 수 있다. 동인지 시대의 문학을 1920년대의 역사적 지평 위에 놓고 기호학적이고 고고학적으로 이해해야 한다는 것은 이를 의미한다. 이는 연구자 자신이 속한 시대의 미학적 기준을 절대화하기보다는 연구 대상이 속해 있었던 당대의 관점에서

---

2) 얀 무까르조프스키, 『시어란 무엇인가—시의 이해와 분석』(조주관 편역), 열린책들, 1994, 27면.

시의 인식론적 기반을 탐색할 수 있어야 한다는 사실을 알려준다.

　따라서 우리는 이 관념적 '죽음'의 표상적 기호들에 대해 주목해야 할 것이다. 적어도 1920년대 시에서 본격화되는 '영(靈)·육(肉)·성(聖)·죄·죽음·사랑' 등의 이른바 서구적 상징의 체계 내에 있는 이 시적 관념들은 우리 시에 있어 처음으로 관념이라는 표상적 질서를 시적 체계 속에 흡수할 수 있었던 근원적 모태가 되었다. 이 '관념성' 자체가 그들이 그렇게도 추구해마지 않던 '예술=문학=꿈'이라는 맥락에서 정교하게 생성되었던 것이다. 이 관념성이 아니고서는 근대시의 근대성은 결코 포착될 수 없었다. 관념성을 인공적으로 조작해 내는 것이 추상적이면서 모호한 것으로 보였을 따름이다.

　예컨대 오상순의 '퇴폐적' 언어에 대해 우리는 '다른' 시선을 던져야만 하는 것이다. 그의 주류적 시적 경향이 퇴폐성보다는 '아시아적 담론'이라는 관념의 층위에서 빛나고 있음을 이해해야만 그가 밝힌 허무 혼의 강렬한 파토스와 니체적 사유를 읽어낼 수 있다. 그리고 박종화의 '죽음'의 담론도 마찬가지로 예술이라는 새로운 인식론적 사유를 향한 욕망과 질서의 체계 위에서 이해하지 않으면 서투르게 서구 상징주의를 모방한 차원으로밖에 이해되지 않는다. 박영희의 경우에, 〈카프〉의 수장으로서, 김기진과 함께 『백조』를 전복시키고 신경향파문학을 주도해 나가는 '조직' 속의 인물로 이해해 버리면 상대적으로 시인 박영희나 동인지 시대의 박영희에 대한 평가가 소략하게 되어 버린다. 실제 박영희에 대한 평가가 문학사가로서 혹은 카프 시기의 이론가·비평가로서 집중되어 있다는 점은 1920년대 시에 대한 부정적 가치 평가와 직·간접으로 결부되고 있음을 역설적으로 보여준 것이다. 호 '회월(懷月)'은 그의 시 「월광으로 짠 병실」의 알레고리 수준인데, 이것은 시인으로서의 회월 자신에 대한 자기 인식의 정도를 보여준 것이다. 시인으로서의 박영희의 중요성에도 불구하고 이 시기의 시들을 상징주의 시의 미숙한 모방의 결과로 믿었던 탓에 집중적인 조명이 되지 않았다.

이들 시에서 보이는 이 인공성과 관념성은 바로 이들 시의 근대적 성격인 것이다. 이 '관념성'의 문제를 서구의 신과 인간의 개념으로, 인간과 실존에 대한 철학적이고 형이상학적인 관점에서 논하거나, 형이상학적 깊이의 차원에서 논할 필요는 없다. 근대시의 근대성 형성의 차원에서, 언어에 대한 인식론적 차원의 산물임을 이해해야만 하는 것이다. 죽음·영·육 등의 개념이 추상적 관념 표상의 차원에서 추구되고, 서구 상징주의 시의 퇴폐적이고 데카당스한 언어의 지층 위에서 탐색되었다는 것에 대해서 우리는 한 가지 입장을 견지할 수 있지 않은가 하는 것이다. 백철이 이 시기의 퇴폐주의 경향을 "지식계급이면 거의 예외 없이 껌처럼 씹고 다니는 세기병"이며 "의식화한 정신의 자태"3)였다고 말하는 것에서 이를 '포즈나 기분'의 모방적 행위로서이기보다는 어떤 인식론적인 층위의 산물임을 이해할 수 있다. 백철이 이 '시기' 문학을 '사조'로서보다는 '경향'으로서 자리잡았다고 강조하고 있는 것에서 우리는 역설적으로 우리 언어와 우리 문학권 내에서 굴절된 서구 상징주의와 데카당스 문학의 본도를 이해하게 되지는 않는가 하는 것이다. 의식적으로 상징주의를 받아들인 영국·러시아·동

---

3) 백철, 『신문학사조사』, 신구문화사, 1983, 147면.

부유럽 등지에서 상징주의가 어떻게 굴절되고 변모해 갔는가를 문
학 언어의 자율성과 독립적인 구조적 층위에서 이해하려 한 형식
주의자들의 논의4)를 인정하지 않더라도 우리는 그 원형과 모방의
배타적인 이분법에 종속되어 있을 필요는 없는 것이다. 서구 문예
사조는 우리에게 종속유파로서가 아니라 당대의 역사적 문맥을 이
루는 하나의 기호로써 우리에게 작용하고 있다.5) 그러나 지금껏
서구 문예 사조 내의 문맥 속에서 우리의 근대문학을 이해하려는
관점은 백철 이후 하나의 뚜렷한 경향으로 자리잡았고, 1920년대
시에 대한 평가는 이 관점을 거의 벗어나지 않았다.6)

　이들 시는 주로 상징주의 시의 퇴폐적 낭만적 경향의 모방 관
계의 층위에서 이해되었다. 그렇지 않으면 신경향파 시의 전단계
적 시적 발현 혹은 "조선심으로서의 민요시 형성"의 전단계 시라
는 과도기적 산물로 이해되었던 것이다. 이미 다른 논문에서 지적
한 바 있듯, 우리시의 근대적 국면을 가능하게 했던 것은 이 시기
의 시에 나타나는 언어에 대한 인식론적 산물의 결과이다. 그것이
상징주의의 '몽롱체'나 '신비주의'라는 덧옷을 입고 나타나기도 하
고 기독교적 관념과 상징을 이끌고 들어오기도 했던 것이다. 이에
대한 평가는 이 시기 시 텍스트의 다양한 언어 체계들을 이해하는
가운데 밝혀질 수 있을 것이다. 따라서 이 글은 관념의 차원이 모
방이냐 아니냐, 혹은 상징주의의 완미한 미학적 발현이냐 아니냐

---

4) 얀 무까르조프스키, 『시어란 무엇인가—시의 이해와 분석』(조주관 편역), 열
린책들, 1994, 63면.
5) 김윤식·김현, 『한국문학사』, 민음사, 1987, 155면.
6) 정한모, 『현대시론』, 민중서관, 1973, 117면; 김용직, 『한국근대시사』, 학연사,
1986 제3장 참조.

의 문제에 대해 논의하지 않는다. 기독교적이든 상징주의든 데카
당스든 이 '관념'의 모방은 우리 근대시의 근대성과 근대적 미학
을 형성시켰고 그것은 언어의 인식론적 진전과 평행선을 이루면
서 시사에서 풍부한 언어의 습곡을 만들게 된다. 서구 상징주의
시의 수용이 서투른 모방의 차원에서, 엉성하기 그지없는 일본어
이중 번역에 의한 2차 텍스트로서의 운명을 답습하고 있었다고 해
도 핵심적인 것은 그 수준의 미숙함이나 유치함이 아니라 관념의
형성과 시적 기능의 정립이라는 측면이다.

2. 언어와 인식의 층위

1920년대 시의 관념성의 문제는 첫째, 언어와 인식과의 관계 둘
째, 언어의 시적 기능에 대한 인식론적 진전이라는 관점에서 살펴
볼 수 있다. 첫째 문제에 대해 좀더 자세하게 말해보자. 새로운 미
적 관념이 형성되는 이 시기에 있어 '퇴폐적'인 언어나 관념적이고
추상적인 어휘를 이해하고 수용하는 층위는 그들이 사고(관념)를 점
차 정교하게 언어의 내적 질서에 순응시키는 정도와 비례하게 된
다. 이는 시가 추상성과 모호성을 탈피해 가는 것과 관계가 있을 뿐
아니라 미학적 차원에서 시적 의장이 완미한 상태로 나아가게 되
는 요인이 되기도 한다. 회월의 다음 시를 비교해보면 그가 어떻게
언어를 단순히 관념의 표상 수준에서 '인식'의 차원으로 진전시켜

가면서 미학적 완성도를 지향해 가는지를 알 수 있다.

僧女

밤은 기픈, 초불외로운넓은神堂안에는
젊은女僧이黑長衫을, 몸에두르고
嚴肅한佛像압헤 그윽히, 고요히,
시들어쩔어지는 빗업는꼿처럼
그는머리를굽으리고祈禱하도다

밤, 골짜구니에서, 夜鶯의늣기어우는것가티
그의念佛소리는, 구슬프게도쩔려오도다,
한울엔별들이, 소근거리는데
그의젊은사랑의노래는가슴에서썩어
恨만흔한숨만佛像을에워싸고흐르도다

嚴肅한神堂의밤바람은, 찬바람우에안즌
젊은女僧의黑長衫속, 가슴으로기어들째마다
그의눈은눈물에가려, 보이지안코
嚴肅한佛像도, 그의愛人과가티
그는佛像을안고업더지도다

돌로만든佛像을, 그는마음것안고누어
압흠도모르고, 괴로움을잇는나이愛人과가티
그는 樂園의華麗한꿈속에싸져―
弱한젊음의가슴은, 깁히업시醉하엿스나
찬몸은마루우에, 죽은듯이누엇도다

―『개벽』, 1923.1

僧女

　밤은 깊고 초불 외로운 넓은 神堂안에는
　젊은 여승이 黑長衫을 몸에 두르고,
　嚴肅한 佛像앞에, 죽은 듯이 숨소리 죽이며,
　가을바람에 시들어가는 野花와 같이
　머리를 수기여, 굳은 信念으로 기도를 올리니,
　밤중, 山谷에서 느끼어 우는 夜鶯의 넋이런가!
　그의 念佛 소리는 구슬푸게 聖殿을 울릴 때,
　하늘엔 별들이 소근거리는데
　그의 젊은 사랑의 노래는, 가슴 속에 썩어
　恨많은 한숨은 微風처럼 佛像우흐로 사러지니,
　기퍼가는 밤, 神堂으로 흐르는 바람은
　찬마루우에 앉은 女僧의 품속으로 기어들 때
　그는, 嚴肅한 佛像도, 그의 愛人과 같이,
　그는 가슴에 휘잡어 안고, 엎더져 버리니,
　아픔도 모르고, 괴로움을 잊은 愛人과 같이
　그는 樂園의 華麗한 꿈속에 빠저
　弱한 젊은 가슴은 깊이 없이 醉하였으나
　찬몸은 마루 우에, 죽은듯이 누엇도다

—『회월시초』, 중앙인서관, 1937

　박영희의 문학에 대한 인식론적 층위나 시적 수준이 상당한 지점에 도달했다는 것은 이미 박영희 연구자들이 자세히 밝혀 놓았다.[7] 실제 그가 동인지 시대를 전후해 발표한 시는 수십 편에 지나지 않는데, 나중에 『회월시초』라는 시집을 묶어 내면서 그는 그것마저 매우 제한해서 싣게 된다. 박종화의 서문에서도 드러나는

---

7) 김윤식, 『박영희 연구』, 열음사, 1989, 26면.

것이지만, 그는 이 선시집을 간행하는 작업을 손수 하면서 매우 심려를 기울였던 것으로 보인다. '자기작품에 대하며 미련이 심한 그런 류의 예술가'와는 그 범주가 다른 초탈한 예술가의 전형으로 이하윤이 이해하고 있는 대목8)도 마찬가지로 인상적이라 할 만하다. 박영희의 자선시집을 평가하고 있는 1930년대 평자들의 시각은 후일 1920년대의 문학 담당자 자신들이 그들 스스로 자신의 시대를 '퇴폐주의와 데카당스의 시대'로 규정하면서 부정 · 비판하고 있는 대목과는 다른 것이다. 이하윤은 박영희의 시집을 서평하면서 박영희의 시인으로서의 자질을 인정하고 동시에 『백조』 시대의 시에 대해 문학사적으로 의미 있는 평가를 내리고 있다.

박영희는 이 자선시집을 간행하면서 "골르고 또 골르는, 다듬고 다시 다듬"는 노력을 계속하게 된다. 동인지 시기에 쓴 난삽하고 어쩌면 다소 엉성하기까지 한 시의 언어들을 『회월시초』에 와서 과감하게 삭제, 변형시켜 버린다. 「환영(幻影)의 황금탑(黃金塔)」·「미소(微笑)의 허화시(虛華市)」·「승녀(僧女)」 등과 같이 형식상 시적 긴장이 조성되지 않은 채 적당하게 연을 구분하거나 구투가 많이 사용된 시들을 그는 수정의 차원이 아니라 완전히 다른 시편으로 만들어 놓았다. 이 같은 점은 그가 '시인으로서 살고자 하는' 욕망을 1930년대 후반기에도 버리지 않고 있었음을 말해준다고 할 것이다. 그보다 중요한 것은 관념의 정교화 과정과 시의 미학적 의장이 내밀하게 이행된 결과가 아닌가 하는 점이다.

인식과 언어의 관계에 대해 정교하게 접근해 간 푸코는, 단순히

---

8) 이하윤, 「朴英熙自選 『懷月詩抄』」, 『동아일보』, 1939.6.30.

관념을 표상하는 비반성적인 단계로서의 말하기가 어떻게 반성적이고 정확성을 담지한 언어로서 지적 인식의 정교함을 이루어 가는가를 설명하고 있다.9) 이에 따른다면, 위의 시들은 박영희의 언어의 정련에 대한 인식이 심화되고 그 언어의 내적 질서를 가능하게 하는 관념 체계의 수준이 보다 정제되어 갔음을 보여준다.

두 번째 문제는 이들 언어를 통해 시의 내면 공간을 확보하게 되는 것과 관계가 있다. 이 내면의 언어는 언어가 문헌학적 성격이나 일상적 담론의 자연발생적인 표상의 기능으로부터 벗어나 문학의 언어로 지양됨을 의미한다. 문학은 문헌학과 일정한 쌍생의 관계를 맺기도 하지만 이것과는 구별되는 것으로서의 위치를 점유하고 있다. 이는 시적 기능(문학적 기능)에 대한 언어의 인식론적 확장과 관련이 있다. 이 같은 언어에 대한 인식은 분명 구조적이며 역사적인 것이다. 이는 기존의 문헌학적이면서 표상의 수단으로서의 언어관과는 분명 다른 것이다. 언어 인식의 확충이자 정교화이며 문학 언어의 정립 과정인 것이다.

야콥슨이 '시적 기능'이라 한 것은 '문학 언어'의 다른 말이다. 문학의 생성은 고유한 존재 양식으로서의 문학적인 언어의 특이한 고립이자 독립을 의미한다. 문학의 언어란 다시 말하면 언어가 객관적인 표상의 수단으로서 인식되던 차원을 넘어 언어 그 자체가 순수하게 독립된 형태로 그 자신을 인식하게 된 것을 의미한다. 이광수가 「문학이란 하(何)오」에서 보여준 것은 독립적이고 자율적인 것으로서의 문학의 이념화10)였고, 그것의 초기적 인식 상태였다.

---

9) 미셸 푸코, 이광래 역, 『말과 사물』, 민음사, 1993, 121면.
10) 황종연, 「문학이라는 譯語」, 『한국문학과 계몽의 담론』, 새미, 1999, 24면.

동인지 시대의 시에서 이것들은 문학적 언어 곧 은유적 수사의 성립과 관념어의 혼재를 통해 나타난다. 이광수가 서양의 '리터러춰(literature)'를 번역하면서 들여온 번역어로서의 '문학'은 '쓰기 행위'에 전적으로 의존하면서 실재하는 언어에 기반한 것으로, 독립된 형태로서 스스로를 재구성하는 언어를 의미한다. 이것이 곧 '문학 언어'이다. 1920년대 시의 관념성의 형성 과정은 '쓰기 행위'에 의존되어 있는 문학 본래의 순수한 언어 기능을 인식한 것과 관련이 있다. 관념이 표상적인 차원에서 불명료하고 부정확하게 인식되던 1920년대 시적 언어에 대한 인식은 1930년대에 오면 점차 표상으로서의 언어의 차원을 넘어 언어 그 자체에 대한 탐구로 나아가게 된다. 언어 그 자체에 대한 탐구 곧 언어의 근원적인 자기 완결성을 탐구하는 언설의 형태로 나타나는 것이다. 김광균이 보여준 '사상의 형태성'이라는 담론은 그것의 구체화이다.[11] 이 같은 언어와 사고의 형태에 대한 진전된 인식은 김기림이나 이상이 보여준 '기교주의의 담론'의 중심을 형성하게 된다. 이후 '문학'의 언어는 점차 언어를 통해 주제를 표상하는 수단의 차원이 아니라 그 자체가 목적이 되는 순수 물적 질료로서의 언어라는 존재론에 마주서게 되는 것이다. '자신의 언설이 고유의 형식을 표현하는 것 이외에 어떤 법칙도 소유하지 않고 다른 내용도 가질 수 없는 언어'라는 이 '언어의 순수한 드러냄'은 우리 시가 근대성의 비약적인 단계로 진입했음을 의미한다.

문학은 쓰기의 주체로서 부단한 자기 반성을 통해 자신에게로

---

11) 조영복, 「모더니즘 시의 현실과 그 기호적 맥락」, 『한국 현대문학연구』 6, 월인, 1998 참조.

회귀하는 언어이다. 문학 절대주의 입장과 예술 절대주의 입장의 교차점에서 미약하게나마 언어의 관념성이 생겨난 것이 동인지 시대 문학의 언어관이라면 '백지의 공간 위에서의 침묵의 언어'[12]와 마주치게 되는 것은 1950~1960년대 고석규-김춘수-김수영에게 와서 가능해진다. 관념을 표상하는 차원(박영희·박화·황석우/계급주의 시 등)이나 정서를 드러내는(김소월·김영랑 등) 수단의 언어가 아닌 언어 그 자체, 순수 존재로서의 '언어'라는 언어 존재론에 대한 인식(김기림·이상·김춘수·고석규 등)이 가능하게 됨으로써 한국 근대시사는 질적인 비약을 마련하게 되는 것이다. 이는 '질(문학성)'의 문제가 아니라 인식 층위의 문제임을 재고할 필요가 있다.

3. 은유 구조와 문학 · 예술의 절대성

야콥슨이 말한 '시적 기능'은 언어가 시 또는 문학에만 유일한 기능을 한다는 의미는 아니다. 언어 체계에 대한 모든 고려가 의사소통의 기능에서는 봉사적인 것이 되지만 시적 담화 행위 속에서 자율적 기능을 가지게 될 때의 기능을 의미한다.[13] 의사소통과 자율적 기능이라는 이 양자적 관계는 문학 텍스트 속에서 내밀한 형태로 나타난다. 우리가 일반적으로 '은유'라고 말할 때 언어의

---

12) 미셸 푸코, 이광래 역, 『말과 사물』, 민음사, 1993, 348면.
13) 줄리아 크리스테바, 김인환 외역, 『언어 그 미지의 것』, 민음사, 1997, 359면.

시적 기능은 가장 협소하면서도 본질적인 것이 된다. 이 은유는 수사의 한 형태를 의미하기도 하지만 일상적 담론의 형태에서는 '생활'과 대립되는 삶을 의미화하는 것으로도 이해된다. '데카당스와 퇴폐주의와 병적 낭만주의의 문학'을 둘러싼 당시의 일화들은 이 은유라는 문학 담론의 한 형태들이다. 이들 동인지 시대를 회고하는 많은 글들은 이 '은유로서의 문학'의 공간이 일상적 삶의 공간으로 확장된 가운데서 생성된 것이다. 이는 '문학·예술로서의 삶'이라는 절대성을 표상한다. 대부분 이 시기 문학·예술 담당자들이 문학이라는 절대적인 존재를 위해서 어떻게 자신의 육체와 영혼을 절멸해 갔는가를 회고담의 형식으로 옮겨놓고 있는 것은, '은유'로서의 문학이 일상적 삶의 접경지대를 어떻게 관통해 간 것인가를 설명해준다. 예술을 위해 삶을 살겠다는 선언은 유미주의적인 서구 예술의 모방이기보다는 계몽주의적 내면 욕망의 산물이었던 것이다.[14) 예술·문학을 하겠다는 지순지고한 욕망이 없이는 이 문학병은 이해되지 않는다. 그것이 사랑·죽음이라는 절대적 담론으로 표상되고 있는 것이다.

'사랑=꿈=죽음=삶'을 등가에 놓는 방식은 매우 특징적인 형식이라 할 수 있다. 이상화·박영희 등의 시에서 두드러지는 이 같은 담론의 형태는 분명 문제적인 것이다. 많은 문학 연구자들이 지적했던 대로 그것이 낭만적인가, 퇴폐적인가 혹은 3·1 운동의 좌절에 따른 삶의 허무와 절망을 드러낸 것인가 하는 점은 논외로 하자. '사랑=꿈=죽음=삶'이 분화되지 않은 상태로 예술이라는 절

---

14) 이 책의 「동인지 시대의 담론과 내면 예술의 계단」 참조.

대성을 향해서 투사해 들어가는 이 같은 면모는 예술 절대주의 곧 조선에서 예술을 정립하겠다는 내적 욕망을 이해하지 않고서는 관능성과 퇴폐주의라는 맥락으로부터 결코 그것을 분리할 수 없다. 예술이 사랑과 꿈의 형태로 존재한다는 '환영'이야말로 바로 박영희가 불멸의 언어로 읊어냈던 바로 그것 (「환영의 황금탑」)이며 이상화의 그 유명한 에피그람 "가장 아름답고 오랜 것은 오직 꿈 속에만 있어라"(「나의 침실로」)는 담론 속에서 '영원성'이라는 절대적 관념의 형태로 재현되었던 것이었다.

'영원한 여성성'이라는 테마가 이들 시의 원천이 된다는 지적을 하면서도 3·1 운동 이후 지식인의 허무와 퇴폐성의 산물임을 부기하려는 논리[15]는 상당히 모순적이다. 영원한 여성성에 대한 추구가 왜 동경과 이상화의 절대 긍정적 가치관을 가지지 못하고 퇴폐적 상징주의라는 부정적 가치 평가의 문맥으로 용해되고 마는가에 대해 의문을 갖지 않을 수 없는 것이다. '영원한 여성성을 추구했으나 (시대적 제약 때문에) 불가해짐으로써 생긴 허무와 좌절'이며 그것이 '3·1 운동의 실패를 내재화한 것'이라는 대목은 텍스트 내적인 것과 외적인 것 사이의 심각한 균열을 초래하고 만다.

이 '영원한 여성성'의 테마가 언어적인 것이며 구조적인 것임을 놓치고 있기 때문에 야기되는 현상이다. 오히려 '영원한 여성성'의 테마는 은유라는 문학 언어의 정립과 관계가 있다. 당대의 시 대부분이 왜 사랑이라는 '은유'로 말하는가 하는 문제를 떠나서 이 문제는 해명이 되지 않는다.

---

15) 張伯逸, 「「寢室」의 原型과 意味的 擴充—李相和 詩의 모티브 試考」, 『한국 문학』, 1977.7.

「마돈나」 지금은 밤도, 모든 목거지에, 다니노라 疲困하여 돌아가려는도다,
　아, 너도, 먼동이 트기 전으로, 水蜜桃의 네 가슴에, 이슬이 맺도록 달려
오너라.

　「마돈나」 오려므나, 네 집에서 눈으로 遺傳하던 眞珠는, 다 두고 몸만 오
너라,
　빨리 가자, 우리는 밝음이 오면, 어딘지도 모르게 숨는 두 별이어라.

　「마돈나」 구석지고도 어둔 마음의 거리에서, 나는 두려워 떨며 기다리노라,
　아, 어느덧 첫닭이 울고―뭇개가 짖도다, 나의 아씨여― 너도 듣느냐.

　「마돈나」 지난 밤이 새도록, 내 손수 닦아 둔 寢室로 가자, 寢室로!
　낡은 달은 빠지려는데, 내 귀가 듣는 발자욱―오 너의 것이냐?

　「마돈나」 짧은 심지를 더우잡고, 눈물도 없이 하소연하는 내 맘의 燭불을
봐라,
　羊털 같은 바람결에도 窒息이 되어, 얄푸른 연기로 꺼지려는도다.

　「마돈나」 오너라 가자, 앞산 그르매가, 도깨비처럼, 발도 없이 이곳 가까이
오도다,
　아, 행여나, 누가 볼는지―가슴이 뛰누나, 나의 아씨여, 너를 부른다.

　「마돈나」 날이 새련다. 빨리 오려므나, 사원의 쇠북이, 우리를 비웃기 전에
　네 손이 내 목을 안아라, 우리도 이 밤과 같이, 오랜 나라로 가고 말자.

　「마돈나」 뉘우침과 두려움의 외나무다리 건너 있는 내 寢室 열 이도 없느니!
　아, 바람이 불도다, 그와 같이 가볍게 오려무나, 나의 아씨여, 네가 오느냐?

　「마돈나」 가엾어라, 나는 미치고 말았는가, 없는 소리를 내 귀가 들음은
──,

내 몸에 파란 피―가슴의 샘이, 말라버린 듯, 마음과 목이 타려는 도다.

「마돈나」 언젠들 안 갈 수 있으랴, 갈테면, 우리가 가자, 끄을려 가지 말고
너는 내 말을 믿는 「마리아」―내 寢室이 復活의 동굴임을 네야 알련만
―

「마돈나」 밤이 주는 꿈. 우리가 얽는 꿈, 사람이 안고 궁그는 목숨의 꿈이
다르지 않으니,
　아, 어린애 가슴처럼 歲月 모르는 나의 寢室로 가자, 아름답고 오랜 거기
로.

「마돈나」 별들의 웃음도 흐려지려 하고, 어둔 밤 물결도 잦아지려는 도다,
　아, 안개가 사라지기 전으로, 네가 와야지, 나의 아씨여, 너를 부른다.
　　　　　　　　　　　　　　　　　　　　　　　―이상화, 「나의 침실로」

　이상화는 '마돈나여, 나의 침실로 오라'고 말한다. 여기서 마돈
나가 님(조국)의 의미화이며, 그래서 '구국정신을 드러낸 것'이라는
논의는 지나친 감이 있다. 오히려 마돈나라는 절대적 여성성은 말
하는 주체, 곧 시인의 나르시즘적 동일화로부터 생겨난 것으로 이
해된다. 은유 담론의 특징은 '절대 타자를 존속시키는 사랑'이라는
특이한 구조를 지닌다. 문학·예술이라는 절대 타자는 사랑이라는
은유 담론을 통해 구조화된다. 즉 문학·예술이라는 존재가 있다.
그것은 꽃과 같고 태양과 같다. 이 꽃과 같고 태양과 같은 위치에
존재하는 것이 바로 절대적인 존재 곧 영원한 여성성의 개념으로
의미화되는 것이다. '줄리엣은 로미오를 사랑한다'는 서술 구조는
'로미오는 태양과 같다 혹은 태양이다'는 은유 구조를 파생시킨
다.16) '로미오는 태양이다 혹은 태양과 같다'는 절대적인 것과 사

랑하는 대상과의 동일시를 의미하며, 이 절대 타자의 존재가 은유 구조를 발생시키는 근본 이유이다. 절대 타자를 존속시키고 이상 화하는 방향에서 '마돈나'의 절대성이 생겨나며 이는 사랑이라는 은유의 담론으로 구조화된다. 사랑이라는 담론이 모두 신격화된 사물을 통해 타자를 규정하고자 하는 구조 곧 은유 구조를 갖고 있다는 사실을 상기하자. 그리고 그 사랑이 결국은 나르시즘적 자 기 동일화의 산물임을 상기하자. 사랑이라는 담론으로 문학(행위) 를 절대화하고 스스로는 그 절대성과 영원성의 동경에 함몰되고 마는 것이다. 이 은유 구조의 성립이 1920년대 시의 근대성을 확 보해 가는 첫 단계가 되는 것이다.

흔히 『백조』의 전신으로 이해되는 『장미촌』은 제호 그대로 하 나의 은유로서의 문학 언어를 보여준다.

> 우리들은 인간으로서의 참된 苦惱의 村에 들어왔다. 우리들의 밟아가는
> 길은 고독의 끝없이 渺漠한 큰 雪原이다. 우리는 이곳을 개척하여 우리의 靈
> 의 영원한 평화와 안식을 얻을 村, 薔薇의 香薰 높은 神과 인간과의 慶賀로
> 운 花婚의 饗宴의 얽히는 村을 세우려 한다. 우리는 이곳을 다못 우리들의
> 젊은 靈의 熱湯같이 뜨거운 괴로운 땀과 또는 鐵火 같은 高度의 淨한 정열
> 로써 개척하여 나갈 뿐이다. 薔薇, 薔薇, 우리들 손에 의하여 싹이 나고, 길
> 리고 또 꽃 피려는 薔薇

그들은 『장미촌』을 선언하면서 '장미'라는 은유를 '문학의 영 혹 은 인간이 고귀하게 펼쳐나가는 높은 정신의 경지'라는 실존적인 의미로 사용하고 있다. 이 '장미'라는 문화적 종교적 표상은 분명

---

16) 줄리아 크리스테바, 김영 역, 『사랑의 역사』, 민음사, 1995, 418면.

서구적인 관념의 토대 위에서 파생된 것이지만 1920년대에 이 '장미'는 빈번하게 문학의 중심 메타포로 등장하고 있다. 서구에서 '장미'는 '완전한 꽃'을 상징하는 의미로 사용되고 있고 궁극적 동경과 이상화를 은유하는 것이기도 했다. 홍사용·노자영·나도향·박영희 등의 시·소설 텍스트에서 이 '장미'는 '예술, 영원한 여성, 사랑' 등의 의미로 자주 나타나 있음을 확인할 수 있다. "용어의 혼란 속에서도 비유어를 즐겨 사용했"고 "암시적인 말들을 쓰는 시풍"을 보였다는 백철의 평가는 이 '은유'로서의 문학의 존재를 나름대로 이해한 결과이다.[17] 이후의 평자들이 이들 시를 추상적이고 관념적이면서 상징주의 시의 몽롱체의 분위기를 모방한 것, 혹은 '불확실한 표현'이라 평가한 것은 따라서 일면적인 것이다.

　박종화나 박영희의 시에서 보이는 '구체성 없는 몽롱한 관념어'[18]는, 이상화의 「빼앗긴 들에도 봄은 오는가」의 명징한 언어 감각과 현실적 삶에 기반한 시적 현실의 구체성과 대비되면서, 그것이 일종의 '문학성'(문학적 질)의 차이로 이해되는 경우가 있다. 이 양 경향의 '구체성과 관념성'으로 대비시켜 놓은 것이기는 하지만 이는 해석자의 어떤 이데올로기를 반영한 것이다. 이 시대의 시를 3·1 운동이라는 민족적인 비극과 겹쳐 놓으려는 연구자의 욕망은 이 시대의 시를 부정하는 그것만큼이나 비약적인 결론에 이르게 된다. '향토성·민족성'을 강조한다고 해서 그것이 구체성을 띠고 문학사적으로 긍정적인 가치 평가를 낳지는 않는다. 동인지 시대 시의 '관념성 / 불명료성'은 언어의 인식론적인 층위를 반영한 것이다.

---

17) 백철, 『신문학사조사』, 신구문화사, 1983, 146면.
18) 朴哲石, 「李相和詩의 文學史的 評價」, 『시문학』, 1986.11.

이 시기 시의 모호함은 은유를 적극적으로 문학의 기능으로 이해하고 그것을 시적 언어로 재현하고자 했던 데서 기인한다. 문제는 재현에 있어서의 서투름인데, 이는 당대 시적 담론의 전반적 수준을 보여준 것이기는 하지만 그보다 앞서 은유 자체가 가지는 모호하고 불확실한 속성 때문이기도 했던 것이다.

문학 예술을 영원한 여성이라는 은유를 통해 표상하는 경향은 이 시기의 시 텍스트뿐 아니라 숱한 소설 텍스트 속에서도 분명하게 드러나 있다. 노자영 소설 「표박(漂泊)」은 '연애소설 / 통속소설적' 성격을 가진 텍스트이다. 청춘 남녀의 연애와 첫사랑의 설렘에 관한 내용을 담은 것이지만 지극히 고전적인 어투와 감정을 표현하고 있다. 주인공 영순(英淳)이 신여성이면서 성악가인 임혜선(林惠善)을 짝사랑하는 내용이 길게 서술되고 있는데, 이 소설이 주목되는 것은 이 같은 사랑의 감정을 예술에 대한 헌신적 사랑과 낭만적 정열에 투명하게 대응시키고 있다는 것이다. 그 사랑은 "참말 달고도 설"다고 고백하는 주인공의 내면을 통해 이를 확인할 수 있다. "꿈같다·산 詩로다·참예술이다·낭만적이다"는 여기서 등가적 가치를 갖는 기호이다.

주인공 영순의 혜선에 대한 사랑은 예술과 낭만의 은유적 표현이다. '생은 곧 사랑이며' 그것은 '산 시', '산소설'과 같은 개념의 장 위에 놓여져 있다. 문학은 사랑과 동의어이며 곧 생명인 것이다. 그것은 탐미주의적인 미의식과 그것의 절대적 행위로 표출되기도 하는데, "그것은맛치 젊고도푸른 쓰거운 피한줌(一渥)을 피여오는 하얀白合우에던진것과갓다하였다"고 서술되기도 한다. 이처럼 극히 악마적이고 정열적인 미의식은 은유로서의 문학의 성립을 욕망했던 당대 미의식의 수준에서 이해되어야 할 것이다. 청춘의 정열 위에 불타오르는 사랑의 감정은 종종 예술에 대한 지극히 낯선 감정들과 조우했고 그들은 이 악미(渥美)적인 예술과 사랑의 감정을 혼동하였다. 사랑의 감정을 예술이라는 낯선 이름과 긴밀하게 조응시키는 과정에서 초기 소설들의 낯설고도 새로운 문체가 생겨난 것이다. 감탄사와 날것 그대로의 사랑의 감정을 표현하는 형식은 당대의 가장 개성적이면서 유행적인 문체로 자리잡게 된다.

> 영순의 가슴에는 무한의 그리움과 무한의 설음과 무한의 외로움이 한 대 모여 그의 젊은 靈을 뒤흔들고 그의 젊은 生을 충동식혔다. 영순은 마치 넓은 曠野에서 멀니뵈는 아름답고 어엽분 —곳풀둣고 꼿핀 「오아씨스」를 바라보면서 그곳으로 바로 가지못하고 혼자 헤매는 迷客과 가탓다.
> 아!! 天使여! 美의 神이여! 나는 당신의 품에 길이 안겨 永遠히 쉬고 영원히 살고저 하나이다. 하고 속삭럿다. 그째에 「아니오 그런말슴마셔요! 나는 處女올시다. 永遠히 이 희고 淨한 처녀의 몸으로 살고저 하는 나이외다」하고 혜선은 말하는 듯하였다.

「표박」의 주인공은 동경유학을 꿈꾸고 미주유학을 동경했지만 금전적인 문제로 그 이상이 무참히 깨어진다. 주인공은 자살을 결심하지만 죽지 못한다. 그 다음의 삶은 오직 "문학과 음악을 연구하며 一便으로는 신문잡지에 투고를 만히 하면서" "一生을 문학적 生涯로 보내"는 것이다. 영원한 생명은 문학을 통해 얻어지는 것 곧 문학의 영원성을 확보함으로써 가능해진다. 사랑의 담론이 관념적인 형태로 나타난다는 것과 문학 예술의 절대성이 은유라는 형식으로 서술된다는 것은 등가적 가치를 지닌다. "아! 여성!

애인!"과 같은 감탄사의 연발은 이 문학 예술이라는 테마가 절대적 나르시즘과 신격화를 통해 표출된 것에서 기인한다. "「괴테」의 로테, 세익스피어의 「로미오와 줄리엣」 아!! 여성! 애인! 생각만하여도 그 속에는 아지못할 달콤한 기운과 푸른 향기가 흐르고 있지!"와 같은 나르시즘의 환영이 비탄에 잠긴 주인공의 내면의 '동굴'(우울·번뇌)을 만들어 내게 되고 그것이 침실의 이미지, 동굴과 부활, 죽음의 이미지로 나타나는 것이다. 번민의 공간이 동굴이며 침실이며 환상이 되는 것이다. 그것은 구체적인 공간이기보다는 심리적이고 정신적인 것이며 그것은 다시 언어적인 것이다. 일종의 마조히즘적 성격의 이 여성 숭배는 예술의 절대성을 향한 언어적 구조물인 것이다.[19] '문학 예술'은 이 절대성 속에서 환상의 형식을 필요로 했던 것이다. '장미=천사=처녀=혜선=문학'은 등가적 기호이며 이 관계 속에서는 애인 혹은 예술은 신격화되고 절대화된다. 그들의 낭만적 감수성의 실체는 예술과 연애에 대한 일종의 몽상이며 '영원한 여성'을 향한 동경이다. 언어 구조로는 은유(수사)의 형식을 의미한다. 문학 예술에 대한 과도한 정열과 청춘기적 삶의 충동이 그 같은 낭만성을 낳았던 것이며 그것이 구조적으로 '은유'라는 형식을 필요로 했던 것이다.

---

19) 자허 마조흐의 「모피를 입은 비너스」와 그것에 대한 들뢰즈의 해석 참조(질르 들뢰즈, 이강훈 역, 『매저키즘』, 인간사랑, 1996).

4. '영원한 여성성'과 무너진 세계

　결국 이 시기 동인지 시에서 드러나는 시적 공간이나 동인지 시대 문학 담당자들이 이상적으로 그리고 있는 공간은 퇴폐적이고 병적인 낭만성의 거주지만은 아닌 것이다. 그것은 예술 계몽주의자들의 충동적인 욕망의 산물이 아닐 수 없다. 그들에게 꿈·환영·죽음 등은 예술에 대한 정열적 몰입과 동경을 의미하며 그들의 언어는 낭만적 상상의 옷을 입고 나타난 거대한 욕망의 동굴이다. 그들의 감읍벽과 죽음충동은 동성애적 세계 인식으로부터 비롯된다. 그것은 이른바 세계와 자신을 2자적 단계로밖에 인식할 수 없다는 인식의 징표이다. 이것은 우리 근대문학 초기의 시인들이 충동하는 무정형의 욕망의 덩어리를 그대로 자기 내면에서 발아시키고 그것에 함몰되었음을 보여준다.

　인간의 성숙은 나와 대상 타자를 3자적으로 인식하는 외디푸스적 인식 체계에 의해 가능해진다. 프로이트주의자들은 이 외디푸스 삼각형의 의미를 해체적으로 재구성하면서 프로이트를 계승해 나간다. 아버지라는 거대한 욕망을 법률·관습·제도의 힘으로 파악하는 라깡과 이 표상 체계를 상징적으로 무너뜨리려는 들뢰즈의 인식도 사실은 이 외디푸스 삼각형 체제를 프로이트 이론의 지반 위에서 해체, 재구성한 것이다. 언어와 가족이라는 상징계의 영역에서 자신의 정체성을 인식하는 것은 그 상징계의 법과 질서를 수용하고 전체 집단과의 관계 속에서 자기를 놓겠다는 서약에 다름 아니다.

　그러나 어머니-아이의 2자적 관계 속에서 아이는 사회적 질서와 관습적 규범을 알지 못한다. 즉 외디푸스적 삼각형의 단계로의 진입을 완강히 거부하는 것이다. 어머니의 욕망에 자신의 욕망을 완전히 병합해 버리는 단계에서 아이는 어머니의 연장에 불과하다. 인간 사회의 공동체의 질서를 이루는 상징계적 기반을 갖지 못한 까닭에 세계와의 관계 속에 자신을 놓을 수 없고 따라서 사물의 존재와 삶을 결정짓는 언어 행위나 판단에 미숙하다. 상징계적 질서로 진입하지 못함으로써 그는 동성애적 사유로부터 벗어나지 못하게 된다. 이자적 관계에서의 사랑은 철저하게 배타적이면서 유아적인 형상을 취한다. 절대적이어야 하기 때문에 실현할 수 없는 그런 사랑은 에고이스트의 언어와 병행한다. 이 언어는 자아의 심층을 표현하기에는 적당하지 않을 정도로 철저히 과장된다. 속어에 대한 경시, 메타 언어적 태도, 우아한 글 등은 동성애적 자기 충동에 내맡겨진 글쓰기의 형태이다. '자기 성애적인 충동 때문에 향유할 수도 가까이 할 수도 없는 것'으로서 문학 예술은 고결하고 지고한 것으로 자기 동일화하며 심층적으로 그것은 보다 어린이 같고 소년 같은 것으로서의 자기를 의미화한다. 박종화·홍사용·박영희의 '어린아이'에 대한 무한한 동경과 찬사를 생각해보라. '어린아이'의 은유는 이 이자적 관계, 동성애적 관계의 한 축을 반영한 것이다. '죽은 어머니', '환영의 처녀' 등으로 은유되는 담론은 금지된 것, 결코 도달할 수 없는 절대적 의미이다. 박영희는, "환영의 황금탑 위에 떠나가는 처녀여"라고 은유로 말한다. 죽음이 갖는 절대 절명적 메타포 위에서 사랑은 비약적으로 전이된다. 손에 닿을 듯하지만 실제로는 영원히 잃어버린 불가능한 것, 정확하게 바로 이 지점에서 1920년대 초기 시의 언어는 탄생하고 있다. 여성은 영원하기 위해 죽는다. 탄식·죽음·절망의 은유가 우리에게 보여주는 것들이다.

　앞에서 우리는 이 '은유'가 구조적이면서 역사적인 것이라 규정했다. 그렇다면, 동인지 시대의 '은유'의 담론이 띠는 역사성은 무엇인가를 이해할 차례이다. 이 같은 표상은 사상이나 육체의 정체성이 붕괴되는 시기에 표출되는데, 개인 내면의 불안의 폭발을 상징하는 것이라고 한다. 연애나 공상, 몽상과 연결되는 예술의 메타포들은 이 표상의 탄생과 깊은 관련을 맺고 있다. 예술이라는 미개지를 통해서만 이 사랑의 승화는 기대될 수 있다. 모성적이면서 열정적이고, 죽음에 저항할 수 없을 정도로 절대적 힘을 발휘하는 이 여성성은 문학을 절대화했던 이 시기 시의 주된 메타포가 된다. 부성적 가치가 무너진 이 우주 속에서 사랑할 자가 누가 있는가. 절대적인 지배자, 원초적 어머니, 권위의 여인 숭배와 같은 것[20] 외에는 없다. 이 불가항력적인 절대성으로서의 여성성이 시대적인 의미를 띤다면 그 무너진 '부성적 세계'란 무엇인가 하는 점이 관건인 것이다. 여기서 우리는 이 여성적 이상화가 사회 역사적인 상상력과 만나는 지점을 관통하게 된다. 여성의 표상은 스탕달의 경우처럼 구체제가 붕괴하고 부성적 가치 질서가 무너진 사회에서 여성 혹은 어머니라는 허구적 모성의 사랑을 통해서 자아를 회복하고자 하는 충동과 관계있을 것이다. 식민지 지식인으로서의 허무의식이나 전통적 문학의 개념이 와해되면서 근대적 문학을 정립

---

20) 줄리아 크리스테바, 김영 역, 『사랑의 역사』, 민음사, 1995, 556면.

하려한 그들의 계몽적 욕망이 이 같은 부성적 권위의 부정과 여성 혹은 어머니에 대한 헌신적 사랑을 약속했던 것이 아닌가 하는 것이다.

'3·1 운동 이후 지식인의 허무주의적 내면성의 표출'이라는 평가를 인정할 수 있다면 그것이 주제적인 의미로서보다는 그것의 은유적 구조 때문으로 이해해야 할 것이다. 당시 시인들은 꿈과 환영(幻影)이라는 미로를 통해 예술이라는 테마에 접근하고자 함으로써 있는 그대로의 세계, 현실의 세계인 부성적 세계를 거부하고자 한다. 이는 여성 숭배와 예술에 대한 절대적 헌신과 같은 이 시기 시의 독특한 미의식을 형성한다. 추악한 삶과 순결하고 숭고한 영적 삶과의 이원론적인 대립 관계 속에서 예술을 통해서만 영원한 진리의 삶, 영원한 여성성의 세계에 도달할 수 있다는 것이다.

『백조』 창간호에 실린 박종화의 글은 미의 탄생과 진리가 영원성의 삶에 결부되어 있다는 인식을 드러낸 대표적인 산문이다. 그의 시와 산문(「영원의 승방몽」)에서 보이는 탐미적인 미의식은 미가 곧 절대적 진리이며 영원성에 이르는 길이라고 보았다는 데 그 특이성이 있다. 당대에 번역, 탐독되었던 다눈치오의 『죽음의 승리』, 셍케비치의 『쿼바디스』의 텍스트는 이 시기의 미학주의 교과서가 된다. 절대적 미는, 비루하고 속되며 죄악과 오뇌로 얼룩진 이 속세의 삶을 대속하면서 그것을 넘어선 곳에 존재한다. 박종화는 『쿼바디스』를 소개하면서 이 소설의 전반적인 테마를 이루는 부분이자, 주요 창작 모티프가 되었던 폴란드의 비극적 역사 곧 러시아 오스트리아 프랑스 3국의 분할체제의 지배와 간섭, 로마 시대 기독교 수난사를 주목하지 않는다. 대신, 극적이고 드라마틱한 이 소설의 종결 부분, 페트로니우스의 그 탐미적이고 휘황한 죽음의 장면에 주목한다. 이 사실은 당대 문학 담당자들이 서구문학을 이해하고 영향을 받은 대목이 어디서부터 시작되었나를 잘 보여주고 있다. 죽음을 초극함으로써 미적 세계에 이른다는 인식이나, 그럼으로써 영원한 삶, 진리의 영원성에 도달한다는 이 같은 절대성의 인식이 울음과 탄식, 비애와 죽음의 수다한 이미지와 메타포를 필요로 했던 것이다. 심미판관 페트로니우스가 절대적 권력의 길을 접고 죽음으로 향하는 동굴 앞에서 치르는 의식은 '악미(渥美)'의 경지 바로 그것이 아닐 수 없다. 페트로니우스의 이 탐미적인 미적 의지 앞에 근대문학 담당자들이 그들의 자의식을 두장접이 그림처럼 앉혀놓음으로써 구체적인 '미적 본질'의 영역에 다가서고자 했다. 그것이 문학·예술을 향한 순사라는 그들의 계몽의지를 불태우게 했던 것이다.

제6장

근대문학 초창기 잡지 발간의 여러 상황

1. 문학의 새로운 계단

1920년 전후의 잡지 발간이 한국문학에 끼친 영향은 얼마만한 것일까. 이 물음에 대한 답은 자명해 보인다. 일반적으로 '3대 동인지' 발간이 우리 근대문학의 정립 과정에서 매우 중요한 역할을 했다는 평가는 의심할 바 없다. 이들 동인지를 발간했던 당대 문인들의 문학에 대한 관념은 이광수 시대와는 질적으로 다른 것이었다. 동인지 문인들의 문학 이념은 미학성·문학성에 대한 새로운 인식을 바탕으로 한 것이었다. 그것은 작가 개인의 개성이 강조되고 '독자적인 미학적 구성물로서의 문학'이라는 개념 속에 존재하는 것이었다. 이들이 문학을 한다는 것과 춘원이 문학을 한다는 것은 그래서 그 내포 개념상 상당한 차이를 가질 수밖에 없었다. 월탄은 춘원이 이때 이미 자신들의 '동인'이 아니라 '선배'였다고 강조한다. 자신들과 춘원은 '당대 문학의 강물에는 같이 섞일 수 없는' 이질적 존재였다는 것이다. 이는 문학 개념 혹은 문학성에 대한 인식의 차이가 춘원과 그들 사이에 깊게 내재되어 있었을 뿐 아니라 그 새로운 문학성 및 문학 개념이 당대 담론의 주류로 자리잡게 됨을 의미한다. 월탄은 당대 자신들 문학의 존립 근거가 '진리가 아니면 미가 되지 않는다'에서 '미가 아니면 진리가 아니다'는 명제의 전환 속에 있었다고 말한다.[1] 춘원과 동인지 세대의 문학 이념의 차이는 한 마디로 '계몽주의 대 자연주의' 혹은 '계몽주의 대 낭만주의'라 말할 수 있을 것이다.

동인지 구성원들은 이광수를 자신들의 동업자로 여기지 않았고 그들의 내면적 욕망은 '이광수'라는 존재를 자신들의 담론 공간에서 배제하고자 하는 것이었다. 이 같은 사실은 당대인들의 기록에서도 쉽게 찾아진다.[2] 그들의 문학 입문은 춘원과 육당 식 문장에 매혹당한 채였다. 그러나 문학 회람지를 돌려보며 스스로 문인의 자질을 성숙시킬 때쯤 되자 이미 그들은 춘원 식 문학을 자기 안에서 지우고 있었다. 회월은 이를 간단히 "문학의 새로운 계단"[3]이라 불렀다. 당대 동인지 발간에는 새로운 문학에 대한 계몽적

---

1) 박종화, 「백조 시대의 회고」, 『문예』, 1949.10.
2) 전영택, 「『창조』」; 월탄, 「『백조』」, 『사상계』(「특집 40년간의 문예지」), 1960.1.
3) 박영희, 「초창기의 문단측면사」, 『박영희 전집』 2(이동희·노상래 편), 영남대
   출판부, 1997, 313면.

의지가 숨겨져 있는 것이다. 이 점에 대한 논의는 그간 상당히 언급했고, 기존 연구 논문들도 많이 나와 있는 탓에 사족을 붙일 이유는 없을 것이다.

그러나 몇 가지 사항에 관해서는 여전히 재논의의 필요성이 있다. 근대 문학 텍스트들에 대한 연보 작성에 있어 처녀작, 등단 시기 등은 여전히 논란거리가 되며 그것의 정확한 판단을 할 수 있는 근거가 부족한 편이다. 본격적인 동인지 문학이 나오기 이전, 회람잡지나, 학보·회보, 기타 잡지에 실린 이들의 작품을 공식적인 문단 활동의 결과로 볼 것인가, 아닌가 하는 것이 논의의 초점일 수 있다. 또한 이들 작품을 어떤 시각에서 평가할 것인가 하는 것도 중요한 논제로 보인다. 조연현의 언급대로 간단하게 '습작문단'4)이라 규정해 버린다면, 문제는 간단하다. 그러나 문학사적 사실의 이해가 단순히 대가급 문인이나 '정통성'과 '완결성'을 가진 작품을 중심으로 진행되지 않는다는 사정을 생각하면, '평가'의 문제가 그렇게 간단하지 않다는 사실을 확인하게 된다.

또한 당시 '등단'의 개념은 지금과는 차이가 있었고, 공식적인 발표매체라 해도 그 성격이 불분명한 것이 많았다. 이 불분명함은 당시 문예잡지를 발간했던 당대인들의 기억에도 극심한 혼동을 초래하게 한다. 잡지 발간 연도를 비롯, 발간 호수, 동인 구성에 이르기까지 그 혼동은 그 잡지에 참가했던 각 개인들 모두에게 골고루 나누어져 있다. 예컨대 『장미촌』 발간 횟수에 대한 박영희나 김기진의 혼돈5)은 당시에 여러 형태의 인쇄매체가 난장으로 펼쳐

---

4) 조연현, 『한국현대문학사』(증보판), 성문각, 1969 제4장 참조.
5) 다음 절에 보다 자세하게 언급될 것임.

져 있었고 문예잡지의 전문적 성격을 그때까지 확실하게 인지하지 않았다는 것을 의미한다. 이는 그 자체로 우리 근대문학이 어떤 무질서의 자장 속에 놓여 있었음을 말해준다. 이때 '무질서'란 부정적인 의미로 말해진 것이 아니다. '문인 되기'와 '문학 작품 발표하기'에 있어 비정형성·비공식성·불확실성이 당대 문학의 독특한 성격을 규정한다는 뜻이다. 여기에는 자료 발굴의 미흡함과 불완전성이 한 몫을 하고 있는데 '처녀작' 논란이 그 대표적인 예라고 할 것이다. 따라서 이 시기 문학의 '독특한 성격'이 당대 문인과 문학을 이해하고 평가하는 한 가지 준거가 되어야 하는 것이다.

또한 모방과 데카당스, 퇴폐주의 등으로 이 시기의 문학을 규정할 때 느끼는 것은 일종의 침울함과 소극성, 정체성이다. 그러나 근대문학 담당자들이 이 당시를 회고하고 있는 대목들을 자세히 들여다보면 '문인 되기'나 '문학하기'를 일종의 소명의식이나 단단한 자부심으로 이해하고 있었음이 드러난다. 이는 바로 근대문학이 어떤 역동적인 내적 질서에 의해 정립되고 있었음을 의미한다. 이 역동성의 자장 내에서 1920년대 전후의 문학적 상황을 이해하게 되면 당대 문인들의 자부심을 허황된 것으로 치부할 수는 없다. 홍사용의 말대로, 잡지 발간을 위해 적빈자가 됨을 서슴지 않겠다는 이 근거없는 오만함을 우리가 어떻게 이해할 수 있다는 말인가.

이 글에서는 위에서 제기한 여러 문제점을 중심으로 1920년대 문학에 대한 보충적인 논의를 진행하고자 한다. 여기서 주로 논의되는 것은 '최초의 시전문지'로 규정돼 온『장미촌』이다. 이는『장미촌』 잡지에 대한 적극적인 평가를 위해서라기보다는『장미촌』
의 발간에 얽힌 여러 가지 사항들을 점검함으로써 근대 잡지 발간
의 주변 정황과 우리 근대문학의 정립 과정을 고찰하고자 하는 것
이다. 여기에는 문학사 서술에 나타난 여러 사항의 점검, 잡지 발
간과 관련된 당시 기독교 단체의 역할 고찰, 나도향·이효석·박
영희 등의 잘 알려지지 않은 작품에 대한 소개 등을 포함할 것이
다. 이를 통해 근대문인이나 근대 잡지의 성격에 대한 새로운 고
찰이 가능해질 것으로 생각된다.

2. 『장미촌』에 대한 문학사 서술

먼저,『장미촌』에 대한 보다 정확한 서지적 사항을 확인하기 위
해서 그간 이 잡지에 대해 짤막하게 기술된 서지들을 점검하고자
한다.『장미촌』에 대한 문학사가들의 기록은 미미하다. 대체로 다
음과 같은 것들이 있다.

백철, 『신문학사조사』(신구문화사, 1983)

백철의 문학사 서술이 이른바 3대 동인지 중심인 만큼,『장미
촌』에 대한 상세한 기록은 없다. 다만 "당시 미숙한 상징파 시인
들이 상징시풍과 낭만파적 감수성이 혼재된 시를 쓰면서 시를 난

해하게 만들었다”는 대목에서 『장미촌』의 존재가 부각되어 있다. 즉 『장미촌』시의 특징이 비유어·암시어의 사용, ‘정열’이라는 시어의 애호, 미지의 세계에 대한 동경 등으로 볼 수 있고 이것이 ‘백조파’ 단계에서 보다 고조, 본격화된다[6]는 것이다.

조연현, 『한국현대문학사』(성문각, 1969)

1950년대 초판 발행된 이 책에서 조연현은 『장미촌』 발간 횟수가 단 한번이었다[7]고 단정한다. 그리고 『장미촌』의 성격이 『폐허』파의 세기말적 분위기에서 벗어나 낭만파의 단면을 강하게 보인다고 평가하고 단적으로 ‘낭만파적인 천진성’이라 규정한다. 1970년대 이후 쓰인 문학사에 비해 1920년대와 비교적 가까운 시기에 기술된 점이라든가, 당시 동인지시대를 이끌었던 인사들이 아직도 생존해 있던 시점에서 쓰인 것이어서 조연현은 『장미촌』에 대한 입장을 보다 확실하게 견지할 수 있었던 것 같다. 그것이 그의 확신을 이끌어 내었을 것이다. 오히려 후대의 연구자들은 1920년대의 문학 담당자들이 기록해둔 텍스트에 전적으로 의존하고 있는 탓에 자구 하나하나에 매달리는 경향을 보였고 그것이 잡지 발간 횟수에 대한 끊임없는 의문을 낳았다고 생각된다.

---

6) 백철, 『신문학사조사』, 신구문화사, 1983, 146면.
7) 조연현, 『한국현대문학사』(증보판), 성문각, 1969, 210면.

홍효민, 「한국문단측면사」(『현대문학』, 1958.9~12)

여기에서도 『장미촌』은 한국 "詩誌의 嚆矢"[8]로 기록되어 있다. 1차 세계대전 이후 문화주의와 인도주의가 고양되고 타골의 노벨상 수상은 아시아 국가들에게 더할 나위 없는 문화적 자부심을 고조시킨다. 안서가 『오뇌의 무도』를 발간한 것은 타골 열풍의 충실한 반영이다. 이 같은 시대적 분위기와 함께 『장미촌』은 탄생한다. 잡지 발간이 문화적 자기 반영뿐 아니라 근대적 자기 정체성 발현의 한 형식이었다는 것이다. 홍효민은 『장미촌』에 대해, 한국에서 자유시가 무엇인지를 실천적으로 보여준 것이라는 평가와 함께 그것이 몇몇 선각자들에게만 이해될 수 있었다는 점에서 한계를 가진 것으로 평가한다. 당시 대표적인 시인으로 황석우·남궁벽·변영로를 언급했다는 것은 1920년대 시의 주류적 경향이 무엇이며 그것을 평가하는 잣대가 무엇이어야 하는지를 우회적으로 언급한 것으로 볼 수 있다.

김용직, 『한국근대시사』(학연사, 1986)

『장미촌』에 대한 보다 상세한 기록은 김용직의 『한국근대시사』에서 찾아진다. 대체로 후대의 연구자들이 인정하고 있듯, 『장미촌』은 '『백조』의 전단계 기관지'로서 규정된다. 김용직은 동인의 성격이나 구성원으로 볼 때 『백조』파의 등장을 위한 집합체 구실을 한 것[9]으로 『장미촌』을 평가하고 있다. 박영희가 변영로를 『장

---

8) 홍효민, 「한국문단측면사」, 『현대문학』, 1958.9~12, 141~142면.

미촌』의 동인으로 기록하고 있는 점을 지적하면서 변영로는 단지 『장미촌』의 국외자적인 참가자였다고 평가한다. 『장미촌』에 대한 서지적 사항은 각주에 처리되어 있는데, 박영희가 『현대조선문학사』에서 언급한 내용('호수가 한번 거듭되다')을 소개하고 있다. 이 책이 출간된 1986년경에는 박영희의 언급, 곧 『장미촌』이 2회 출간을 했다는 사실을 대체로 받아들였던 것[10]으로 보인다.

윤병로, 『박종화의 삶과 문학』(성균관대 출판부, 1998)

박종화의 미발표 일기를 중심으로 박종화의 삶과 문학을 '평설'한 것으로 윤병로의 『박종화의 삶과 문학』이 있다. 여기서도 대체로 월탄의 초기 비평 활동이나 시작 활동이 『백조』 시대를 중심으로 기술되어 있다. 그래서 『장미촌』의 면모에 대한 자세한 사항이 기술되어 있지는 않다. 책 뒤편에 나와 있는 연보에는 『장미촌』 창간호에 실린 월탄의 「우유빗거리」마저 누락되어 있다. 그런데, 책 내용 중 '초기 비평 활동' 부분에서 『장미촌』의 언급이 보이는데, 거기에는 『장미촌』 2호에 「시단의 수확」이라는 비평이 실린 것으로 되어 있다. 정확한 날짜가 명기되지 않고 1921년으로 기록되어 있는 것을 보아서 그 분명한 출처를 짐작하기 어렵게 한다. 다른 2차 문헌에서 재인용한 것임을 추정하게 한다. 재인용한 문헌은 아마도 박영희의 기록일 수도 있을 듯 하다.

---

9) 김용직, 『한국근대시사』 상, 학연사, 1986, 180면.
10) 일설에는 『장미촌』 2호의 목차를 다른 잡지에서 확인할 수 있다고도 한다.

그렇다면, 『장미촌』에 대한 박영희의 보다 상세한 기록은 어떠한가. 박영희는 '문학 초창기'를 회고한 글에서 이를 자세하게 기록하고 있다. 박영희가 몇 번에 걸쳐 『장미촌』에 관해 언급하게 되는 것은 표면상으로는 황석우가 주간이었지만 이 잡지를 실제로 편집한 인물은 자신이었기 때문이다. 이는 김기진의 회고록에서도 확인된다. "1919년에 황석우 주간으로 『장미촌』이라는 시잡지가 나왔다. 순전히 시를 게재하는 잡지이며 주간은 황석우였지만 실지 편집은 박영희가 했다"는 기록이다.11) 실제 발행인이었던 만큼 '『장미촌』'에 대한 언급은 박영희의 저서 곳곳에서 확인된다.

1) 「현대조선문학사」(『사상계』, 1958.4~1959.3)

여기서 박영희는 1920년 7월에 시잡지 『장미촌』이 간행되었다, 수명이 짧았다, 2호로 종간되었다고 썼다. 그는 『장미촌』의 동인으로 황석우(상아탑)·노자영(춘성)·박종화(월탄)·박영희(회월)·변영로(수주)·오상순(공초)·이훈(薰)·신태악(槿園)·정태신(又影) 등을 꼽았다. 잡지 비용을 동인들이 평균 분배로 부담하였고 제2호는 문흥사(文興社)의 이병조가 부담하였다고 기록했다. 그는 이어서 동인지 형태의 문예잡지가 오래 지속되지 못한 결정적인 이유로 경영 능력의 문제를 지적했다.

---

11) 김기진, 『한국문단측면사』(홍정선 편), 문학과지성사, 1988, 92~97면. 김기진도 『장미촌』이 두세 차례 간행되었다고 썼다.

동인제의 문예잡지가 오래 계속되지 못하던 이유는 독자가 많지 못하다는 이유보다도 경영방침이 나쁜 까닭이었다. 즉 상인의 경영이 아니요 문학자 자신이 한 까닭이었다. 지출만 알고 수입을 모르는 문사들의 잡지 경영이란 자기들 작품만 세상에 내놓으면 만족할 수 있는 정열뿐이었고 본래부터 分錢을 긁어모아서 다음 호를 내겠다는 영리성 기획성이 있을 까닭이 없었다.[12]

2) 「초창기의 문단측면사」(『현대문학』, 1959.9~1960.5)

그는 여기서 잡지 발간시의 검열 문제를 논의하고 있다. 1921년경 조선에서 잡지 발간의 최선의 목표는 '정신상, 지식상 유익한 것'이라는 데 있었다. 하지만 독자들의 무관심과 경영난 때문에 잡지들마다 많은 어려움을 겪고 있었다. 무엇보다도 그 어려움을 가중시킨 것은 '경무국 당국자의 검열 문제'였다.[13] 검열이 얼마나 엄격했고 잡지 발간의 결정적인 어려움이 되었는지는 박영희가 기술하고 있는 검열 과정을 살펴보면 명확해진다.

경무국에서는 원고 검열이 아니라 완전한 책 형태의 검열을 강요했다는 것이다. 원고 마지막의 편집 제언뿐 아니라 페이지 수를 모두 명기한 책 형태의 검열을 요구했다. 가제본된 책을 들고 허가원을 써서 경찰서 고등계에 제출(나중에는 직접 경무국 도서과 검열계에 제출)하면 경찰서에서 초벌을 본 후에 도경찰부로 돌리고 도에서 또 내용을 살핀 후에 경무국으로 보내졌다. 이렇게 돌아나오는 동안 수개월이 걸리기는 예사였다는 것이다. 이 기록을 보면 『장미촌』 발간에 따른 일제의 검열은 '출판법'에 의한 원고 검열

---

12) 박영희, 『박영희 전집』 2(이동희 · 노상래 편), 영남대 출판부, 1997, 440면.
13) 「시사단평」, 『청년』, 1921.10.

이었음을 알 수 있다. 출판법에 의해 발행된 잡지의 검열 방식은
신문지법에 따른 검열 방식과는 그 내용이 달랐다. 신문지법에 따
른 잡지의 경우, 문제가 되면 완전한 형태로 간행된 책의 연판을
삭제하거나 활자를 깎아 지면 전체를 까맣게 만들어 버린다.[14]
『개벽』·『신생활』 등의 잡지만이 신문지법에 따른 검열을 받았는
데, 이들 잡지들이 후에 압수, 정간되는 사태를 여러 번 겪었던 것
은 이 같은 상황에 기인한다. 따라서 '신문지법'에 의해 간행된 잡
지를 제외한 대부분의 '문예잡지'들은 대체로 사전 원고 검열이
철저해서 문제적인 기사나 기고들은 실리는 경우가 거의 없었다.
즉 애초부터 봉쇄당해 버렸던 것이다.

　잡지의 실제 발행일자와 원고가 최종 입수되어 출판사 내에서
최종 편집이 되는 시간 사이에는 수개월의 시차가 있음을 알 수
있다. 더욱이 삭제 도장이 찍혀 한 사람의 원고 전체가 압수되어
서 나오는 경우는 그 어려움이 더 많았을 것으로 생각된다. 압수
된 원고를 찾으러 경찰서에 가면 발행자를 붙들고 괴롭히는 통에
고통이 많았고 검열계 사람들에게 술을 먹이거나 물건을 보내면
빨리 되는 수가 있었다고 박영희는 회고하기도 한다. 그런데 여기
서 주목되는 발언은 인쇄소로 원고를 바로 넘기기 위해서 필요한
것이 발행인을 외국인으로 하는 방법이었다는 대목이다. 당시 외
국인들은 출판한 책을 검열계에 제출하면 그만이었기 때문이다.
이 외국인 발행인 문제는 뒤에 다시 언급할 것이다. 단 박영희가
『장미촌』 2호 발행인으로 '삘링스(변영서)'를 천거하고 있는 점은

---

14) 정진석, 『한국언론사연구』, 일조각, 1988, 114면.

염두에 두자.

> 우리는『장미촌』제 2호를 내려고 구미인의 발행인을 구하다가 다행히 미인 선교사 삘링스 氏(조선명 邊永瑞)를 얻게 되었었다. 氏는 시잡지란 말을 듣고 크게 공명하고 동정하면서 자기도 시를 매우 좋아하여 부라우닝 시를 耽讀한다고 하면서 발행인이 되겠다고 快諾하였다.[15]

3)「나의 문학청년시대」(『신동아』, 1934.9)

박영희의 배재고보 시절은 김기진·나도향·박종화 등과 사귀며 문학 청년의 꿈을 키웠던 시기였다. 동초라고 불렸던 김기진과 복사판 시잡지「시(詩)의 구락부(俱樂部)」를 간행했다고 하고 중학을 마치고는 월탄·도향(그 당시 필명은 隱荷) 등과 함께『신청년(新靑年)』잡지라는 청년구락부 기관지를 발간했다고 썼다. 즉〈청년구락부〉문예부 사업으로 그는 '도향'과 처음으로 문예 단체의 일원이 되었던 것이다.[16] 최승일의 도움으로 이 잡지는 1~2호 속간되다가 폐간되어 버린다. 이때가 1920년경이었다고 기록하고 있다. 그는 뒤이어서『신청년』표지에 실렸다는「목동(牧童)의 적(笛)」이라는 시를 소개하고, 이것을「눈물의 궁전(宮殿)」류의 시라고 지칭한다. 그리고 이 시가 내용과 표현이 모방적인 작품이어서 얼마 후에 심기일전해서『장미촌』을 간행했다고 쓰고 그 시기를 1920년 8월경이라고 밝혔다. 월탄이 시평을 쓰고 회월 자신이 도향의 소설평을 쓰면서

---

15) 박영희,『박영희 전집』2(이동희·노상래 편), 영남대 출판부, 1997, 318면.
16) 이 기록에 대한 자세한 조사는 최근 한기형 교수에 의해 시도되었다(한기형, 「잡지『신청년』소재 근대문학 신자료」,『대동문화연구』제41집, 성균관대 동아시아학술원, 2002.12).

평필을 시작하게 되었노라고도 한다. '조선 초유의 서정시 낭독회'
라는 포스터를 내붙이고 조선 청년 기독회관에서 시낭독회를 개최
한 것은『장미촌』의 득의의 사업으로 익히 알려져 있다. 여기서 그
는『장미촌』잡지가 3호로써 종간됐다고 말한다.[17] 그 후 그는 난숙
해 가는 문학의 발랄한 기운을 맛볼 수 있는 동경으로 향해『시성
(詩聖)』·『일본시인(日本詩人)』·『명성(明星)』이 간행되는 것을 보면서
시심과 문학의 열정을 단련해 가게 되었다는 것이다.

  그런데 박영희가 기록하고 있는 위의 대목들을 자세히 들여다보
면, 적잖은 혼동이 있음을 확인할 수 있다. 박영희의 기억과는 달리
『장미촌』창간호는 대정 10년(1921) 5월 20일 인쇄되어 바로 5월 24
일 장미촌사에서 발행되었다. 편집인은 황석우(경성부 천연동 16번지),
발행인은 미국인 변영서(邊永瑞, 경성부 정동 34번지)이다. 인쇄는 한성
도서주식회사 인쇄부(경성부 견동 32번지), 인쇄인은 노기정, 발행소는
경성부 천연동 99 장미촌사이다. 발매소는 한성도서주식회사 영업
부(경성부 견지동 32번지)였다. 이 서지 사항은『장미촌』뒤의 간기에
서 확인되는 것들이다. 인쇄소·인쇄인·발매소는 동일 주소이며
편집인 황석우의 주소지와 발행소인 장미촌사는 번지수만 다르게
(천연동, 16 / 99번지) 기록되어 있고, 미국인 발행인인 변영서의 주소
는 정동 34번지로 되어 있다.

  문제는 이 창간호 발행 시기와 발행인의 문제인데『장미촌』은
1921년 5월 24일 발행되었다. 그렇다면 박영희가 1)에서 언급한
1920년 7월 기록은 그가 무엇인가를 혼돈하고 있다는 추정을 가능

---

17) 박영희,『박영희 전집』2(이동희·노상래 편), 영남대 출판부, 1997, 118면.

하게 한다. 즉 1920년 7월에『장미촌』1호를 간행하고 2호부터 변영서를 발행인으로 천거해 검열 문제를 해결했다고 기록하고 있는 것은 그가 1920년 7월경에 발행한 다른 잡지와 1921년 5월 창간호를 낸『장미촌』잡지를 혼동하고 있다는 말이 된다.『장미촌』은 이미 1호부터 발행인을 변영서로 내세우고 있기 때문이다.

그런데 박영희의 기록에서 보이는 발행 시기의 혼동은 오히려 사소한 것이라 할 만하다. 그것은 식자공의 오식일 수도 있고 박영희의 명확치 않은 기억에서 왔을 수도 있다. 그러나 '발행인' 부분의 착오는 그가『장미촌』과 다른 잡지를 혼동을 하고 있는 것이 아닌가 하는 의문을 자아낸다.

박영희가 동인으로 기억하고 있는 인물들은 거의 모두가 그 정황이『장미촌』1호의 말미에 기록되어 있다. 박종화의「오뇌의 청춘」이 새 시단의 가작이라는 것, 박인덕 여사의「콜넘버쓰」가 영작시의 시미에 대해 언급한 것이라는 점, 시단의 독성(獨星)인 황석우가 조도전대학 정치경제과에 재학중이면서 사회 정황 시찰을 위해 재도일했다는 것, 춘성이 한성도서주식회사 출판부 편집인으로 취직했으며, 우영 정태신이 일본 최고의 정치 사회 평론잡지인 대중시보사 동인이며 이번에 도일했다는 것, 이훈이 일본 동경 청산학원 신학과 졸업 후 다시 제대 문과에서 수학하다 금번 배재학당에서 교수하고 있다는 것, 공초는 금번 호에 쓰지 못했지만 중앙학교에서 철학교수를 한다는 것을 기록해두었다. 그리고 회월에 대한 감사의 인사, 상아탑 시에 대해 극찬한 것도 보이며 근포 신태악이 청년명망가이며 이번 발표한「생과 사」라는 시는 청년의 고민을 심각하게 그려낸 좋은 시라는 기록도 보인다(『장미촌』창간호,「동인의 말」). 「동인의 말」에 기록되지 않은 사람은 「신월의 야곡」을 쓴 이홍(李虹)과 창간사를 쓴 변영로뿐이다. 그리고 박영희가 동인으로 기억한 사람 중에 오상순만 빼면 이들 동인으로 알려진 모든 사람들은 창간호에 글을 싣고 있다고 볼 수 있다. 이렇게 본다면, 두 가지 추론이 가능하다. 즉 2호가 간행되었다고 가정한다면 『장미촌』 1호의 동인들이 2호에서 동인을 추가 모집하지 않고 그대로 다시 잡지를 만들었다는 것, 다른 하나는 창간호가 종간호가 된 것을 박영희가 혼동하고 있다는 것 등을 추정할 수 있다.

그런데도 박영희가 여러 번 『장미촌』이 두세 번 간행되었다고 말한 이유는 무엇인가. 그렇다면 1920년 7월경에 간행된 다른 잡지나 유사 동인지 형태로 나온 『신청년』 같은 잡지를 생각해보고 박영희의 기억의 오류나 착각을 추정해볼 수 있다. 그리고 왜 이런 혼동이 생겨났는가를 역추론해볼 필요가 있다.

박영희의 「현대조선문학사」의 원고를 소장하고 있던 백철은 이 원고가 1948년경 완성되었고, 결론 정도가 파인의 『삼천리(三千里)』 지상에 일부 실렸다고 밝혔다. 김진구・전광용 등의 노력으로 1958년에 사상계사에서 출간하게 되었다는 것이다(「회월의 문학사가 발간되는 데 앞서서」).[18] 「초창기의 문단측면사」의 경우는 그의 〈카프〉 해산 성명서에 대한 해명이 담겨 있는 만큼 분명 1934년 이후 집필되었을 것이다. 그렇다면 「나의 문학 청년시대」가 제일 먼저, 「초창기의 문단측면사」가 두 번째, 「현대조선문학사」가 세 번째로 집필되었을 것이다.[19] 박영희는 「초창기의 문단 측면사」에 문단 이면사를

---

18) 박영희, 『박영희 전집』 2(이동희・노상래 편), 영남대 출판부, 1997, 394~395면.
19) 김윤식 교수도 이 같이 추정하고 있다(김윤식, 『박영희 연구』, 열음사, 1989, 163면).

서술하면서 〈카프〉 해산성명서를 그대로 옮기는 등 자료를 충실하게 기술하고 있다. 문학사를 기술하고 있는 부분은 자료와 실증적 검토를 우선적으로 했기 때문에 정확한 반면, 짧은 회상기로 쓰인 「나의 문학 청년시대」는 다소 부정확한 기억에 의존해 집필을 했을 확률이 높다. 그렇다면 「나의 문학 청년시대」에서 언급한 '『장미촌』' 부분도 그가 어느 정도 사실을 혼동하고 있다고 볼 수 있다. 『신청년』[20] 같은 류의 잡지와 『장미촌』(1921.5)의 간행 연도와 간행 호수를 다소 혼동했다고 추정할 수 있는 것이다. 단 「현대조선문학사」에서 2호는 문흥사의 이병조가 부담했다는 기록은 확인을 필요로 한다. 문흥사의 이병조는 잡지 『서광(曙光)』(1919.11), 『문우(文友)』(1920.5)의 발행자였다. 『서광』은 종합잡지의 성격을 가지고 있었고 『문우』는 문예잡지였다. 현재 『문우』의 실물은 본인은 확인할 수 없었다. 박영희가 『문우』 잡지나 기타 다른 얇은 분량의 잡지와 『장미촌』을 착각한 것으로도 생각해볼 수 있다. 그렇다면, 『장미촌』 2호는 간행이 되지 않았거나, 『신청년』지와 『장미촌』 혹은 『문우』 잡지 등과의 혼동에서 생겨난 기억의 오류 때문이었다고 추정할 수 있다. 이 같이 잡지들의 간행 시기가 비슷해서 생겨난 오해일 수도 있지만 검열 과정에서 원고가 삭제되거나 문제가 될 때 시간이 지연됨으로써 잡지 발행일자의 선후가 바뀌어서 혼동이 왔을 수도 있는 것이다.

그런데 우리가 주목할 것은 다른 문학사가들이 『장미촌』이 1회를 마지막으로 종간했다고 단정하는 데 비해서 박영희는 2~3호

---

20) 한기형 교수는, 1919년 2월에 『창조』보다 먼저 창간되어 7호까지 발간되었다고 밝혔다.

계속되었다고 한결같이 말하고 있다는 점이다. 박영희의 이 언급을 한편으로는 믿을 수밖에 없게 하는 기록은 1)의 「현대조선문학사」이다. 박영희가 문학사를 쓰면서 두 번에 걸쳐 『장미촌』에 실린 글을 인용하고 있다는 사실은 역으로 『장미촌』 2호의 존재에 대해 다시 긍정적인 입장을 갖지 않을 수 없게 하는 셈이다. 제3장 '세기말적 사상과 자유운동'의 장에서 그는 황석우의 시를 설명하면서 박종화의 월평을 소개한다. 거기서 그는 월탄의 「시단의 수확」에 있는 "달 밝은 밤 가을 길에 灰色 베일을 쓰고 玉手로 취한 사람을 부르는 美女와 같다"는 구체적인 문장을 인용하고 각주에 『장미촌』 2호에 실린 글이라 소개하고 있다.21) 이 구체적인 진술이 『장미촌』 2호의 존재를 강하게 증명해주는 듯하다. 뒤 이어서 그는 오상순을 소개하면서 『장미촌』 2호에 실린 「자연의 시체(屍體)」가 "인생을 정신세계로 추진시키려는 이상이라기보다는 오히려 고뇌 속에 들어 있는 인생의 자기 반성"의 경향을 보인다고 평가한다.22) 한편, 월탄의 시평에서도 『장미촌』에 대한 언급은 구체적이다. 그는 「문단의 1년을 추억하야」라는 글23)에서 춘성의 시를 평가하면서 "『장미촌』에 잇는 「검이여나에게죽음을주소서」란 그만한 强하고 熱하고 귀여웁든 시의 작자"라고 쓰고 있다. 하지만 『장미촌』 1호에 실린 춘성의 시 「피여오는 장미(薔薇)」・「밤하날」에서는 이 구절을 찾아볼 수 없다. 그렇다면 월탄이 언급한 것은 『장미촌』 2

---

21) 이동희・노상래 편, 『박영희 전집』 2, 영남대 출판부, 1997, 451면.
22) 이동희・노상래 편, 위의 책, 454면.
23) 박월탄, 「文壇의 1년을 追憶하야－現狀과 作品을 槪評하노라」, 『개벽』, 1923.1, 11면.

호일 수도 있는 것이다. 이 구체적인 언급들은『장미촌』2호의 존재를 무시할 수 없게 한다. 지금으로서는 월탄의 「시단의 수확」과 오상순의 「자연의 시체」, 춘성의 이 시구절이 실제로 어디에 실려 있는가를 보다 광범위한 서지 작업을 통해 확인하는 길밖에 없는 듯하다. 다른 잡지에 실린 글을 이들 필자들이 착각하고 있는 것인지 아니면 실제『장미촌』2호가 존재했는지를 밝히는 작업은 후일을 기약해야 할 듯하다.

그런데 이를 통해 우리가 본질적으로 거론해야 할 것은 초창기 잡지 발간에 있어서의 문학 내적인 어떤 문제이다. 즉『장미촌』에 와서도 근대 문예잡지들이 본격적이고 전문적인 문예잡지의 성격을 갖추고 있지 않았기 때문에 각각의 잡지에 대한 독립적인 인상을 갖지 못했다. 그것이 각 잡지의 혼동을 일으킨 중요한 이유인 듯하다. '동인지'로 명칭을 붙이기는 하지만『창조』·『폐허』·『백조』 등은 전문적인 문인들이 꾸려 낸 근대적이고 본격적인 문예잡지다. 하지만『신청년』·『장미촌』 등은 인원 구성의 차원에서도 문예물의 전문성에 있어서도 전적으로 독립적인 문예물의 성격을 부여받지 못한다. 창간사를 썼던 변영로는 이들의 시가 "문학소녀들의 錦心繡腸을 읊은 것"이라 단언한다. 거기 실린 시들이 독자 시단의 수준 정도였다는 것이다. 이 비전문성과 불명확한 동인 체제가『장미촌』 잡지 발간에 얽힌 여러 혼동을 낳았던 것이다.[24] 이렇게 본다면,『장미촌』이『백조』 간행의 징검다리 구실을 했다거나 과도기적인 문예잡지였다고 말하는 것은 불충분하다. 마찬가

---

24)『신청년』의 발견으로 이 문제에 대해서 보다 의미 있는 문제들이 확인될 것으로 보인다. 후고를 기대한다.

지 의미에서 『장미촌』의 이러한 비전문성은 최초의 시전문지, 혹은 상징주의 시잡지라는 평가를 유보하게 한다.

3. 기독교 단체와 근대적 인쇄매체의 역할

다음으로 우리가 검토할 것은 발행인 변영서의 존재이다. 이를 통해 우리는 당시 기독교 관계 기관과 그들이 근대문학 성립에 끼친 역할들을 평가할 수 있을 것이다.

박영희가 검열을 피하기 위해 내 세운 발행인 '삘링스'란 누구인가. 그의 조선식 이름은 변영서(邊永瑞, Bliss W. Billings, 1881~1969)이다. 그는 1908년 미 감리교 선교사로 내한해 1953년 정년퇴직하고 은퇴할 때까지 목회 활동 뿐 아니라 연희전문학교 교수, 전쟁이재민 구호 활동 등의 일을 한 것으로 알려진 인물이다. 기독교 관계 문헌에서 그에 대한 기록을 많이 찾아볼 수 있다.[25] 그리고 변영서의 주소로 기록된 정동 34번지는 『백조』 1호 발행인이었던 '아펜젤러[亞扁薛羅]'의 주소지와 동일한 지번이다. 이 정동 34번지는 당시 정동 제일교회 건물이 있던 곳이다. 정동 제일교회는 감리교 소속의 교회로서 변영서·아펜젤러 등이 다 이 감리교 단체 선교사였다. 특히 박영희의 기록에도 나타나지만 '아펜셀라(아펜젤러)가 당

---

25) 김승태·박혜진 편, 『내한선교사총람』, 한국기독교역사연구소, 1994, 129면.

시 배재고보 교장이었다'(「초창기의 문단 측면사」)는 점을 감안하면 초창기 잡지 발간에서 기독교 선교 단체가 일정한 역할을 담당했던 점을 짐작할 수 있다.『백조』1호의 발행인이었던 아펜젤러(Henry Dodge Appenzeller, 1889~1953) 역시 최초의 감리교 선교사였던 아버지 아펜젤러(Henry G. Appenzeller)의 장남이다. 그는 서울에서 태어나 대학을 미국에서 마치고 1917년 감리교 선교사로 내한해 1920~1940년 배재학교 4대 교장으로 봉직했다. 1941년 귀국했으나 다시 내한 해 1952년 배재중고등학교 재단 이사장으로 근무했다. '뽀이스' 여사는 아펜셀러가 더 이상 발행인이 될 수 없다는 입장26)에 따라『백조』2~3호의 발행인이 되었다. 그녀는 1920년 미 감리교 선교사로 내한했던 보이스(Florence A. Boyce)의 부인으로 보인다.

이 같은 사정은 초창기 잡지 발간과 발행에 있어 감리교를 비롯한 개신교 선교 단체의 역할이 중요한 변수로 작용했음을 알 수 있다. 이 같은 사실은 이들 아펜젤러나 변영서의 주소가 동일하게 정동 34번지로 되어 있다는 사실에서 분명하게 확인된다. 1885년 H. G. 아펜젤러는 한국 최초의 본격적 근대 교육 기관인 배재학당을 설립하고 1887년에 그 맞은편에 정동제일교회를 설립했다.27) 정동제일교회는 당시 이화학당과 배재학당의 종교행사를 담당하고 있었기 때문에 급성장하게 된다. 그의 장녀였던 Alic Rebecca Appenzeller(1885~1950) 역시 1915년 한국선교사로 부임해 이화학당에서 교사를 했다. 아펜젤러 가족들의 배재학교·이화학당과 같은 근대식 교육 기관과의 인연은 정동제일교회와 이들 학교간의 관계

---

26) 「육호잡기」,『백조』2호, 1922.5.
27) 편찬위원회 편,『기독교대백과사전』, 기독교문사, 1984, 973면.

도 밀착시켰을 것이다.

특히 배재학당의 지하실에 있었던 삼문출판사는 1896년 서재필이 처음 『독립신문』을 인쇄한 장소였다. 초창기 잡지 발간에서 이 감리교 선교 단체가 중요한 역할을 하고 있었음을 추측할 수 있다. 이 같은 분위기에서 당시 배재고보를 다녔던 박영희나 나도향 등은 근대식 표현매체인 잡지 발간에 깊은 관심을 가지게 되었을 것이다. 배재나 휘문 등 각 학교마다 발간했던 교지도 이들이 근대적 인쇄매체에 익숙하게 되는 데 일정한 역할을 했을 것이다. 그들은 고보때부터 이미 근대적 표현매체 곧 잡지를 통한 문학적 소통양식에 관심을 기울일 수 있는 중요한 자양을 얻게 되는 것이다. 나도향 문학의 출발점이 배재학보에 실린 「출학」이었다는 주장을 상기해본다면, 이 같은 인쇄 문화 및 책 발간에 대한 직·간접 경험이 1920년대의 '잡지광'들을 양산해 내었던 동인이 되었음을 추측할 수 있다. 배재·휘문 출신들로 구성된 『백조』파의 경우, 고보 때 회람잡지를 돌려 본 경험이나 문우회 경험이 그들 문학의 중요한 자양이 되고 있음은 그들의 회고록 속에서도 확인된다. 『창조』 동인이었던 전영택이나 『폐허』 동인이었던 변영로의 경우는 그들이 직접 기독교인이었고 기독교 단체에 깊이 관여했으며 『청년』지에서 일정한 활동을 했다. 그런데, 그들이 이들 기독교 단체와 밀접한 관계를 맺고 있었다는 것이 이들의 작품이나 가치관이 기독교적 사상을 담고 있다거나 그것을 전도할 목적이었다는 것을 의미하는 것은 아니다. 『장미촌』 잡지가 기독교적인 가치관이나 기독교 사상의 전파를 목적으로 한 것이 아닌 말 그대로의 '문학잡지'였음은 변영서가 발행인이 되겠다고 작심한 동기가 "부라우닝을 좋아한다”는 사실이었음을 기록한 박영희의 기록에서도 확인된다. 단 감리교 등의 기독교 선교 단체가 일찍이 보여주었던 근대적 인쇄매체와 그 기능을 당대 우리 문학 담당자들이 중요하게 인식하고 있었다는 점은 기억할 만하다.

『백조』파들이 이 근대적 인쇄매체의 순기능을 나름대로 이해하고 있었다는 사실은 『백조』 잡지 뒤에 실은 한 광고 문안에서도 확인된다. 백조사가 '문화사' 혹은 '백조사'라는 간판을 달고 책 장정이나 도안·제본 등의 책 발간 전반에 관계된 거의 모든 단계의 사업을 하고자 했던 것으로 추정되기 때문이다. 『백조』지는 단순히 문예동인지일 뿐 아니라 책 발간 기획사로서의 역할을 하고자 했던 것 같다. 홍사용의 사재로 발간되었다는 『백조』의 발행소는 1호부터 3호까지 '문화사'로 되어 있는데, 그 주소는 경성부 낙원동 256번지이다. 1호 편집인 홍사용의 주소가 장사동 225번지로 되어 있다가 3호에 오면 편집인 홍사용의 주소와 발행소인 문화사의 주소가 동일하게 낙원동 256번지로 되어 있다. 그런데 『백조』의 뒤편에 실려 있는 광고 '계림흥산주식회사(鷄林興産株式會社)'의 주소와 번지가 역시 낙원동 256번지임을 확인할 수 있다. 이 회사는 홍사용의 기록에 의하면[28] 고리대금업을 했거나 전당포 역할을 했던 곳으로 『백조』가 세 들어 살던 건물과 같은 건물에 세 들어 있었다. 『백조』지가 고육지책으로 광고를 통해 재정 확충을 기하려고 시도했던 것임을 추정할 수 있다. 이는 그 다음에 실린 백조사 도안부 광고에서도 확인할 수 있다.

---

28) 강경중 편, 『홍사용 전집』, 뿌리와날개, 2000, 345면.

당시 백조사에서는 경영을 보다 용이하게 하기 위해 신문·잡지의 삽화를 그려주거나 일반 서적 장정, 미술 공예품 도안 및 설계, 광고 도안 및 문안 작성, 각종 마크의 도안이나 심지어 상품 진열붕(陳列棚) 장치 및 도안까지 하고자 했던 것으로 생각된다. 『백조』 잡지의 뒤편에 실린 광고를 통해 이 같은 사업이 시도되었음을 알 수 있지만, 이것이 실제 사업의 차원에서 실제로 시행되었는가는 확실한 기록을 찾을 수 없다. 1930년대 동양극장 등에서 무대미술로 이름을 날리던 원우전(元雨田)이나 안석주 같은 미술 학도가 그들 동인이었기 때문에 이 일이 가능했을 것이다. 이 백조사 도안부 지번도 낙원동 256번지로 되어 있는 것이다. 이 같은 근대적 인쇄매체에 대한 관심은 일찍이 춘원, 육당이 『청춘』·『소년』지를 본 경험으로부터 싹텄을 것이다. 그 영향과 함께 배재고보 시절 보았던 삼문출판사29)와 같은 감리교 단체의 근대 인쇄매체와 기술도 무시할 수 없었을 것이다. 이러한 근대적 인쇄매체를 접하면서 그들은 보다 본격적으로 문예물 중심의 문예잡지 발간에 뛰어들게 되었던 것이 아닌가 한다. 이 같은 조건 아래에서 우리 근대문학은 본격적이고 전문적인 문예물 시대를 열어 가게 되는 것이다.

---

29) 박대헌, 『우리 책의 장정과 장정가들』, 열화당, 2000, 13면. 1889년 배재학당 안에 설립된 감리교 선교부 출판사이다. 국한영활자를 갖추고 교리서 외에 『독닙신문』·『협성회회보』 등을 인쇄하였다. 1897년 『그리스도신문』에 고종의 사진을 석판 인쇄하는 등 근대출판의 역사상 지대한 공헌을 한 것으로 평가된다.

4. 『청년』과 박영희 · 나도향 · 이효석

1) 근대적 인쇄매체의 수용

지금까지 근대문학과 기독교와의 관계는 한국 근대문학 정착 과정의 한 단계 속에서 이해되어 왔다. 기독교가 개화기 시가체의 7·5조 율조의 변이에 영향을 끼쳤고, 근대 자유시형이 확립되는 데 상당한 역할을 했다는 것은 선대 연구자들이 이미 지적해 왔다. 주요한·전영택 등 기독교 집안에서 성장한 이들의 기독교적 영향에 대해서도 지적되었다. 이들의 문학에서 기독교가 본질적으로 사상이나 정신의 차원에서 제기될 수 있는가, 형이상학의 바탕에서 그들의 문학을 논의할 수 있는가 하는 물음은 차치하고라도 기독교가 우리 근대문학 성립 과정에서 중요한 변수가 되고 있음은 부정할 수 없다. 최근 조명희의 성공회 체험에 관한 논의[30]에서는 기독교가 시집 『봄잔디밧우혜서』를 이해하는 또 다른 열쇠가 되고 있음을 밝히고 있다.

기독교와 근대문학과의 관계를 규정하는 또 다른 논의로 이 글에서는 이들 기독교 선교 단체의 근대적 인쇄술과 인쇄문화가 우리 근대문학의 성립 과정에서 끼친 역할을 들고 싶다. 이 역할 속에 우리 근대 동인지의 탄생과 성장이 놓여 있는 것이다. 이는 『장미촌』·『백조』 등 근대 동인지 발간의 사정을 들여다보면 확실해

---

30) 김흥식, 「조명희의 문학과 성공회 체험」, 『한국문학과 계몽』, 새미, 1999, 219 ~262면.

진다. 검열 문제 때문에 발행인을 외국인 선교사로 했다던지 하는 것은 이미 많이 알려진 사실이고 앞에서 서지 사항을 확인하면서도 밝혔다.

한편으로, 서지 사항을 확인하는 과정에서 새롭게 논의되어야 할 된 것은 기독교 잡지인 『청년』지에 근대 문인들 몇몇의 초기 습작작품들이 실려 있다는 사실이다. 그럼에도 불구하고 기독교 단체에서 기독교 신자였던 몇몇 문인을 제외하면 기독교 단체와 근대 문인들의 관계에 대해서는 그다지 관심을 기울이지 않았다. 그것은 기독교와 한국 근대문학과의 관계를 종교적인 입장에서 이해하려 한 이유 때문이다. 한국 근대문학에서 기독교는 분명 하나의 '근대적 제도'였다. 여기서 근대적 제도란 미의 근대적 인식을 가능하게 하는 제도, 구체적으로 말하자면 근대적 잡지 발간을 가능하게 하는 제도이다. 더 본질적으로 이해한다면 이 잡지 발간 자체가 문학 개념에 있어 근대적 미학 이념을 산출해내는 역할을 했음을 이해할 수 있다. 근대적 인쇄매체를 유행처럼 문학 청년들이 수용하는 것은 이 기독교 단체들이 뿌린 근대적 제도의 실천적 기능 중의 하나이다.

근대적 출판사업은 선교사들에 의한 성경 번역과 선교일지, 선교 회고록과 밀접히 관련된다. 기독교 단체들은 각 교파별로 잡지나 신문을 발간하고 있었다. 삼문출판사만 하더라도 그들 사업의 목적이 기독교 관련 서적을 출간하면서 자신들의 종교적 신념을 충실히 하고자 한 것에 그치지 않는다. 더 나아가 감리교회는 선교사업의 일환으로 교육사업과 문화사업 및 계몽사업을 주도해 갔다.[31] 감리교회 등 기독교 단체의 그 같은 선교정책이 우리의 근대적 출판 및 전문적 문인의 탄생을 보다 용이하게 만들었던 것이다. 그러나 기존 연구에서는 기독교 선교 단체나 출판경향을 주목하지 않은 탓에 여기에 관련된 우리 근대문학 전반의 실증적 작업은 저지되었고 근대 문인들의 등단작품들에 대한 서지 작업도 잘 이루어지지 않았다.

이들의 잡지는 종교 목적이기도 하지만 『청춘』·『소년』처럼 종합 계몽잡지로서의 역할도 하고 있었다. 특히 〈조선기독청년회〉 기관지인 『청년』지는 박영희나 김기진의 회고에도 몇 차례 등장하는 만큼 근대 문인들의 서지를 작성하는 데 있어 일차적으로 점검을 필요로 한다. 그리고 그들이 이들 단체에 직접 참여하고 있었다는 사실은 이 잡지들의 서지 사항을 확인하는 과정이 필수적임을 말해준다. 우리가 근대 문학잡지를 '3대 동인지'에 치중해서 이해하고 있는 탓에 이들 '동인지 시절' 이전에 그들이 공식적으로 글을 발표하고 문학 활동을 한 것들에 대해서는 소홀히 한 감이 있다. 동인지 시절 그 이전에 글을 발표하면서 문학 활동을 했던 인쇄매체에 대해 별로 주목하지 못했던 것이다.

『장미촌』의 발행인은 앞에서 이미 언급한 '뻘링스'이며, 『백조』의 발행인은 '아펜셀러(아펜젤러)' 및 '뽀이스(보이스)'로 되어 있다. 그리고 이 잡지의 발간의 중심 인물들은 박영희·김기진·나경손 등 배재고보 출신들이며 이들은 아펜젤러가 교장이었던 당시 배재고보를 다닌 인물들이다. 이 인연으로 그들은 기독교 잡지에 글을 싣기도 했을 것이다. 실제로 『청년』에는 회월·나빈을 비롯한,

---

31) 윤춘병, 『한국기독교신문잡지백년사』, 대한기독교출판사, 1984.

이효석 등의 글이 실려 있다. 기독교 학교를 다녔던 나도향·박영희 등은 문단 초창기에『청년』에 습작 작품을 발표하고 있다. 이처럼 근대 잡지 발간에 있어 기독교 단체는 그 자체로 일정한 역할을 했다고 볼 수 있다. 이 같은 관점에서 우리는 보다 실증적인 자료를 검토할 필요가 있다.

2) 박영희의 경우

앞의 2장 1), 2), 3)의 박영희의 기록에서 특징적으로 확인할 수 있는 것은 박영희의 시가 활자화되는 시기가『장미촌』시절 이전이었다는 것이다. 그러나 이에 대해서 후대 연구자들이 거의 주목하지 않은 탓에[32] 그의 전집(『박영희 전집』 1, 영남대 출판부, 1997)에도 『장미촌』시절 이전의 시는 누락되어 있다. 당연히 연구자들이 작성하는 박영희의 연보나 문인사전에도 박영희의 등단 시기가『장미촌』시절로 되어 있다.「나의 문학청년시절」에 기록되어 있는 글은 몇 가지 오류를 보이지만 중요한 사실들이 기록되어 있다는 점에서 눈여겨보아야 한다. 그는 여기서『신청년』표지에 실었다는「목동(牧童)의 적(笛)」이라는 시를 소개하고 있는데, 최근『신청년』의 발굴로 박영희의 등단 시기는『장미촌』이전이었음이 확인되었다.

---

32) 필자가 찾아본 바에 의하면 박영희가『청년』지에 실은 시를 주목한 경우는 손해일의 경우이다(손해일,『박영희 문학 연구』, 시문학사, 1994). 그가 이 책에서 이 사실을 확인하고 있음에도 불구하고 이 이후에 펴낸 책들까지 계속해서 등단 시기를『장미촌』의「적의 비곡」등으로 기록하고 있다.

『신청년』지에 실린 시적 경향과 비슷한 경향을 보이면서 초기 습작품 수준의 작품이 『청년』지에도 실려 있다. 『청년』지는 관념적 성향을 담고 있는 시들을 '신시(新詩)'라는 이름으로 많이 싣고 있다. 이 『청년』지는 〈조선기독교청년회연합회〉 소속 기관지로[33] 종교적인 잡지라고 보기 어려울 정도로 다양한 종류의 글들을 싣고 있었다. 문예 작품뿐 아니라 당대 문예 사조나 사상 경향을 소개하기도 하면서[34] 종합 계몽지, 교양지의 역할도 동시에 했던 것이다.

이 『청년』지 1921년 5월에 '회월'이라는 필명으로 실은 「인생(人生)」·「애홍(愛虹)」은 박영희가 『장미촌』에 실은 「적(笛)의 비곡」·「과거의 왕국」과 같은 계열로 보이나 완성도의 차원에서는 그에 미치지는 못한다. 그러나 그 테마나 기법은 거의 동일하다. 먼저, 『청년』지에 실린 회월의 「인생」·「애홍」을 살펴보자.

아— 불쌍타, 이내마음이야
입(葉)쩌러지는, 가을하날에
님(主人)업시우는琵琶이도다
쩌러지는, 것친(荒)입새들은
强하게或은弱하게쩌러지는대로
그대로, 홀로울릴뿐이도다

---

33) 1914년 결성된 〈조건기독교청년회연합회〉가 1914년 9월부터 발간했던 『중앙청년회보』를 1921년 3월부터 『청년』으로 개명해 월간지로 내고 그 발간도 중앙청년회에서 연합회로 옮겼다. 이때 편집인은 한석원이 맡았다(전택부, 『한국기독교청년회운동사』, 범우사, 1994, 277~281면).

34) 예컨대 「최근사조」·「시사단평」 같은 란을 마련하기도 하고, 洪秉璇의 「낭만주의의 의의」(1921.5)나 高義駿의 「신경쇠약증과 심령철학」(1921.7·8 증대호)와 같은 학문적인 성격의 글도 싣고 있다.

薔薇花빗구름, 숭얼거리는金波을
저- 먼낮업는나라로쩌보낸
運命에서쩌다니는어린물결들은
吼呼에怒波, 暗黑에나라로
쏘한소리업시, 흘을쑨이도다
불상타!이내人生이야말로
人生의暗海에어린물결이도다(二十, 二月)

―「人生」

더운날타는모래우에
저녁에지내가는淸快한소낙비는
새로운힘에싹「芽」을다시붓게하도다
비는쯧치고하날은흐릴제
새로光彩나는榮光에 무지쌔는
地上에구부러저永遠에愛을約束함이도다

더운날, 쓸는, 가삼의물결우에
저녁에지내가는少女의「키스」에소낙비는
새로운힘에, 싹을다시붓게하도다
비는쯧치고, 물결은 泥泥할째
永遠히變치못할愛의무지개가
그대입(口)과내입새이에구부러(曲)지이다
(―二十, 五月)

―「愛虹」

이 시들은 『청년』 1921년 5월에 같이 발표되었지만 실제 쓰인 시기는 '1920년 2월 / 5월'로 시 뒤편에 부기되어 있다. 박영희는 배재 시절 문학에 대한 관심을 집중시켰다고 하는데, 졸업 무렵 이 시를 썼다. 박영희는 1920년 3월경 있었던 1차 도일이 2달도 못돼 실패

하자 귀국해 6월에 결혼을 하게 된다. 이 시는 바로 그 무렵『청년』에 발표되었다. 발표 시기만 본다면『장미촌』과 같은 달(1921.5)이지만『장미촌』에 실린 시「적의 비곡」·「과거의 왕국」이 '1921년 4월'에 쓴 것으로 부기되어 있으므로 실제 쓰인 시기로 본다면『청년』지의 것이 먼저(1920.2·5)이다. 이 시의 내용에 대해서는 후고를 통해 보다 자세하게 언급할 것이다. 초기 신시의 시적 형태나 내용을 이해하는 데 중요한 자료가 되는 것으로 판단되기 때문이다.

3) 나도향의 경우

나도향의 경우를 보자. 그간 나도향의 활자화된 첫 작품은 배재 시절『배재학보』에 발표한「출학」(1921.4)으로 알려졌다. 배재학보가 잡지라기보다는 '학보'라는 사적인 성격을 가지고 있다는 데서 공적인 글쓰기의 기록으로 인정하지 않고 따라서 그 이후에『백조』에 발표한「젊은이의 시절」을 나도향의 처녀작으로 보는 견해도 있다. 어느 것이 처녀작인가 하는 문제는 적어도 공식적인 등단의 통과의례를 거친 경우에는 그 기원이 확실하다. 하지만, 이 시대처럼 회람잡지·교지·종교잡지 등에 글을 실은 경우도 있고 자료 발굴이 미흡한 현재로서는 처녀작이나 글쓰기의 '기원'을 말하기가 어렵다. 그러나『청년』지에는 나도향이 '도향'이라는 필명을 쓰기 이전의 호인 '은하(隱荷)'라는 필명의 소설이 실려 있다. '은하'가 나도향의 필명임을 확인할 수 있는 것은 박영희 등 몇몇의 기록에서이다.

중학을 마치고 어느 날엔가 靑葉町에 있는 稻香 君을 訪問하였더니 君은 詩稿 一篇을 내보이면서 어떠냐고 나에게 뭇는다. 나는 다 읽고 나서 매우 자미있다고 대답하였다. 그리고 그 作者가 누구냐고 하니 稻香은 그가 朴月灘이라고 하면서 지금 곧 그를 訪問하자는 것이다. 나도 快諾하고서 月灘을 訪問하였다. 그때 月灘에 對한 나의 印象은 지금 記憶에서 차질 수 없다. 이리해서 그들과 나와의 交友는 시작되엿다. 이런 지 얼마 되지 아니해서 도향과 나와 「新靑年」이라는 雜誌를 해보았다. 京城에 靑年俱樂部라는 團體가 있었으니 「新靑年」은 이 俱樂部의 機關紙다. 즉 文藝部의 事業이다. 나와 稻香의 團體 關係는 이것이 처음일 것이다. 이 때가 一九二〇年 頃이였다. 이 雜誌는 崔承一 君의 誠力으로 一, 二 號 續刊하였다가 廢刊되어버렸다. 그 때 稻香의 號는 「隱荷」라고 하였다. 그 때 역시 俱樂部의 일이란 別일이 없고 겨우 雜誌일 밖에 없었으니 아 俱樂部 事務室에는 날마다 「隱荷」 君과 나만이 얼굴을 서로 마주보고 있었다.[35]

회월이 중학을 졸업한 해가 1920년 3월이며 청년구락부 기관지 『신청년』이 창간된 것이 1921년 7월경이다. 이 사이에 회월은 영어 정칙학교를 잠깐 다니다 귀국, 『장미촌』(1921.5)・『신청년』(1921.7) 등의 잡지를 발간했다. 그는 이 잡지 발간일자에 대해 앞에서 언급한 여러 가지 이유로 혼동을 겪고 있다. 회월・도향 등은 이미 같은 학교(배재)를 다니고 있었고 고보 시절 문예지에 글을 투고하거나 회람잡지를 통해 글을 써 본 경험이 있다. 도향이나 월탄 등 학교 시절부터 글을 썼던 문인들의 초기작은 아직 충분히 발굴되지 않았을 것으로 짐작된다. '은하'라는 필명으로 글을 썼던 도향의 경우에도 더 많은 자료 발굴 노력이 있어야 할 듯하다. 아무튼 『청년』에 실린 나도향의 「나는 참으로 몰낫다」는 발표 시기도 『백조』

---

35) 이동희・노상래 편, 『박영희 전집』 2, 영남대 출판부, 1997, 117면.

(1922.1)에 비해 빠르다(1921.6).

먼저, 「나는참으로몰낫다」는 나도향의 초기 소설들에서 보이는 낭만적이면서 자기 고백적인 성격을 그대로 가지고 있는 짤막한 단편이다. 내용은 주인공 '나'의 한 여인(기생 '白梅')에 대한 회상기이다. 주인공은 18세때 학우들 3~4명과 함께 남산에 산보를 갔다가 한 여인을 보게 된다. 소설 서두에 시간적 배경을 밝히는 것은 「옛날 꿈은 창백하더이다」와 같은 초기 자전적 소설에서 자주 보이는 방식이다. 낭만적 이상과 사랑에 대한 동경으로 들끓는 주인공의 내면에 대한 상세하고도 섬세한 묘사가 나도향의 다른 소설 「젊은이의 시절」과 공통점을 갖고 있음을 보여준다. 주인공이 여성에 대해 '여신(女神)'과 같이 절대적 대상으로 미화하고 묘사하고 있는 점이라든가, 절대적인 사랑의 추구와 같은 주제의식도 초기 낭만적 성향을 띠는 소설들과 비슷한 맥락을 가진다.

> 달빗의보이는容貌는 香을사르는崔家女에 지지않고 겻눈질하는玲瓏한두눈은 아아 仙女이던가? 神園의王이던가?[36]

「젊은이의 시절」에 나오는 누이에 대한 묘사와 디테일한 부분에서는 거의 구별을 할 수 없을 정도이다. "사회를 어지러히 할 뿐아니라 가장 신성한 젊은이의 심혼을 빼앗는" 매녀에 대한 절대적인 사랑을 오히려 가장 신성한 것으로 규정하는 이 내면적 동기는 예술에 대한 절대적 동경 때문이다. 구도덕과 구사상에 대한 부정이 도덕적이고 계몽적인 기성 윤리와 문학 개념에 대한 부정

---

36) 隱荷, 「나는 참으로 몰낫다」, 『청년』 1921.6.

과 일치하고 있음은 그의 초기 소설에서 빈번히 확인되는 내용이다. 여기서도 주인공은 기생에 대한 열정적인 몰입을 접고 관습적인 결혼, 곧 '사랑 없는 결혼'을 하게 된다. 그의 고민은 여기서 절정을 이룬다. 그는 마음 속에 알지 못하는 분노와 비애 때문에 건전한 삶을 살 수 없다. 그는 학우와 청요리집에 가서 처음으로 '도덕의 죄'를 범하게 된다. 명확치 않은 대상에 대한 절대적 사랑은 일종의 동경에 가깝다. 그것은 자아와 타자가 미분화된 자기 동일시의 감정 속에서 내화되고 부풀어오른다. 이 같은 주인공의 미성숙한 의식은 세계를 객관화하기보다는 주관적으로 바라보는 작가의 낭만주의적 시각을 반영한 것이다. 주인공은 사회의 기성 도덕이나 관습에 내면적으로 저항하지만 자신의 미분화된 감정으로 그것을 동일화해 버림으로써 뚜렷한 저항의 근거를 상실하게 된다. 기성 도덕이나 관습에 대한 분노, 대상을 찾지 못한 젊은 혈기와 정열은 주인공을 권태와 타락에 빠뜨린다.

종로 거리에서 우연히 '백매(白梅)'를 다시 만난 후 주인공은 "학교에 대한 성의와 가정에 대한 경애와 학업에 대한 근면"과 같은 삶을 접고 몰락한 인생의 길을 걷게 되는 것이다. 그 뒤 기생 '백매(白梅)'는 결핵으로 죽게 되고 주인공은 '백매'에 대한 죄책감으로 번민한다. 이 부분도 결핵이라는 질병이 문학 예술의 절대성에 대한 동경을 은유적으로 재구성해 내는 당대 문학의 패러다임을 그대로 보여주고 있다. C 선생의 도움으로 주인공은 결국 부랑아의 삶에서 벗어나게 되는데, 주인공의 그 후의 삶은 그다지 행복하지 않은 것으로 그려진다. 얼굴도 목소리도 아무것도 모르는 약혼자 영숙37)과의 결혼이 그 앞에 남겨져 있을 뿐이다. "인생의 몰락하는 동기는 오히려 신성한 곳에 잇기가 쉬울 것이다"는 주인공의 의식은 작가의 내면 풍경을 그대로 드러낸다. 체념과 원망의 어조 속에서 이것이 반향함으로써 이 소설은 구도덕과 신도덕, 신성과 불경, 개인의 행복과 사회의 억압을 동시에 드러낸다. 문학·인생·삶 등에 대한 기존의 패러다임과 새로운 패러다임의 충돌과 갈등을 암시하고 있는 것이다. 이는 이미 나도향의 후기 작품 「물레방아」나 「뽕」에서 보이는 사회 비판의 주제들을 예견하고 있다고 보인다.

나도향의 이 소설은 낭만적인 사랑과 동경 속에서도 엄연히 존재하는 사회적 관습과 기성 가치에 대한 비판적 사고를 준비하고 있는 것처럼 보인다. 소설 연구자들이 지적하고 있듯, 「꿈」 등에서도 이미 나도향은 낭만적 사랑을 불가능하게 하는 현실적 조건들에 대해 미미한 관심을 보이기 시작한다. 현실 부정성의 근원이 작은 편린으로 이미 이 습작기 소설에 나타나 있는 셈이다.[38] 분량에 관계없이 이 소설은 언급될 만하다.

4) 이효석의 경우

『청년』지가 대체로 학생 문예란을 마련하여 습작 작품을 실은 까닭에 작품의 완결성이나 미학적 차원에서 보면 유치한 수준을 면치 못하는 것도 사실이다. 『청년』지는 회월이나 나도향 등의 문

---

37) 「출학」에서 주인공이 '영숙'인 점은 흥미롭다. 내용상으로 「출학」은 결혼한 영숙의 생활을 다루고 있다는 점에서 「나는 참으로 몰낫다」와 상관적으로 이해할 수 있는 측면이 있다.
38) 장수익, 『한국근대소설사의 탐색』, 월인, 1999, 198면.

인들에게 개방되어 있었던 것으로 보이는데, 한편으로는 이효석처럼 졸업 문예작품 현상공모를 통해 문학 청년들의 관심을 일찍부터 견인할 수 있었다. 『청년』지는 이들 몇몇 문인들의 문인으로서의 통과 의례를 담당하게 되는 셈이다. 『청년』지의 재발간사에서도 이 사실을 확인할 수 있다.

당시 김필수가 쓴 「청년(靑年) 발간(發刊)의 수사(首辭)」를 보면 문예작품을 많이 싣게 된 동기를 볼 수 있다. "文藝學術等各種의文學思想을基督敎의精神立地에서滿天下人士에게唱起의努力을加하랴 하노니"39)라는 창간의 변은 『청년』 잡지에서 문예작품의 비중이 어떠했던가를 보여준다. 이 같은 의도 때문인지 『청년』지는 다른 기독교잡지, 『신학세계』 등에 비해 종교잡지라기보다는 계몽적 성격을 띤 종합 교양지의 역할을 하게 된다. 특히 졸업생 문예작품 특집호를 꾸며서 발간하기도 하는데, 이효석의 「주리면」(1927.3)은 졸업 문예작품 특집호에 실린 것이다. 그런데 그간 연구자들이 이효석의 연보 작성을 하면서도 별로 주목하지 않았던 습작시들이 『청년』에 실려 있다는 점을 고려할 필요가 있다. 단편 「주리면」이 이효석 연구자들에게 익히 알려져 있는 데 비해, 이효석의 이 습작 시편들은 거의 언급되지 않는다. 당연히 대부분의 연보에서도 누락된 것을 볼 수 있다.

『청년』지에는 이효석의 시가 두 편 실려 있다. 「인생(人生)의 행로(行路)」(『청년』, 1923.9), 「파(波)와 암(岩)」(1923.10). 이 시들은 소설보다도 앞서 쓰이고(1923.8.4 / 1923.9.13) 발표되었던(1923.9/10) 것들이다. 습작기

---

39) 김필수, 「靑年發刊의 首辭」, 『청년』, 1921.3.

작품다운 치기와 의욕 그리고 당시 주류 담론인 '인생'에 대해 시인
특유의 난해한 정의를 내리고자 하는 의욕도 보인다.

갈길은 멀고도 嶮하고
方向업시 彷徨하여라
아— 永遠히反復되는
人生의行路!

爽快한마음과
가뷔인 步調로
설넝설넝거러가는
薔薇色의아침

걸름에疲困하야
茫然히定立하고
깁흔생각에드러가는
灰色의眞晝

머리 숙으리고
苦惱하면서도亦是
걸음을繼續하는
靑色의黃昏
　　——千九白二三, 八. 四 —

—「人生의 行路」

자지빗하날엔한점의구름도업고
새파란바다에한조각에배도업도다
다만파란빗한점업는
검은바위가홀로안저잇도다

멀니건넌편에서모여오는
큰 흰 파도!
怒하여부르지즈면서
홀로잇난바위에부디치노라
獅子갓치부르지즈며
바위에부더쳐셔깨지고
우뢰와갓치 怒하야
바위에부더쳐셔는쏘깨지는지라

파도는싸옴을시려하지안노라
홀노잇는검은바위에
부드쳐셔는쏘깨지고
깨져셔는쏘부드치는지라

검은바위는홀노안져셔
모여오는파도를되집어쓰고
흰연기를차면서
다만홀로안져잇슬짜름이라

바위도싸홈을시려하지안노라
獅子갓치부르지지는파도를!
우뢰갓치 怒하는파도를!
다만안져셔차고잇도다

오―파도여!
너의怒함은偉大하도다
오―바위여!
너의意力은위대하도다
　　―一九二三, 九, 十三 ―

―「波와 岩」

「인생의 행로」·「파와 암」 등을 발표한 1923년은 그의 나이 17세로, 그가 평창공립보통학교를 졸업(1920)하고 서울에서 경성제일고등보통학교를 다니던 시절이다. 이효석 평전을 쓴 이상옥 교수는 그의 고보 졸업 직전의 작품으로 「봄」을 소개하고 있는데[40] 『청년』지의 작품은 질적으로 이에 미치지 못하는 듯 보인다. 그러나 『청년』지 이후 경성고보의 교지 「문우(文友)」[41]를 비롯해 『매일신보』 등에 꾸준히 작품 「여인(旅人)」·「황야(荒野)」를 발표하면서 그의 문학적 역량은 성숙하게 된다. 1927년에 발표한 「주리면」은 경성제대 예과 시절의 작품인데, 이 작품은 전영택의 지적[42]대로 상당한 수준의 미학적 완결성과 사회에 대한 비판의식을 동시에 보여준다.

그렇다면 『청년』은 소설가 이효석을 위한 예비적 기반을 제공하고 있었다고 볼 수 있다. 이전부터 작품 활동을 했던 이동원(「해는 오가는대」(1922.1)·「寂寞한 죽엄을 弔하야」(1921.11))이나 상아탑(「봄과 3인의 어린아희 박사」, 1921.4)의 작품들과 이들 신인들 작품을 비교하면 질적 차이를 실감하게 된다. 하지만 『청년』지가 당시 문학 청년들의 습작기의 정열을 일정 부분 보상해줄 수 있었던 근대적 문학매체의 하나라는 사실은 언급될 만하다.

결국 『청년』 같은 기독교 계통의 잡지가 '신시'라는 항목으로 근대시를 실었다는 사실은 기억해둘 일이다. 뿐만 아니라 당시 지식 청년들, 특히 문학적 글쓰기에 대해 고민했던 문학 청년들에게 초

---

40) 이상옥, 『이효석-문학과 생애』, 민음사, 1992, 277면.
41) 구체적인 작품 실상은 공개되지 않았다. 1·3호는 존재하지 않고 5호에 「님이여 어디로」와 「殺人」 두 작품이 실린 것으로 알려져 있지만 공개되지는 않고 있다(이상옥, 『이효석-문학과 생애』, 민음사, 1992, 230면).
42) 전영택, 「문예작품독후감-졸업생 작품에 대한 평론」, 『청년』, 1927.4.

보적인 수준에서 글쓰기의 장을 마련해주었다는 점도 눈에 띈다. 그들은 습작성의 문예작품을 회보나 교지, 기독교잡지들을 통해 활자화하면서 근대적 표현매체에 익숙해진다. 이들 매체들은 그들의 전문적 문인으로서의 욕망을 견인하게 되고 그들이 문인으로 성장하는 데 있어 정신적인 동기를 부여해주었다고 볼 수 있다.

이상 『장미촌』 발간을 중심으로 당시의 여러 정황들을 재구성해보면서 1920년대 동인지 시대에 관련된 몇 가지 사항을 점검했다. 이 글은 아주 단순한 사실에서 출발했다. 『장미촌』 서지를 하나하나 확인하는 과정에서 거미줄처럼 얽혀 있는 잡지 발간의 정황들이 눈에 들어왔고 그것이 확장되어서 처녀작(등단) 문제, 『장미촌』 잡지의 성격, 동인들의 성격 등이 보이기 시작했다. 이 글에서는 서지 사항만 간단히 다루었고 근대 문인 몇몇의 알려지지 않은 작품들에 대해서만 언급했다. 『장미촌』 잡지의 성격이나 동인들의 성격 등은 뒤편에 실린 글을 통해 밝힐 것이다.[43]

박영희·나도향 등 적어도 『백조』 동인으로 활동을 했던 문인에 대해 갑자기 이들이 『장미촌』이나 『백조』를 통해 등단을 하고 문학활동을 하게 된 것처럼 인식하는 것은 분명 사실을 정확하게 말한 것이 아니다. 이는 앞에서 충분히 밝혔다. 노춘성·임노월이나 이동원이 근대문학 초창기에 보여주었던 역할 들에 대해서 주목하지 않은 이유도 이들이 동인지 활동을 적극적으로 하지 않았다는 사실에 기인한다. 그래서 3대 동인지 중심의 문학사 서술이나 평가가 제한적인 것은 아니었던가 하는 의문을 떨치기 어렵다. 근대문학

---

43) 뒤편에 실린, 「『장미촌』의 비전문 문인들의 성격과 시 사상」 참조.

초창기 잡지나 신문에 대한 자료 섭렵과 그것의 실증적 정리가 더욱 필요한 시점이라고 하겠다.

제**7**장
『장미촌』의 비전문 문인들의 성격과 시 사상

1. '장미촌'의 낯선 이름

그렇다면,『장미촌』의 서지 사항을 보다 꼼꼼하게 확인할 필요가 생긴다.『장미촌』은 우리 근대시 사상 '최초의 시 전문 잡지'로 알려져 있다. 시 전문지가 되려면 여기에 실린 글이 시 장르에 주로 한정되고 시를 발표한 사람들이 전문적인 시인이거나 자기 스스로 (시)문학에 대한 자각을 가진 사람이어야 한다. 그러나『장미촌』의 동인을 확인하다보면 우리는 낯선 이름들과 마주치게 된다. 목차를 보자.

「장미촌」(변영로)·「장미촌의 향연」(황석우)·「최후의 고향」(우영)·

「생과 사」(근포) · 「피여오는 장미」(춘성) · 「적의 비곡」(회월) · 「유유빗거리」(월탄) · 「콜넘버스」(박인덕) · 「신월의 야곡」(이홍) · 「춘」(이훈) 등이 소개되어 있다.1) 『장미촌』에는 우리가 잘 알고 있는 문인들, 박영희 · 박종화 · 황석우 · 노자영 · 오상순2) 등이 참여하고 있고, 동시에 몇 명의 알려지지 않은 인물들도 참가하고 있다. 그들은 정태신 · 신태악 · 이훈 · 박인덕 · 이홍 등이다. '동인의 말'에 이들에 대한 소개가 짤막하게 되어 있으나 구체적인 정보를 얻기는 어렵다. 하지만 박인덕은 초창기 여성운동을 했고 기독교계통에서 널리 알려진 인물이어서 쉽게 확인할 수 있다. 이홍은 『신청년』 제6호(1921.7)에 바이런의 영향이 감지되는 시 「나는 홀로 기적을 보다」라는 시를 발표했다. 박영희의 「눈물의 궁전」이 같이 실려 있는데, 박영희와 밀접한 인간 관계를 맺고 있지 않았나 추정된다. 현재, 이홍을 제외한 나머지 셋은 대체로 『학지광』이나 『개벽』 잡지에도 글을 게재하고 있어 그 성향이나 논조를 확인할 수 있는 사람들이다.

근포(槿圃) 신태악(辛泰嶽)은 『장미촌』 잡지의 뒤편에 실려 있는 '동인의 말'에 '청년명망가'로 소개되어 있다.3) 그 뒤 그는 『시대일보』 기자, 『조선일보』 취체역(이사역)을 맡으면서 언론인의 길을 간

---

1) 『장미촌』, 장미촌사, 1921.5.24.
2) 실제 시를 발표하지는 않았는데, '동인의 말'에는 '事故'로 부득이 시를 싣지 못했다고 기록되어 있다.
3) 이 시기에 그가 쓴 다른 글은 「제명사의 조선여자해방관에 대한 여의 의문」(『개벽』, 1920.11) · 「종교와 문예」(『학지광』, 1921.1) · 「集言自由의 論會關한 各國憲法의 比較研究」(『학지광』, 1926.5) 등이다. 『장미촌』 이후 발표된 근포의 시로는 「蝶嬴의 聲」(『개벽』, 1921.10), 「秋色의 景相」 · 「째모르는까마귀」(『개벽』, 1921.12)를 들 수 있다. 1970년대에 쓰인 그의 글은, 「그때와 지금의 기자상」(『신문과 방송』, 1978.8)이 있다.

듯하다. 한 연구에 따르면,[4] 그는 1902년 함북 출생, 중앙대를 졸업한 것으로 되어 있다. 〈조선청년회연합회〉에서 활동하다 1924년 3월 『시대일보』가 창간되자 정치부 기자로 입사, 최남선이 『시대일보』에서 물러나자 같이 퇴사했다. 이훈(李薰)은 '동인의 말'에 '동경 청산학원 신학과 졸업, 제대 문과에서 연구한 뒤 귀국하여 배재학당에서 교수한다'고 기록되어 있다.[5] 이들이 전문 문인이 아니었던 탓인지 대부분의 문학사에는 이들의 존재가 누락되어 있다.

그런데 이 중 가장 눈에 띄는 인물은 정태신(鄭泰信)이다. 김용직 교수는 『한국근대시사』에서 언론인으로 기록하고 있다.[6] 이 책이 쓰인 당시까지만 해도 정태신의 존재는 확인되지 않았던 것으로 추정된다. 그런데 '동인의 말'에 '동경에서 발행하는 정치 사회평론잡지 『대중시보사(大衆時報社)』의 최초의 동인'으로 기록되어 있다는 데서 그의 존재를 확인할 수 있는 단서를 얻게 된다. 『대중시보』는 당시 공산주의 계열의 잡지였으나 아나키즘과 사상적 뿌리를 같이 공유하고 있었다. 『대중시보』는 현재 본인이 확인할 수 있는 것으로는 4호(1922.6.1)뿐이다. 이 잡지에서 정태신은 「민중운동과 욕구(一)」·「애란 자유국의 장래(一)」를 썼다. 후일 복식연구자이자 화가 이쾌대의 형인 이여성(李如星)과, 공산주의운동을 했던 사상가 김약수(金若水) 등과 함께, 우영 정태신은 이 잡지의 중요한 필자였다.

---

4) 박용규, 「일제하 민간지 기자 집단의 사회적 특성의 변화과정에 관한 연구—직업의식과 직업적 특성의 변화를 중심으로」, 서울대 신문방송학과 박사논문, 1994.8, 165면.
5) 이들의 작품 경향은 뒤에 살펴볼 것이다.
6) 김용직, 『한국근대시사』 상, 학연사, 1986, 182면. 근포와 우영의 존재를 혼동한 것으로 보인다.

정태신의 이름은 당시 아나키즘 단체의 잡지나 그들 단체의 명단을 소개한 몇몇의 기록에서도 쉽게 확인된다. 그리고 당시 간행된『공제』·『개벽』등 다른 잡지의 필자로도 활동했던 것을 볼 수 있다.[7] 그러다 최근에 이르러 식민지 시대 아나키즘, 사회주의 사상운동에 관한 깊이 있는 논의들이 계속되고 논문들이 발표되면서 이 인물에 대한 의문도 조금씩 풀리고 있다. 문제는 정태신에 대해 단순한 인적 사항을 확인하는 것에 그치는 것이 아니라 이를 통해 우리 문학사상사, 곧 초창기 근대시사의 지형도가 다르게 그려질 수 있다는 데 있다. 말하자면 아나키즘이 단순히 '카프 청산기'에 사상적 차이로 떨어져 나온 자유주의자들 집단의 이념이 아니라 〈카프〉의 전단계에서 사상적 기저로서 광범위하게 존재했다는 것, 그리고 초창기 근대 문인들의 사상적 거점이 상당부분 아나키즘을 포회하고 있었다는 것이다. 이를 확인한다면 근대시 형성 과정의 문학사적 사실을 상징주의 모방의 담론으로 전일화해서 이해하는 태도나, 아나키스트들을 〈카프〉 맹원들 중 부수적인 인물들로 이해해 온 그간의 논의에 대해 비판적 논의를 제공할 수 있을 것이다.

예컨대 대부분의 문학사 서술을 보면 〈카프〉의 성립을 김기진이 '『백조』와해 공작'을 한 것에서 찾는다.『백조』3호-〈파스큘라〉-〈카프〉의 연계는 문학사에서는 공인된 것들이다. 사상운동과 문학운동을 연계해 '〈서울청년회〉파-〈파스큘라〉' / '〈북풍회〉파-〈염군

---

7) 정태신,「나의 늦긴바」,『동아일보』, 1920.5.3.
　　우영생,「근대 노동문제의 진의」,『개벽』, 1920.6.
　　______,「맑쓰와 유물사관의 일별-읽은 중에서」,『개벽』, 1920.8.

사〉'의 관계에 대해 주목하는 것은 이 시기 문학 담론의 형성 과정을 문학 내적인 문제로 볼 수 없다는 의미로 해석된다. 그러나 이 논의는 대체로 이들 사회운동 단체들의 국내 결성이 이루어졌던 1923년경을 중심으로 이루어진 탓에 이들이 사상적 연계를 가지고 있었던 1910년 중반기 이후 그리고 1920년을 전후한 사상운동의 상황과는 대체로 단절되어 있다. 사상운동가들이 1910년 중반기부터 일본 사회주의 사상가들과 교유하고 있었고 그들의 영향 아래 있었다는 점을 감안하면 '운동으로서의 문학'을 지향했던 이 시대 문학운동의 뿌리는 1923년보다 훨씬 소급될 것이기 때문이다. 『신청년』(1919.2 창간)지, 『개벽』(1920.6 창간)지나 『신생활』(1922.3 창간)지 등 1923년 이전부터 사회사상가들이 발간한 잡지들이 존재했고, 그들의 사회주의 사상을 엿볼 수 있는 글들은 빈번하게 나타난다. 그것은 막연한 민족적 울분이나 감정을 읊은 것만이 아니고 사상적 입지를 밝히고 있거나 그 같은 경향을 담은 것들이다.

김기진이 처음으로 '문학의 정치화'를 위해 『백조』를 분산시켰다는 회고는 점검될 필요가 있다. 문학의 신경향파적 요소가 『백조』를 거쳐 카프 시기에 본격화된다는 논의는 일면적인 것이다. 마찬가지로 당시 문예잡지가 시나 소설 쓰는 사람으로만 그 동인을 한정했다든지 하는 것도 사실을 정확하게 말한 것이 아니다.[8] 1920년경 우리 문학계에는 '경향적 요소'들이 많이 나타나는데, 그것은 일본 유학생들에 의해 전파된 '사회주의 사상'이 작용했을 것으로 짐작된다. 그것이 3·1 운동 이후의 지식인들의 민족주의

---

8) 홍정선 편, 『김기진 전집』 2(회고와 기록), 문학과지성사, 1988, 95·190·197면 참조.

적 열망에 부응하면서 상승작용을 불러 일으켰던 것이다. 그 가운데 핵심적인 사상의 하나는 '아나키즘'이었을 것으로 생각된다. 『장미촌』을 확인하면서 우리는 이 사실을 확인할 수 있다.

『장미촌』 동인 중 직·간접적으로 아나키즘에 관계하고 있었던 사람은 정태신·황석우·오상순 등 3인이었고 후일『백조』동인이 된 이상화도 이 같은 사상적 경향을 가졌다. 오상순은 창간호에 시를 싣지는 않았지만 여러 경로를 통해 아나키즘 사상에 연관되어 있었던 것9)으로 보인다.『폐허』창간호에 실린 그의 글,「시대고와 그 희생」10)은 힘과 '권력적 의지'로 가득 차 있다. 뿐만 아니라 1920년대 초기에 쓰인 시들(「허무혼의 선언」,「폐허의 단」)의 대부분도 아나키즘적 경향을 뒷받침하고 있다. 아나키즘 단체에 가입했던 문인들뿐 아니라 실제로 사상운동을 하지 않았던 작가들에게도 아나키즘 사상은 나타난다. 아나키즘이 가진 절대 자유 추구, 반역적 사유가 문학 그 자체가 가진 본질적 성격과 관통하고 있기 때문이다. 이것은 중요한 두 가지 사실을 지적하고 있다. 하나는 초기 아나키즘 사상과 상징주의의 혼재성을 고찰해야 한다는 것이며, 다른 하나는 이를 통해서『장미촌』잡지의 성격을 재규정하고 근대 시사 자체를 새롭게 이해할 필요가 있다는 것 등이다.

---

9) 『폐허』에 실린 글의 성격, 러시아 아나키스트 에프투셍코를 따라 상해로 갔다는 기록 등을 종합해보면, 아나키즘에 경도되었을 것으로 추정된다.
10) 오상순,「시대고와 그 희생」,『폐허』, 1920.7.

2. 정태신·황석우의 아나키즘 체험

『장미촌』 잡지에 편지글 「최후의 고향」을 실은 정태신은 일찍이
아나키스트가 되었던 인물이다. 정태신에 관해서는 국사학계의 '아
나키즘 논의'를 참조할 수 있다. 그는 1892년생으로 본명은 정태옥
(鄭泰玉)이며 정양명(陽明), 정우영(又影)이라는 필명으로 불리기도 했
다. 그는 1914년 〈조선인친목회(朝鮮人親睦會)〉를 결성해 일찍부터 아
나키즘운동을 전개했다. 일본 동경유학생들의 사상 단체인 조선고
학생동우회 간부들의 명단에 김약수·정태성·원종린·임택룡·김
은국 등의 이름과 함께 그의 이름이 들어 있다. 이 단체는 동경유학
생과 노동자 사회의 상부상조를 표면상 목적으로 내세웠다(1921.1.25
창립). 그 뒤 고학생동우회의 간부들은 조직을 그대로 유지하면서 별
개의 사상 단체를 조직하게 되는데, 정우영도 그 때 아나키즘 단체
인 〈흑도회〉 설립(1921년 11월경)에 관계하게 된다.[11] 이들 고학생동우
회 간부들은 1922년 1월, 신사상보급과 계몽운동을 위해 서울에 들
어오게 되고 1922년 2월 4일『조선일보』에 「전국노동자 제군에게 격
함」이라는 선언문을 게재한다. 이 선언문은 한국 현대사상 국내에서
공개된 문서로서는 계급투쟁을 선언한 최초의 것이다. 이 선언문에
연서한 사람은 김약수·김은국·정태신·정태성·이용기·이익상·
박석윤·박열·원종린·홍승노·황석우·임택룡 등 12인이었다. 정
태신은 1922년 아나키즘과 공산주의가 갈라질 때 김약수·원종린

---

11) 김준엽·김창순,『한국공산주의운동사』2, 고려대 아시아문제연구소, 1976, 31면.

등과 함께 공산주의 단체인 〈북성회〉를 선택함으로써 공산주의운동
에 매진하게 된다. 〈북성회〉 대표로 1922년 베르흐네우진스크의 고
려공산당통합대회에 파견, 1923년 북성회 전국 순회강연차 귀국했
다가 8월 13일 부산에서 익사했다.[12]

　　이 같은 기록에서 보면 정태신은 1910년대 중반 이후부터 계속
아나키즘 사상 단체에서 활동을 했고 1920년대 아나키즘과 공산주
의의 양 사상이 분화될 때 공산주의자가 된다. 1920년 전후의 공산
주의란 아나키즘적 속성을 공유하고 있어서 공산주의와 아나키즘
이 뚜렷이 분리된 사상으로 이해되지는 않았다고 한다.[13] 재미있
는 것은 1922년 『조선일보』에 실린 동우회 선언문에 서명한 사람
중에 문인으로는 성해(星海) 이익상과 황석우가 있다는 사실이다.
이 점은 『장미촌』 잡지의 성격을 구명하는 것 못지 않게 근대문학
사상사를 규명하는 데 있어 중요한 관점을 제공해준다. 황석우가
'퇴폐적 상징주의 시'를 썼다는 사실은 많이 알려져 있고 그것은
부정적인 측면에서 주로 논의되었다. 그가 박열 등과 함께 아나키
즘 단체에 참가했다는 사실에 대해서 문학연구자들도 언급은 하고
있으나 그것과 황석우 시와의 연결을 시도한 경우는 그다지 없었
다. 박열과 김약수가 무정주의자 오스끼 사카에[大杉榮]와 암좌작
태랑(岩佐作太郎)의 영향 아래 있었고 이들 사상의 강한 자장 아래

---

12) 이호룡, 「한국인의 아나키즘 수용과 전개」, 서울대 박사논문, 2000, 13면; 전
　　명혁, 「1920년대 국내사회주의 운동 연구―서울파를 중심으로」, 성균관대 박사
　　논문, 1998; 전명혁, 「1920년대 전반기 까엔당과 북풍회의 성립과 활동」, 『성대
　　사림』 12 · 13 합호, 1997; 강만길 · 성대경 편, 『한국 사회주의 인명 사전』, 창작
　　과비평사, 1996, 443면 등 참조.
13) 방기중, 『한국근현대사상사연구』, 역사비평사, 1992, 57면.

있었다면 황석우나 정태신의 글도 이 아나키즘 사상의 테두리 내에서 이해할 부분이 분명 존재하는 셈이다. 마찬가지로 초창기 아나키즘에 관계했고 그 뒤 〈파스큘라〉 동인이 되었던 이익상의 글도 재평가할 여지가 있는 셈이다.

정태신이나 황석우처럼 1895년을 전후로 출생해 일본으로 유학한 세대들은 1902~1903년 출생해 1920년대 전후로 일본을 유학한 김기진·박영희 세대들에 비해서 뚜렷이 차이나는 한 가지 특징을 지적할 수 있다. 그들의 사상체험이 아나키즘 중심의 일본 사상 단체와의 연계선상에서 이해될 수 있다는 것이다. 그들이 유학한 1910년대 중반기경부터 1920년까지 일본 사상계는 대정 데모크라시 운동이 활발히 전개돼 사상운동의 난숙기에 접어들어 있었고 그들은 실천적인 측면이든 독서체험에 의한 학습의 형식이든 사회주의 사상으로부터 자유롭지 못했다. 정태신(1892~1923)·백남운(1894 ~1979)·이익상(1895~1935)·황석우(1895~1960)의 전기적 삶은 이를 충실하게 보여준다. 같은 세대이더라도 염상섭과 이광수 등의 민족주의적 성격이 강했던 사람들은 사회주의 사상 단체에 직접 뛰어들어 적극적인 활동을 하지는 않았던 것 같다.

반면, 김기진·박영희 등의 후속 세대들에 있어 그들이 일본 유학을 갔던 1920~1921년경은 사상 분화의 움직임이 일던 시기였다. 마르크스주의를 수용했던 사상가들이 아나키즘을 벗지는 못했지만 점차 공산주의 사상을 본격화하던 시기였다. 1910년대 중반기부터 마르크시즘이 수용되었고, 1922년 공산당 창립 이후부터 확실한 사상적 판도를 그려가게 된다. 그 이전까지는 기독교사회주의·사회개량주의·사회민주주의·노동조합주의·생디컬리즘·무정부주의 등 잡다한 사상이 '사회주의'라는 이름 아래 마르크시즘과 혼동되었다. 김기진이 접했던 사상은 아나키즘보다는 마르크시즘 계열이었던 것이다.

일본에 유학한 1910년 중반기부터 시작해 아나키즘에 눈떴고 계속 활발한 사상운동을 했던 정태신의 경우, 그의 활동 무대는 1920년 전후로 상당히 광범위했을 것으로 짐작된다. 이 과정에서 『장미촌』에서의 시작 활동도 가능했을 것이다. 당시 사상 운동가들은 전문적 문인이 아니었어도 그들이 펴낸 잡지나 신문들에 시를 발표하고 있었다. 아나키스트 잡지 『흑도(黑濤)』·『현사회(現社會)』에는 신염파(申焰波) 등의 사회주의자들의 시가 실려 있다. 『폐허』 창간호에도 셍디컬 아나키스트 나경석(羅景錫, 나혜석의 오빠), 『대중시보』에 시를 실었던 이보성(李步星) 등이 글을 싣고 있다. 이 문제는 보다 더 많은 논의가 있어야 할 듯하다.14) 그를 통해 초창기 잡지의 성격을 문예사조사적 입장이 아니라 사상사적인 입장에서도 논의할 수 있을 것으로 보인다.

황석우도, 사상 운동의 궤적에서는 정태신과 비슷한 행로를 보인다. 일본 외무특무문서15)에 따르면, 조선총독부는 1916년 2월 초순 황석우가 일본에서 발행한 잡지 『근대사조(近代史潮)』를 한국으로 반입하려는 것을 발견하고 발매·반포를 금지시킨다. 불온기사가 게재되었다는 이유였는데 그 구체적인 내용은 알 수 없다. 황석우가 사회주의 사상에 접하게 되는 것은 1910년대 중반경이었던 것

---

14) 뒤의 「사회주의 사상가들의 시」 참조.
15) 조선총독부경무국, 『조선인 개황—외무특무문서』 1(1916.6.30 조사), 고려서림, 1989.

이다. 특히 1921년에 그가 〈흑도회(黑濤會)〉 결성을 주도했고 1922년 북성회 회원이었다는 점에서 당시의 사상적 입지를 가늠해볼 수 있다. 조도전 대학 정치경제학 전공인 그로서는 실제로도 사상운동에 깊은 관심을 가질 수밖에 없었을 것으로 짐작된다. 『장미촌』이 창간된 1921년 5월은 정태신이 일본에 체류하면서 〈흑도회〉 및 〈조선고학생동우회〉 회원으로 있을 때이고 이 때 황석우도 이 단체들의 간부거나 회원이었다. 공산주의 사상 단체인 북성회가 결성되면서 아나키즘과 공상주의가 사상적으로 갈라지게 되는 1922년 10월 경까지 정태신과 황석우는 아나키즘과 마르크스주의의 사상적 혼동 속에 있었다. 아니면 적어도 대삼영 등의 아나키즘의 사상적 뿌리로부터 자유로울 수 없었다. 정태신은 황석우와의 아나키즘 사상운동의 인연으로 인하여 이 시를 『장미촌』에 게재할 수 있었을 것이다. 정태신의 글 뒤에 4월 28일이라는 날짜가 부기되어 있고 동인의 말에 "일전에 동경으로 向하였다"는 언급이 있는 것으로 보아, 그는 1921년 초에는 조선에 있었던 것으로 보이는데, 조선을 다녀가면서 이 글을 장미촌사에 넘긴 것으로 보인다.

이후 정태신의 행적은 1922년 작성된 내무성경보국 기록의 조선인근황개요에서 확인된다.16) 1921년 5월 27일 일본 사회주의자 동맹이 결사금지로 해산되자 변희용・김약수・조봉암・황석우 등과 함께 일본인 사상 단체에 출입하면서 일본 내무성의 감시 대상이 되었던 것이다. 이 기록에 의하면 황석우도 비슷한 시기에 도일했을 것으로 보인다. 황석우의 근황에 대해서는 『창조』 4호(1920. 2.23

---

16) 이호룡, 「한국인의 아나키즘 수용과 전개」, 서울대 박사논문, 2000, 171~174면.

발행), ‘문예소식’란에 “중앙시단을 경영하는 (…중략…) 황석우군은 所看事로 인하야 귀국하엿스나 근경 도래한다더라”라는 기사가 보이고『장미촌』‘동인의 말’에 “今春休暇를 利用하야 社會情況을 視察코저 前者 歸國하얏던자, 近日東京으로 向하야, 다시 發程할 豫定이더라”는 내용으로 보아 1920~1921년 사이에 황석우도 조선 출입이 잦았던 것으로 보인다. 이 둘의 내한은 이들 사회사상 단체 의 국내 조직 재건과 선전 활동과 관련되었을 것이다.

따라서『장미촌』의 편집인으로 황석우의 이름이 올라가 있지만 “실제 편집인은 박영희가 했다”는 김기진의 회고[17]가 어느 정도 신빙성 있는 것임을 알 수 있다. 황석우가 편집인으로 이름이 올 라 간 것은 아마도 당대 상아탑(황석우의 호) 시의 수준이 널리 인정 되었다는 점과, 시인으로서의 황석우의 명성 때문이었을 가능성이 높다. 신진이나 다름없는 다른 동인들에 비해 황석우는 당대의 가 장 뛰어난 시인이었기 때문이다. 그렇다고 해도 당시 사상운동에 깊이 간여하고 있던 이들이 문예잡지에 글을 실은 이유는 정확하 게 알 수 없다. 다만,『장미촌』에 실린 정태신이나 황석우의 글을 순수하게 전문적 문인의 문예물로서 이해할 수 없다는 것은 분명 해 보인다.

아나키즘 사상과 상징주의 경향의 시와의 연계성은 이처럼『장 미촌』동인들의 전기적 사실을 확인함으로써 가능해진다. 뿐만 아 니라 상징주의 시와 아나키즘 사상이 갖는 본질적인 유사성도 그 연관성을 보여준다.『대중시보』·『흑도』·『공제』·『현사회』등 아

---

17) 홍정선 편,『김기진 전집』2, 문학과지성사, 1988, 91면.

나키즘 및 공산주의 잡지에 실린 문예물의 일반적 경향을 살펴보는 것이 도움이 될 것이다. 이를 통해서 근대 초창기 '상징주의 경향의 시'들이 갖는 사상적 기저를 좀더 일반화할 수 있을 것이다.

아나키즘 등 초창기 사회주의 사상과 낭만주의나 상징주의와의 사상적 분화나 분절에 대해 그다지 심각하게 고려하지 않은 것은 일본 문예 연구에서도 일반적 경향이었다. 이 중 가장 두드러지게 이 둘의 분화를 고려할 수 없도록 만든 것은 '생', '자아', '개성', '자연'과 같은 개념을 이해하는 데 있어 아나키즘과 다른 사상 조류 및 문예 사조와의 차이가 거의 없기 때문이다. 이 '생', '자아', '개성', '자연' 등은 우리 근대문학 텍스트에서 빈번하게 다루어진 주제인데, 일본측에서도 이 사정은 그다지 다르지 않았던 것 같다.[18] 특히 아나키즘 사상이나 낭만주의자들인 백화파에 있어 생·자연·자아·개성 등은 매우 중요한 인식의 틀이었다. '생·자아·자연·개성'은 특히 신비적이고 낭만적인 성향을 띨 수 있는 여지를 많이 가지고 있었다. 일본에서조차 상징주의와 낭만주의가 갖는 신비적 측면으로부터 아나키즘 사상이 확연하게 갈라져 나온 지점은 특히 마르크시즘과의 논쟁(아나-볼 논쟁) 이후인 1922년경이었다고 기록하고 있다.

서양 아나키즘 사상사를 보더라도, 1890년대의 프랑스 상징주의는 아나키즘 사상과 밀접하게 연결되어 있었다. 발레리·구르몽·말라르메 등은 상징파 시인 프란시스 비르 그리펭(Francis Viere-Griffin, 1864~1937)이 발행하는 아나키즘 잡지 『정치와 문학의 대화(lesentretiens politiques et les literaires)』의 주요 기고자였다. 상징파 시인들이 아나키즘에 경도되었

---

18) 三好行雄 외편, 「大正文學의 諸相」, 『近代文學』 4, 有斐閣, 1977, 18면.

던 것은 정신의 독립, 행동의 자유, 개성의 위대한 발로를 아나키즘으로부터 발견했기 때문이었다고 알려져 있다. 니체·베르그송의 영향 아래에서 당시 아나키스트 시인들은 자기 안에 있는 새로운 인간의 창조, 자기 자신을 획득하는 순간에 마주치는 아름다움의 폭력성에 쉽게 동감할 수 있었다.[19] 이는 당시 조선유학생들에게 깊은 영향을 끼친 대삼영(오스끼 사카에, 大杉榮)의 사상과도 상통하는 부분이다.

대삼영의 사상이 아나키즘에 생의 철학이 결합된 것임은 익히 알려진 사실이다. 그의 유명한 평론의 일절인, '정복의 사실'이라는 개념은, 인간 사회에 영원히 존재하는 정복 계급과 피정복계급의 양극대립에 있어 절대부정의 명제이다. 조직과 폭력의 기만적 협력자로 되지 않기 위해 인간은 무조건적인 반항과 증오, 비타협적인 정신을 견지하는 수밖에 없다. 역설적이게도 아나키즘 사상이 이 절대부정의 정언명제에 기초하고 있기 때문에 불의와 반역사상의 선취를 강조하는 것에 그치지 않고 생명·동심·우주·신 등의 구경적 개념을 강조하게 된다. 근원적이고 모성적인 자연·생·우주에 대한 탐구는 아나키즘 사상이 포회하고 있는 유토피아 사상을 의미한다.[20] 그런데 대삼영의 '생의 철학'은 당시 유행했던 스타이너의 개인주의적 영향뿐 아니라 일본 고유의 자연 사상과 불교 사상, 그리고 원시주의가 결합된 것이어서 복잡한 성격을 띠게 된다. 즉 이 문제를 단순히 서구 사상의 맥락으로 이해할

---

19) 죠지 우드코크, 최갑룡 역, 『아나키즘』(운동편), 형설출판사, 1994, 76~93면.
20) 김홍식, 「조명희의 문학과 성공회 체험」, 『한국문학과 계몽담론』, 새미, 1999, 248면.

수만은 없는 것이다.

대삼영은, 의·식·주·성 등 인간 욕망의 기본적 차원과 개개인의 초월적 욕구를 충족시키는 것은 사회협력조직에 있는 사직(社稷), 민치(民治)를 고찰하는 데서부터 시작한다고 주장한다. 여기에서 아나키즘 사상의 근간인 상호부조의 정신을 확인할 수 있다. 대삼영은 개인의 가치란 사회적 가치를 실현하는 데 존재 이유가 있다고 하고 그것을 관통하는 것은 바로 '회귀(回歸)'의 사상이라고 본다.[21] 원시·자연·근원·회귀와 같은 개념을 보건대 이는 대삼영의 생의 철학이 유토피아사상에 근거하고 있기는 하지만 보다 근원적이고 명상적인 동양사상의 한 원류 내에 있음을 직감할 수 있다. 이 부분이 사실은 상징주의와 아나키즘 사상을 혼동하는 하나의 이유가 된다. 직접적으로 아나키즘 단체에 가입했거나 아나키즘사상의 영향을 받지 않았다고 해도 이 사상의 지류를 간접적인 독서지식을 통해 취득함으로써 1920년대 초기 시인들은 아나키즘을 받아들인다. 아나키즘과 상징주의가 갖는 본질적으로 유사한 측면이 아나키즘에 무의식적으로 접하게 했던 것이다. 아나키즘 사상의 이상주의적 성격은 상징주의나 낭만주의와 쉽게 결합되어 당대 시의 주류적 담론을 형성할 수 있었다. 아나키즘의 무정부주의적 파괴, 소멸을 통한 신생의 이념들과, 상징주의나 낭만주의가 갖는 이상주의는 명확히 구분되지 않는 절대성의 차원에 속한 것이다.

한편으로, 이 두 사상의 혼용은 근대사상을 수용하는 데 있어 전위적 성격이 갖는 내적 동질성에서 찾을 수 있다. 임화 시의 다

---

21) 橋川文三 編, 『近代日本思想史の 基礎知識』, 昭和 46년(1971), 有斐閣 참조.

다적 성격을 전위성의 차원에서 설명하는 틀은 여기서도 유효하다. 아나키즘을 수용하는 것이나 상징주의나 낭만주의적 이상주의를 수용하는 것이나 1920년 중반경에 일본 유학을 떠난 유학생들에게는 모두 다 한껏 전위적인 것으로 보였을 것이다. 정치경제학을 전공했던 황석우에게 특히 이 점은 심대했던 것으로 보인다. 서양사상의 수많은 조류가 수입되고 소멸해 가는 일본 사상계의 한가운데서 황석우에게는 아나키즘도 상징주의도 대삼영의 생의 의지도 크로포트킨의 무정부주의도 예이츠의 신비주의도 동질적인 차원에서 이해되었을 것이다. 그것이 상징주의의 문맥과 아나키즘의 문맥, 그리고 일본·조선 등 동아시아권 국가들이 공통적으로 가지고 있었던 불교 사상적인 문맥을 한꺼번에 뒤섞게 만들었던 것이다. 아나키즘이나 상징주의가 주장한 생·자연 등의 사상을 그들은 동시에 수용했지만, 그것의 확연한 경계는 인식되지 않았을 것이다. 결과적으로 후대의 평자들은 '상징주의'라는 문학 내적인 담론의 틀 속에서 이들을 읽어내었던 것이다.

이 같은 점을 고려한다면 근대문학 초기 '신시'로 표기된 많은 시들에서 보이는 내밀한 상징과 이미지들을 전적으로 서구 상징주의 시에서 수용하거나 모방한 것으로는 볼 수 없는 셈이다. 『장미촌』에서 낭만주의와 상징주의가 혼재된 경향을 보인다는 백철의 지적22)은 이 잡지의 동인을 전적으로 박영희·박종화·황석우·노자영 등의 '순수 문인'들로 한정한 까닭이다. 따라서 이제는 비전문 문인들의 사상사적 궤적을 통해 오히려 당대 시를 해석하는

---

22) 백철, 『신문학사조사』, 신구문화사, 1983, 146면.

하나의 틀을 마련할 수 있지 않을까 한다.

『장미촌』에 실린 정태신의 「최후의 고향」에서 '생'이나 '죽음', '자아' 등은 생동적이고 강렬한 힘을 장전하고 있다. 그의 시 구절의 하나인, "광란과 분노의 맹파", "불만과 반역"의 "거화"는 열정적인 시인의 생의 의지를 보여주고 있는데, 이는 이상 세계에 대한 시인의 강렬한 동경을 담은 것으로 이해된다. '퇴폐적'·'병적' 상징주의, 낭만주의라고 평가하기에는 상당한 난점이 있는 것이다. 비전문 문인들의 시에 나타난 '죽음·생·흑색·침실·동굴'들의 어휘는 매우 역동적인 의미들을 생산해 낸다. '죽음'의 몽상이 단지 삶에 대한 허무와 그것의 희미한 그림자를 반추하는 것에 그치지 않고 힘의 생성적 동인이 되고 있다. 이는 아나키즘과 상징주의와의 관계를 유추하게 한다. 조명희·황석우·오상순·박종화 등과 전문적 시인은 아니었지만 아나키즘 사상에 영향받은 정태신·신태악 등에게서 생철학과 결합된 아나키즘 사상이 엿보이는 것은 부정할 수 없는 듯하다.

이들의 시에는 아나키즘적 정열과 근대문학의 시혼이 결절되는 지점이 있다. 왜 이들 문인들이 이 사상운동 단체의 회원들을 동인으로 끌어들였는가 혹은 아나키스트 등 사상운동가들이 문학잡지에 글을 게재하는가 하는 사실은 좀더 탐구해보아야 할 문제이다. 그렇지만 우리 근대시사의 한 지형도를 그리는 데 분명 상징주의나 낭만주의·퇴폐주의 등의 테두리 내로 한정할 수 없는 것은 분명하다. 『장미촌』에 실린 정태신이나 황석우의 시는 사상운동의 범주 내에서 이해할 가능성이 없지 않은 것이다. 정태신이나 황석우뿐 아니라 적어도 비전문 문인들의 경우 그들의 시가 일반

적으로 말해지듯 전적으로 상징주의 시인가는 의문이 아닐 수 없
다. 그렇다면 아나키즘 사상의 영향 속에서 이를 이해할 수 있는
가능성이 있는가 하는 것이 이 논의의 중심이 되어야 할 것이다.
이것이 규명되면『장미촌』잡지의 성격도 달라질 수 있는 것이다.
　구체적으로 당시 사회주의 잡지에 실린 시들의 경향을 살펴봄으
로써 우리는 이 논의를 보다 깊이 있게 끌고 갈 수 있을 것이다.『대
중시보』에는 이보성(李步星)의 시「맹(盲)의 소녀(少女)」·「적설(赤雪)」
두 편이 실려 있는데 '투쟁'이나 '갈등'보다 이상주의적인 성격이
강하게 나타나 있는 것을 볼 수 있다. 먼저「맹의 소녀」를 보자.

<blockquote>

나는저발傷흔盲의少女를짜러가리라
저盲의少女를짜르면
褐色눈물어리운氷山을넘어서
익타는煙氣속벌판을지나서
眞珠빗으로잠든
美神의故鄕으로
無情의불길□흔
長明의國土로다다르리라

나의파리한그림자를무든
黃□든都城의길거리는
臨終하게겁품에잠기엇다
나는智慧의날근옷슬벗고
牛獸牛人의奇怪흔形體로
悔恨에이쌀은갈며
殉敎者의屍體압헤
업드러저서

</blockquote>

꿈조작갓치희미한
彼女의 발자최에
이마대이고늣겨우다

아아나는저발傷호盲의少女를짜러가리라
저 盲의少女를 짜러서
—「盲의 少女」

　이 시는 우리가 1920년대에 보아온 프롤레타리아 시와 그 격조를 달리하고 있다. 계급투쟁 의식이 전면에 나타나지는 않았고 프롤레타리아계급에 대한 연민이나 동정이 적극적으로 표현되지도 않았다. 이른바 계급문학의 공적인 담론 체계의 선상에 있다기보다는 개인 내면의 세계를 그리는 것에 머물러 있다. 특히 「맹(盲)의 소녀(少女)」에서 '눈 먼 소녀'라는 제제는 매우 문제적이다. 제목에서 보건대, 이 시는 본질적으로 가난한 민중에 대한 동정과 그것을 넘어선 계급투쟁, 부조리하고 모순 가득한 사회에 대한 분노 같은 감정을 드러내기 쉬운 제재를 취한 것이다. 그러나 그 같은 소재를 취했을 때 흔히 나타나는 투쟁·공격·선전 등의 공적인 담론들은 시인의 자의식 아래에서 깊게 감춰져 있다.

　이 시에서 눈먼 소녀의 발자국을 쫓아가는 시인의 의지가 작동하는 곳은 바로 '미의 세계'라는 추상적이며 다분히 상징적인 공간이다. '진주의 빗으로 잠든', '무정의 불길이 휘감은' 바로 그 '장명의 국토'는 눈 먼 소녀의 고향이며 바로 '미신(美神)의 고향'이다. 시인이 파악한 미의 세계란 순교자적이고 자기 희생적인 시인의 절멸 의지에 의해 찬란하게 꽃핀다. 미의 탄생은 에로스적인 세계의 탄생을 의미하며 이는 시인의 절멸의 충동에 대한 대가가 아닐 수 없는 것이다. 이 시에서도 파리한 표정과 초라하고 낡은 옷을 입은 시인의 외모는 눈먼 소녀의 동정 가득 불러일으키는 순교자적 외모에 전적으로 동일시된다. 미의 왕국(장명의 국토)에 투신하고자 하는 시인의 내적인 욕망은 '임종하게 거품에 잠긴 거리'를 헤매이면서도 "진주빗으로 잠든" 미신의 고향을 향해 있다. '장명', '진주' '죽음'의 이미지들은 상징주의 시에서 시인의 탐미적 욕망을 드러내는 데 흔하게 쓰이는 것들이다. 그것은 미의 영원성과 절대성에 대한 시인의 동일시 욕망의 투사에 다름 아니다.

'눈먼 소녀의 발에 입맞춘다'는 표현은 박영희의 「월광으로 짠 병실」에서 '달빛이 시인의 얼굴을 비춰 파리하게 병들게 한다'는 상징에 근접해 있다. 박영희나 황석우 시의 전반적인 테마는 바로 장명의 국토(미의 절대성)에 다다르고자 하는 시인의 욕망을 잘 드러낸다. 일본 아나키즘이 초기에 백화파의 낭만주의적 경향과 다소 분리할 수 없는 채로 결합되어 있었다는 사실은 이 두 사상이 본질적으로 가지고 있었던 유토피아적 이상주의적 성격 때문이었다. 그것은 공산주의 사상잡지인 이 『대중시보』의 시들에 이르기까지 깊게 투영되어 있다. 보성의 시는 이 같은 사정을 잘 보여주고 있는 것으로 판단된다. 이는 『장미촌』 잡지의 성격을 해명하는 데 하나의 단서가 될지 모른다.

다음으로 그 아래에 실린 「적설(赤雪)」을 보자.

붉근눈이온다
피빗눈이온다

불쏭눈이온다
온다 온다
저山野우에
아아저바다우에도

2
불근눈이온다
불눈보라가친다
피빗소내기가모라온다
저城塔이무너지고
저 天柱閣이불붓터다
處處에오르는火坑에
?鳶은조희쌍갓치
불붓터써러진다

3
사람은쒼다
팔둑에불다려
해불삼은사람은쒼다
사람은부르짓는다
未來의門戶를두다리는
사람은부르짓는다
무쇠불의바다는쮜논다
宇宙의新生을祝福하면서23)

―「赤雪」

이 시의 주된 이미지인 '적색'은 이 시가 프롤레타리아 사상을
담은 시임을 암시해준다. 공산주의의 상징적 색상인 '불', '피빛'

---

23) 『대중시보』 제4호, 1922.6.1.

같은 이미지가 주로 사용되고 있다. 프롤레타리아 시에서 '투쟁'을 의미하는 "붉근눈", "불눈보라", "피빛소나기" 등의 시어들은, 그러나 계급 투쟁을 의미하기보다는 시인 내부에서 불타오르는 생명의 의지와 깊이 있게 결합된다. '성탑이 무너지고 연이 종잇장같이 떨어지고 천주각이 불 붙고 무쇠불의 바다가 뛰놀고 사람이 뛰어다니며 울부짖는', 이 시의 이미지들은 역동적이며 넘쳐나는 에너지로 충만해 있다. 이 역동성과 힘이 투쟁을 강조하는 계급문학의 경향을 보여주기보다는, 파괴·소멸·생성 속에서 신생의 우주를 만든다는 아나키즘의 이념과 유사한 속성을 보인다.

그렇다면 근대시의 담당자들 중에서 비전문 문인들, 사상가들의 이력을 새삼 확인해야 할 필요를 인식하게 된다. 그들이 쓴 정치경제학 소논문·평론·논설 등의 산문들을 통해 그들의 시적 경향을 비추어볼 수 있다.

먼저, 우영 정태신의 글은 『개벽』지에 자주 보인다. 「맑쓰와 유물사관의 일별(一瞥)—읽은 중에서」(1920.8)라는 글도 그 중 하나다. 소박한 수준에서 마르크스의 유물사관을 개설적으로 소개한 글이다. 말 그대로 '읽은 글 중에서' 간단하게 노트한 수준으로 생각된다. 1922년 12월경 북성회 활동을 하던 시기에도 그는 아나키즘과 완전히 결별하지는 않고 있었다. 그것은 그가 1920년경에 썼던 많은 글들에서 확인된다. 『개벽』 1호에 실었던 「근대 노동문제의 진의」에서도 노동 문제를 상호부조론의 입장에서 접근하고 있는데, 그의 사상은 여전히 아나키즘의 테두리 내에 있었다고 할 수 있다. 따라서 「맑쓰와 유물사관의 일별」도 우영의 사상적 입장을 완전하게 정리해서 보여준 것으로는 볼 수 없을 듯하다. 부제가 '읽은 중에서' 인 것을 보면 독서체험을 통해 공산주의 사상에 접근해 가던 시기의 것으로 짐작된다.

『장미촌』에 실린 정태신의 글[24]은 언뜻 마르크스주의의 편린을 담은 것 같지는 않지만 상징주의시라는 문맥 속에서만 파악되지 않은 대목도 존재함을 알게 된다. 이 글은 일종의 편지글로서 생과 사에 대한 관념적 경사를 드러낸다. 그러나 이 관념은 당대 문학의 주류적 관심사이자 일종의 양식적 성격을 갖는 것이어서 다른 동인들이 '장미'라는 상징을 통해 미(시·문학)에 대한 절대적 동경을 드러내고자 한 것과 유사한 주제의식 아래 놓여 있다. 정태신은 이 글에 'K 인(仁)형에게'라는 부제를 붙여 놓았다. 이 글에서 강조된 것은, '이 광활한 세계에서 혼자 고독하다'는 인간 내부로부터 분출하는 주체의 자기 선언이다. 자아의 존재는 철저하게 영성의 세계에 속해 있음으로 해서 귀중한 생명을 부여받는다. 그러나 육신은 항상 부패와 절멸과 죽음이라는 운명을 맞게 되어 있는 것이어서 그로 인한 날카로운 의식의 돌출과 심경의 유폐는 피할 도리가 없다. 이것이 고뇌와 비탄을 만들어낸다. 육체를 지녔으되 영적으로 완전히 고양되지 못한 인간은 그래서 죽음에 이르러 그 유한성에 대한 초월을 준비하지 않을 수 없다는 것이다.

죽음에 대한 이 같은 비탄과 초월은 상징주의적 형이상학과 그 끈을 일부 공유하고 있지만, 보들레르처럼 죽음을 극단성(악마성)에 두고 그것을 지양하는, 이른바 형이상학적 결단이 드러나 있지는 않다. 이 근대 시인들은 '죽음' 그 자체가 필요했던 것이다. 죽음

---

24) 시인가 편지글인가 하는 양식 상의 문제가 있다고 생각되지만 일단 언급하기로 한다.

과 절멸의 단애가 그들 앞에 나타났을 때 그들은 개인 주체의 적막한 고독과 그로 인해 생기는 비탄·낭만·울음·사랑 등을 말할 수 있었고 그것들을 통해 근대예술의 새로운 상징들을 만들어갈 수 있었다. 근대 시인들은 죽음과 사랑이 허우적거리는 비탄의 동굴에서 머무르지 않고 이 이상주의적 세계 안에서 근대예술을 만드는 장엄한 역사의 장에 동참할 수 있었던 것이다.

'사=생=진리'라는 선언은 개인 주체의 자기 정립이라는 당대 담론의 중심에 있는 것으로 이로써 개인의 무한한 자유를 절대화하는 아나키즘 사상은 상징주의의 이념과 유사성을 드러내는 계기를 마련하게 되는 것이다. '생명' '생', '자아'에 대한 주제 탐구는 아나키즘 사상의 주된 테마일 뿐 아니라 근대문학이 정립되는 바로 그 '계단'에서 가장 강조되어야 할 '거화'였던 것이다.

이 개인성이 단지 문학 내적인 의미의 장에 머무르지 않고 사상사적인 장으로 옮겨와 있는 것이 정태신의 글 마지막 대목이다. 그는 마지막에 이렇게 쓰고 있다.

> 아, 나의靈魂中에서, 咆哮하는, 狂亂과憤怒의猛波가靜息되고, 나의 心核를, 貫通하는 不滿과反逆의炬火가終熄되는, 나의理想의絶頂에서, 腐敗되는, 저「死의 墳墓」가, 오작나에게永遠한平和를齊來하고, 絶對의安全을保障할, 理想의鄕土이올시다.

그는, '죽음의 묘지만이 영원한 평화와 안전을 가져다 줄 것이며, 그것이 자아가 마지막으로 기대는 이상이며 다가갈 고향이다'고 쓰고 있다. 이 같은 결연한 죽음에 대한 의지는 광란과 분노로 의지로 가득 찬 심중에서 비통과 절멸의 니힐리즘을 순식간에 통과해 버린다. 보성(步星)의 시가 보여준 것처럼 이상주의적인 시선과 개인의 자유의지가 그 내면에 깔려 있음을 알 수 있다. 극단적인 죽음의식으로 세계와 대면하는 보들레르나 랭보의 광기 가득차고 의지에 찬 시를 허무주의 시로 규정짓지 못하듯, 이들 동인지 시대 시인들의 죽음에 대한 맹렬한 동경을 전적으로 병적인 것으로 단정할 수 없을 것이다. 자기 절멸을 향한 죽음 충동, 결연한 의지, 불만과 반역의 거화가 종식되는 순간에 점화되는 이상주의적 열정, 영원과 절대에 대한 동경은 아나키즘 사상에서 말하는 개인 주체의 절대적 자유 선언과 그 맥락을 같이하는 것이 아닌가 한다.

　따라서 정태신의 이 글에서 대삼영이 말하는 '불만과 반역의 거화'가 떠올려지는 것은 자연스럽다. '광란과 분노의 맹파' '불만과 반역'의 거화가 종식되는 곳이 '나의 이상'의 절정이라는 문구는, '정복의 사실'에 대한 불만과 반역의 정신적 경지를 말하며 그것은 시인이 궁극적으로 지향하고자 하는 이상 세계에 대한 동경을 의미한다. 그것에 죽음의 절멸적 의지를 통해 생을 찬미하는 생철학적 요소가 개입된다. "사의 분묘"란 오직 영원하고 절대적인 안전을 보장하는 "이상의 향토"인 것이다. 아나키즘 사상이 내포한 이 절대부정의 명제가 증오와 반역을 부르고, 죽음에 영원성의 가치를 부여한다. 그러나 그것 자체는 허무주의나 나르시즘으로 떨어지지는 않는다. 그것이 이 시에 생성적 힘을 부여하고 있다. 이 시를 상징주의적 탐미의식 혹은 데카당스 의식을 표출한 것으로 규정할 수 없는 이유는 바로 여기에 있다.

3. 근포와 이훈의 경우

『장미촌』의 다른 비전문 문인들의 경우에 나타나는 사상적 요소는 어떤가. 근포(槿圃) 신태악의 경우를 보자. 청년의 고민을 심각하게 그려낸 수작으로 평가된 그의 시 「생(生)과 사(死)」는 그다지 시로서의 깊은 맛을 보여주지는 않는다. 당대 문학성(은유, 관념 절대주의)의 기준을 적용하더라도 마찬가지이다.

> 인생!
> 幻塵?
> 생!
> 무엇?
> 그대지愛닯다고
> 苦雲에푹숨겨
> 그래도, 살겠다고
> ◎
> 永生!
> 長眠!
> 死!
> 어느게, 다르다고
> 本性을속혀가며
> 熄滅의 衣裝을
> 스스로가초면서도
> 상긋, 이것을
> 避하랴고!
> ◎
> 生은自然의遺物

死는歸納의自然
거긔에 好不好?
그것에善不善?
—살데살고, 죽을데죽을 것—
그것이, 참人生!
價値있는!!
생! 사!
一九二一年五月一日

　박영희나 박종화에 비해 표현 자체도 단순하고 서툴다. "인생!", "사!", "환진(幻塵)?" "무엇?"과 같이 느낌표와 물음표가 지나치게 많이 쓰인 것은 당대의 문체적 습관 때문이다.[25] 생은 자연의 유물이며 죽음은 자연으로 귀납하는 것, 곧 삶과 죽음은 자연의 일부라는 인식은 자연·본성·생을 관련지어 이해했던 1920년대 생명주의나 자연주의의 연장선상에 있다고 보인다. 정태신의 갈등하고 투쟁하는 자연·죽음·생에 비해 신태악의 그것은 평범한 진술조의 언어에 가깝다. 이 같은 자연·죽음·생은 조선이나 일본의 근대문학 텍스트에 근대적 미의식을 반영한 것으로 자주 나타난다. 뿐만 아니라 신비주의와 명상적 사유를 체질적으로 가지고 있었던 동양에서 그것이 보다 용이하게 수용될 수 있었던 것도 간과할 수 없다. 서구의 상징주의와 낭만주의 문학의 텍스트를 수용하기에 적합한 체질을 근대 시인들의 육체가 스스로 품고 있었던 것이다.

　근포가 이 시로 동인이 될 수 있었던 것은 '고민어린 생'을 화

---

25) 박영희, 「초창기의 문단측면사」, 『박영희 전집』 2(이동희·노상래 편), 영남대 출판부, 1997, 316면.

두로 삼는 것 자체를 근대적인 문학으로 이해했던 당대의 문학 개념 때문이었을 것이다. 청춘의 고민, 오뇌, 생, 죽음과 같은 것들은 인간에게 주어진 미묘한 삶의 문제이며 이는 '상징의 깨달음'을 통해서나 풀 수 있는 주제였던 것이다. '동인지 시대' 시인들의 시는 관념적이면서 내밀하고 명상적인 특징을 보여주는데, 이것은 '참인생'을 욕망하는 시적 화자의 내면적 고뇌에서 비롯한다. 이 삶과 죽음, 오뇌, 참인생의 주제들을 동인지 시대 문인들은 주요한 시적 담론으로 끌어올리고자 했다. 신태악의 시가 의미를 가질 수 있었던 한 가지 이유인 것이다.

신태악의 산문은 『개벽』이나 『학지광』에서 찾을 수 있다. 「제명사의 조선여자해방관에 대한 여의 의문」(『개벽』, 1920.11)은 『장미촌』의 시보다 앞서 발표된 것이다. 여성 해방에 대한 자신의 입장을 나타낸 것인데, '남녀가 인격상 평등함은 天定의 원리'인데 '남자가 여자를 어떻게 해방을 할 수가 있는가' 라는 의문을 던지고 있다. '시기상조이다'거나 '해방하여야 한다'라는 원론적인 논의가 당대의 대부분을 차지하고 있었던 데 반해 근포의 입장은 무척 독특하게 느껴진다.

근포는 『학지광』에도 몇 차례 글을 발표하고 있다. 『장미촌』에 실린 그의 시는 시 뒤편에 부기된 '1921.5.1'이라는 날짜로 보아 『학지광』에 실린 「종교와 문예」(『학지광』, 1921.1.1)보다 뒤에 쓰인 것으로 보인다. 「종교와 문예」에서 그는 "모든 사회의 凡百의 현상이란 生 一義에 귀착한다"는 논지를 펴고 있는데 이는 그의 시의 주제의식과 동일 선상에 있는 듯하다. 그가 말한 대목을 요약하면 이렇다.

생은 무한한 지속의 욕망을 가지지만 현실적 공간적 제약 때문에 모순성을 가질 수밖에 없다. 여기에 종교와 도덕이 존재할 필연성이 나타난다. 생의 지속과 증진에는 쾌감이라는 심리적 요인이 필요한데, 이는 예술의 등장을 야기한다. 그런데 생의 지속이라는 본래의 목적과는 달리 예술이 유미주의적 목적을 향해 돌진할 때 필연적으로 도덕이나 종교가 견지하는 윤리성과 충돌한다.

이 같은 그의 예술 존재론은 유미주의 경향의 예술론과 공리주의적 예술론, 이 양 예술론 사이에서 흔들리면서 하나의 평범한 결론에 이른다. 예술은 도덕이나 종교로부터 자유로운 생(美的 인생)을 구하면서도 동시에 이 같은 선(善)의 삶을 지양한다는, 예술의 일반적인 역할과 개념을 끄집어내고 있는 것이다. 그의 논의는 예술론의 기본 개념에 속해 있어 그다지 새로운 것은 아니다. 논의의 동기나 논지의 필연성·향방 등도 구체적으로 알 수 없다. 단지 그의 글을 통해 이 같은 '생(命)'의 문제가 당대의 중요한 담론이 되었고 인식론적 대상이 되었음을 알 수 있다. 그는 자신의 이론이 도촌포월(島村抱月)의 「인생과 예술」을 거의 그대로 수용한 것이라 밝혔다. 도촌포월은, 윤리적 악행과 도덕의 전도가 예술 생활이라고 본 일본 지식인들에 대해 경고성의 발언을 한 듯하다. 당시 지식인들도 실제 생활과는 분리된 예술 절대주의를 추구하는 경향이 강했다. 이를 우리 문학 내부로 옮겨온 것이 근포의 논의인 것이다.

『백조』파나 『폐허』파들이 장발을 하거나 백구두를 신거나 중절모를 썼다는 일화를 상기해보자. 그들은 '온전한 예술'을 실현하는 것이 실생활에 있어서 예술적 취향을 드러내는 것과 결코 분리되지 않는 것으로 이해했고 그것을 예술가의 표지로 생각하고 있었다. 실생활에서조차 문학을 은유하는 것이 필요했던 것이다. 이 같은 문학 예술의 표상과 타인으로부터의 차이 표시가 계몽주의적인 단계인가 아니면 자기 과시용인가 하는 것은 뚜렷이 갈라지는 지점에 있는 것은 아닐 것이다. 전문적 문학 예술 담당자들에 비해 문학으로부터 한 걸음 물러나 있던 근포로서는 이들 '은유적 행위'를 완전하게 이해하거나 수용할 수는 없었을 것이다. 일본 지식인의 글을 거의 그대로 옮겨온 것을 감안하더라도 근포의 논의는 언뜻 당대 문인들의 인식과는 차이를 보이는 듯 생각된다.

그 이유는 『학지광』 잡지를 조금 더 들춰보면 뚜렷하게 드러난다. 그의 다른 글은 『학지광』 제27호(1926.5.24)에 실려 있다. 그는 여기서 문학자보다는 법률학자로서 역량을 보인다. 「집언자유(集言自由)의 논회관(論會關)한 각국헌법(各國憲法)의 비교연구(比較研究)」와 같은 글은 앞의 글이 가지고 있던 인문학적 관심과는 확연히 다른 것이다.

『장미촌』 이후 발표된 근포의 시로는 『개벽』의 「과라(蜾蠃)의 성(聲)」(1921.12), 「추색(秋色)의 경상(景相)」·「째모르는까마귀」(이상 1921.12)를 들 수 있다. 우선, 「과라의 성」은 『창조』·『폐허』에 비해 시형 자체의 미학적 성격을 고려하지 않은 점을 지적할 수 있다. 당대 다른 시인들의 경우처럼 괄호를 병기해 말뜻을 설명하려는 의도가 그대로 노출되어 있다. 그러나 시의 내용은 그가 산문에서 보여준 '생철학적 요소'를 많이 수용하고 있는 듯하다.

그리고 깨달으라
무서운 나의 손과

구른 棍棒이
너의 뒤를 짜라
將次 義의 憤을 披瀝하랴함을

아―말하라―宣布하라!!
眞理가! 原則이
너도? 너의 智操로도!
螟蛉이 아니면 能치 못함은
絶對로!
나에게, 아니 一般衆生과 함께

　　곤봉을 들고 과라의 등을 내리치는 시인의 모습을 통해 생의 운명적인 요소와 비애에 대해 시인은 말하고자 한다. 생의 비애는 향유될 성질의 것이기보다는 초극되어야 할 대상이다. 생을 내리치는 곤봉이 사실은 "의(義)의 분(憤)"을 피력하기 위한 것이라고 시인은 설파한다. 이것은 '정복의 사실'을 말한 대삼영의 사상과 동질적인 차원에 있는 듯하다. '진리·선포·지조·절대·일반중생'과 같은 단어들은 시적 어휘로서는 부적절한데, 사상가로서의 신태악의 입장에서 그것은 하등 부적절한 것이 아니었을 것이다. 그만큼 '전문적 문인으로서의 시인'이라는 의식은 『장미촌』의 몇몇 동인들에게는 아직 확립되지 않았고 '정열만 있으면' 시인이 될 수 있는 공통의 주제들을 가지고 있었다. 그것이 생·자연·개성·죽음·고뇌 등의 인생론적 문제였다. 『장미촌』 잡지가 비전문 문인들에게 개방되고 그들의 시가 동일한 사상적 경향으로 논의될 수 있는 이유를 보여주는 셈이다.

　　『개벽』 12월호에 실린 두 편의 시도 근포의 사상을 알 수 있게 한다. 특히 「째모르는 가마귀」는 우의적 요소를 가지고 있고 교훈적인 의미를 담고 있다. 여기서 시인은 까마귀에게 먹히는 쥐의 죽음에 대해 말하고 있다. 태어나서부터 도적질로 연명해 가는 운명을 타고 난 쥐와 그 죽은 쥐를 먹으려는 까마귀의 운명을 통해 시인은 삶이 곧 투쟁임을 말한다. 인간 삶에 대한 심각하고 진지한 성찰을 바탕으로 깐 알레고리가 이 시에 담겨져 있는 셈이다. 허무에서 육체(뼈·살)를 얻은 자가 제 탐욕을 버리지 못한다는 것, 인간은 태어나면서부터 탐욕의 사슬을 끊지 못할 운명을 가지고 있다는 것, 그 탐욕을 버리지 못해 죽음의 시간이 임박해진 것도 모른다는 것. 이 같은 주제의식은 생의 모순성에 눈뜬 근포의 인식을 드러내는 것이지만 그는 사상가답게 비탄을 되뇌이기보다는 근본적으로 그것을 초극하는 자세를 요구하고 있다. 이것이 그가 사상가로서 당시의 시인들과 변별되는 점이었다. 문학 청년들이 여전히 생·사·개성·자연 등의 문제를 생활의 문제와 뚜렷하게 갈라놓지 못한 데 반해 문학을 겸했던 사상가들은 오히려 이 문제를 확연하게 갈라놓고 있었다. 그것이 근포로 하여금 유미주의로 빠지는 예술의 위험을 경계하면서 이를 생활의 영역으로 끌어올려야 한다는 당위성을 주장하게 만들었다. 비슷한 테마에서 출발했지만 사상가와 문학가는 각각 다른 결론에 이르게 되었던 것이다.

이훈은 『장미촌』에 9연으로 된 「춘(春)」이라는 시를 발표하고 있다. 형식상 1~9까지의 번호를 붙이고 있지만 근대적 의미의 연 구분이라 말하기에는 미흡한 감이 있다. '자연'에 대한 자아도취적 감격과 정서를 표현하고 있다. 이 같은 '자연'에 대한 찬양은 다른 시인들과 마찬가지로 일본에서 유행한 자연주의·생명주의 사상에 영향 입은 바 크다. 그리고 당대의 주류적 담론의 하나인 메테를링크 류의 신비주의사상의 적극적인 수용과도 분리되기 어렵다.

이훈의 시에서 보이는 자연·생명·꿈·몽상·죽음 등의 카테고리는 포괄적인 의미에서 자연주의·생명주의 의식의 발로와 분리되기 어렵다. 그것이 데카당스나 악마주의로 받아들여졌다고 하더라고 결과는 마찬가지다. 그것이 근대시적 주제의 주요한 항목으로 인식되고 있었다는 데 주목할 필요가 있다. 중요한 것은 이 같은 생명의식은 관념적으로는 근대문학적 이념항을 만들어내었고, 정치경제사적으로는 천부인권설이나 주권의식, 자유민주주의에 대한 기본 관념들을 생성해 내는 데 큰 역할을 하게 된다는 사실이다. 당시 '생명'에 대한 강조가 어느 정도였던가는『학지광』에 실린 정치경제학 평론들의 논조까지도 민주주의·민족주의와 생명의식이 결합된 경우가 많았다는 데서 알 수 있다. 데카당스·악마주의·신비주의 같은 개념들은 생명의식의 고양, 새로운 자아각성, 내면각성의 문제와 밀접하게 결합되어 있었다. 정치적 의식으로서는 명료한 것이었지만, 그것이 문학적 담론으로 표출될 때는 내밀하고 몽상적이며 모호한 형태였다. 그 몽롱함 자체가 근대문학의 중요한 카테고리가 되었던 것이다.

「춘(春)」이 서투르고 미숙한 시적 형식을 보여주는 반면『학지광』 21호(1921.1.1)에 실린「신비주의(mysticism)」는 메테를링크의 이론에 기대었음인지 명료하고 단정하다. 이훈의 시에 나나탄 자연관이 일련의 신비주의적 속성과 동양적 명상주의에 기초하고 있음을 확인시켜 준다. 이훈은 '신비주의(자)'에 대해 참리얼리즘(참리얼리스트)이라 평한다. 신비주의에 대한 탐색은 특별히 몽상적인 성

격을 가진 자의 미망이 아니라 보편적 영속적인 것이라고 보았고,
꿈이나 몽상의 세계를 찾는 것은 '신세계'에 '생(生)'을 찾아 나서
는 것이라 강조했다. 이 글을 요약하면 이러하다.

외부 교섭을 철저히 중단하고 실내에 앉아서 하나의 사물에 대
해 철저하게 조사하고 지식을 닦는다고 해서 인간은 만족할 수 있
는가. 오히려 사물과 사물 바깥, 사물에 대한 인상을 갖기 전과 인
상을 가진 이후의 심리는 변화와 차이를 가질 수밖에 없다. 아무
리 과학적 공평상태를 가지고 있다 해도 인간은 기계적 면경과 같
이 마음을 정갈하게 닦을 수는 없는 것이다. 우리의 일상적 삶은
실재의 그림자거나 꿈과 같다. 과학·형이상학·예술은 이때 한
순간 실재의 암시를 받을 수 있으며 인간은 그를 통해 초월적 세
계에 들어갈 수 있다. 애·광명·종교의 세계가 인간이 꿈꾼 초월
적 세계이다. 거기서 인간은 수면상태에 있는 영혼을 각성시키게
된다.26)

당대의 가장 중요한 독서물의 하나였던 메테를링크(Maurice Maeterlinck,
1852~1949)의 사상은 신비주의적 특징과 범신론적인 우주관을 담고
있다. 이 글의 말미에 메테를링크의 서지 사항이 상세하게 기록되어
있는 것만 보아도 당대 지식인들의 메테를링크 열풍은 단순하지 않
았던 것 같다. 박영희는 자신의 청소년기의 독서체험은 하이네·메
테를링크 등 낭만주의와 상징주의적인 작가들로부터 시작된다고 밝
힌 바 있다.

메테를링크의 이론과 시가 집중적으로 소개되고 널리 독된 이

---

26) 이훈, 「신비주의」, 『학지광』 21호, 1921.1, 61~63면.

유는 무엇일까. 프랑스 문학사를 쓴 랑송의 견해를 참조하면[27] 그 이유가 명백해진다. 랑송은, 메테를링크를 교양 있고 명상적이며 과학과 신비에 열중한 정신의 소유자로 본다. 그가 신비주의에 열중하게 된 것은 과학 아래 가려져 있는 신비를 찾아내고, 신비주의만을 안내자로 삼아서 미지와 불가지의 영역을 대담하게 뚫고 나가고자 했기 때문이라는 것이다. 현실을 관찰하고 분석하며 극중 인물의 성격을 명료하게 처리하는 극의 성격상 메테를링크의 상징주의 극은 그 모호성과 암시성으로 인해 성공했다고 보기는 어렵다. 그러나 「펠리아스와 멜리장드」에서 보듯, 그는 상징주의 비극에서 전형적 인물을 만들어내었다. 메테를링크는 인물의 영혼을 육체에서 분리시켜 비물질적인 세계에서 움직이게 함으로써 삶의 신비와 영혼의 심각한 고뇌를 표현하고자 했다는 것이다. 랑송은, 메테를링크의 짤막한 초기 희곡에 대해 '우리들 눈앞에 달빛 아래를 오가는 흐릿하고 희미한 공기처럼 가벼운 인물들을 춤추게 한다. 이 조그만 환상의 세계는 미묘하면서도 때로는 감동적인 우아함을 풍긴다'고 썼다.

메테를링크의 신비주의는 당대에 넓게 확산된 문학의 관념성과 내면성, 은유로서의 문학, 상징적 문학 담론들과 뒤엉켜 '미묘한 상징'을 통해 궁극적인 삶의 깨달음을 얻고자 하는 당대의 주류 담론의 하나가 된다.

메테를링크의 신비사상이 동인지 시대에 다시 나타나는 것은 변영로가 『폐허』 2호에 소개한 「메터링크와 예잇스의 신비사상(神

---

27) G. 랑송 · P. 튀프로, 정기수 역, 『불문학사』, 을유문화사, 1993, 252~253면.

秘思想)」이다. 변영로는 메테를링크와 예이츠를 소개하면서 ''「청조
(靑鳥)」의 작자(作者)와 「비밀(秘密)의 장미(薔薇)」의 작자'라고 부제를
부여 놓았다. 「청조」가 뚜렷이 기재된 것을 보면, 메테를링크의 이
작품은 당대 문인들에게 상당한 정도의 인지도가 있었던 것으로
생각된다. 「청조」는 메테를링크의 1908년 작 『L'oiseau Bleu』(1908)를
번역한 것인데, 메테를링크의 희곡 중 매우 유명한 것이다. 변영로
는 이 글 서두에 물질주의와 비속한 저급문학에 대해 경계하고자
이 글을 쓴다고 밝히고 있다. 저속하고 저급하면서 구토가 날만큼
위악스런 현실을 뒤집는 차원에서 그들이 선택한 것은 바로 이 신
비주의 사상이었다. 세기말의 퇴폐주의적 농염성에 고대 신비사상
이 갖는 경건성이 결합된 당대의 신비주의 사상은 '권피(倦疲)한'
현대인에게는 일종의 구원과 같은 것으로 비쳐진다. 그런데 변영
로는 메테를링크의 경우, '관능미'와 '정서미'의 일시적 기분에서
해방되어 새로운 세계를 보여준다는 데서 그의 작품을 애독한 이
유를 찾고 있다. 그들이 인식한 신비주의가 갖는 특징은 물질, 육
체와 분리된 영혼, 비물질적인 것으로서의 영혼의 내밀한 움직임,
반과학주의와 동렬에서 펼쳐지는 형이상학적 탐색, 정신주의이다.
이것과 순결성, 내밀함, 영혼의 가치 등의 가치를 표방한 당시 문
학 예술 절대주의가 서로를 받쳐주고 있었다. 이것이 당대 지식인
들이 신비주의를 택한 뚜렷한 이유였던 것이다.

　변영로의 다음 글을 보자.

　　새로운 「色」과 「香」과 「리슴」의 天地를 찾고, 基天地에서 吾人은 萬物을
　透視하난·靈眼으로 모든 權力, 金錢, 地位, 驕傲, 放肆, 虛飾, 誇張을 剝奪

된 微妙한 人間의 魂의 聲과 悲痛하고 凄切한「그림자」를 凝視하며 同時
에 衆目압헤 表現함이 곳 兩氏의 안이 一般神秘思想의 根本意이다.[28]

‘인간 혼의 소리[聲]’와 비통하고 처절한 그림자를 응시한다는
것은 이 당시 문학을 들여다보면 자주 목격되는 테마이며 이미지
들이다. 인간 혼의 소리란 고통·번민·오뇌와 같은 것이며 인간
(혼)의 그림자란 죽음과 같은 것들이다. 이를 변영로는 신비사상이
라 이름한다. 그리고 신비사상에는 "幽玄하고 微妙하고 婉曲無比
하고 애닲고 不可思議의 底力과 明狀할수업난 魅力이 있다"고 덧
붙였다. 변영로가 신비사상에 심취한 이유를 뚜렷이 확인할 수 있
다. 그들이 신비주의를 수용한 하나의 동인으로는 서구적인 것의
동경과 퇴폐주의적인 측면에 대한 경사 때문이기보다는 오히려
그것으로부터의 일탈 욕망이었다는 것은 기억해둘 만하다. 이 시
기의 문학을 이해하는 한 가지 뚜렷한 준거는 ‘퇴폐주의’인데 당
대 문인들에게는 이 ‘퇴폐주의’ 자체가 중요한 문학적 테마나 목
표가 된 것은 아니었던 것이다.

오히려 이 시기 텍스트들에서 나타나는 신비주의적 측면, 미묘
함·유현함·불가사의함·모호함·애달픔 등은 박영희를 비롯한
당대 문학 담당자들의 시에 내밀하게 투영된 것들이다. 예컨대 박
영희는 「월광으로 짠 병실」에서 ‘달빛’과 ‘병듦’과 ‘그림자’에 관해
말한 바 있다. 그것은 변영로가 옮겨 놓은 예이츠의 글에 반사되
어 박영희의 보다 분명한 의도를 전달하고 있다. "吾人의 思想과
情緖난 뵈지 안이하난 月光에 附隨하난 隱蔽된 潮汐으로써 飛上

---

28) 변영로, 「예잇츠와 신비사상」, 『폐허』 2호, 1921, 33면.

하난 烟霧에 불과하다"는 예이츠의 생각과 박영희의 시는 서로 반조하고 있다. 달빛의 미묘한 인력에 이끌리는 밀물과 썰물처럼 자신의 사상이나 정서도 마찬가지로 한순간 나타났다 사라지는 연기에 불과하다고 박영희는 생각한다. 이것들이 갖는 순간성과 우연성은 비통과 애달픔을 낳고 그 소멸하는 것의 불가지함과 유한성이 미묘하게 움직이는 상징성과 맞물려 깊은 울림으로 진동했던 것이다. 그것을 1920년대 초기 문학 담당자들은 '새로운 세계'라 불렀던 것이다.

변영로가 인용한 예이츠의 「육체(肉體)의 추(秋)」를 보자.

메터-링크난 이 渴仰과 誇慢까지 拔去한 微한 魂-임의 氣體에 近한 奈落의 淵에 沈하난 悲痛한 影子을 우리 眼前에 드러내엿다. 그런데 同樣의 變化난 佛蘭西의 繪畵에도 이러낫다. 卽 人間은 舊派의 戲曲的 說話와 美麗한 要素의 代에 實生活에 不適當한 脆弱한 動하는 肉體와 밋 實生活에서 보난 것 갓흔 明瞭한 輪廓과 動作이 업서진 色과 形의 微微한 리슴의 優勝한 景光을 隨處에서 보난 것이다. 余는 實로 엇던 나라의 藝術에서든지 多數人이 「頹廢」라고 브루난 微弱한 光과 微弱한 色과 微弱한 輪廓과 微弱한 精力과를 보나 藝術이란 未來의 事物을 夢想하난 것이라 밋음으로 나난 特히 肉體의 秋라고 부르고십다. 基「音律秋」의 薄暮에 海鷗의 啼音과 如한 愛蘭의 詩人이 이 意味를 「H光은 疲困하야 犁를 措할 ㅅ할대로다」란 句를 咏한 것이다. 頹廢는 外部的法則을 解釋하난 것이다.

예이츠는 '퇴폐'는 실증과학이 항상 부정해 왔던 많은 사물에 새로운 흥미를 가지고 접근했다고 말하고 이 사물은 바로 "말의 依치안코 思想으로하난 心과 心과의 交通, 夢과 幻으로 預知하난것과 밋 우리에게 死者와 死者以外에 모든 것이 現顯하난 것"이라고 덧붙인다. 예이츠의 글은 과학 실증주의와 물질주의가 팽배해진 서양의 정신적 위기 상황을 반영하고 있고, 이 위기 앞에서 인간 정신의 가장 아래 단계에서부터 다시 위를 향해 내딛어야 한다는 소명의식을 담고 있어서 그의 신비주의가 1920년대 우리의 문화 상황을 조명해주고 있는 것은 아니다. 그럼에도 변영로가 이 글에 관심을 가지게 된 이유는 분명 이 '퇴폐'라고 부른 말의 울림에 있었을 것이다. '퇴폐'는 미약한 음과 색, 리듬의 유현하고 몽롱한 마음의 상태를 의미한다는 이 강력한 울림이 그의 관심을 촉발시켰다. '마음과 마음의 교통, 몽상과 꿈에 의한 예지, 말로 정확하게 표현할 수 없으나 분명 우리에게 현현하는 것을 퇴폐라 부른다'는 선언은 문학의 새로운 지평을 강렬하게 환기시켰고 변영로를 비롯 당대 문학인들은 이 선언 앞에서 서성거렸던 것이다.

당대의 새로운 문학은 상징이나 은유의 탐색에 그 기반을 두고 있었다. 당대 문인들은 그것을 위해 몽환·꿈·환상을 필요로 했다. '저녁 어스름에 들리는 바다새의 막막하고 애절한 울음'을 의미하는 '음율추'에 유비된 '육체의 추'라는 개념은 예술이 갖는 미약하고 유현함, 반권력성, 아름다움 등을 조명하면서 그 미약함의 이미지를 강렬하게 환기시킨다. 그들이 내뱉는 울음이나 비탄은 바로 이 '가을'의 애잔한 음률이 남겨주는 육체의 쇠락과 휴식을 의미한다. 이는 현실에서 한 발 물러서 바라보는 사물의 상태, 생존의 피로 앞에서 이제 쟁기를 놓아두고 자신의 내면을 돌아보는 가운데서 생겨난 것이다. 이를 예이츠는 '외부적 법칙을 해석하는 것' 즉 '퇴폐'라 불렀다. 이 '신비주의 / 상징주의 / 낭만주의'가 이처럼 집중적으로 당대에 조명된 것은 이 '육체의 퇴폐'가 주는 바

로 꿈같이 유현하고 가을의 음율처럼 애잔한 이미지였다. 이를 당
대 문학 담당자들은 은유와 상징의 문맥 속에서 읽어내었고 근대
시(학)의 원형으로 이해했던 것이다.

4. 황석우 시의 이중성

황석우의 시는 어떠한가. 당대의 시적 담론을 이해한 바탕 위에
서 언급될 부분이 있지는 않을까.

황석우가 『장미촌』에 게재한 시는 당대의 일반적인 시적 경향과
거의 다르지 않다. '장미'가 숭고한 대상으로 설정되어 있고, 그것은
한 개인의 고독한 영혼을 표출하는 것이자, 절대적 가치에 대한 동
경을 의미하는 것이다. 황석우는 「서곡(序曲)」과 「장미촌(薔薇村)의제
일일(第一日)의여명(黎明)」을 실었다. 그 중 「서곡」을 보자.

> 孤獨은내靈의月世界,
> 나는그우의沙漠에깃드러잇다,
> 孤獨은나의情熱의佛土,
> 나는그우에한적은薔薇村을세우려한다,
> 그리하여나는스사로그村의王이되려한다
> 아아나는孤獨에도라왓슬째, 비로서
> 나의慧智가눈쓸을알認識엇다,
> 孤獨은苦痛이아니고, 나의慧智에의
> 즐겁은黎明일다,

실노孤獨은神과人과의愛의경계,
이곳에드러와야,
神의감춘손(秘手)을쥠을엇는다,
안일다, 孤獨그自身이「愛」일다,
神과人과의愛, 神人同體의
가쟝合理的의强하고, 淨한愛일다,
아아孤獨은愛의絶頂일다
이우를넘어서는愛가업다,
아아나는이우에한적은薔薇村을세우려한다,
아아나는스사로그村의王이되려한다

—「薔薇村의 饗宴—序曲」

　황석우는 '장미'를 통해 개인 주체의 고독과 그 혼의 장엄함에
대해 말하고자 한다. 고독은 정열의 불토이자, 신과 인간의 경계에
있는 것이며 신인동형의 표상, 애의 절정, 가장 강한 존재이자 절대
적인 위치에 있는 것이다. 이를 표상하는 기호적 상징물인 '장미촌'
은 그것들을 총괄하는 절대적 범주의 것이다. 그래서 장미촌의 주
인이 될 수 있는 자는 고독한 영혼을 소유한 시인 자신이다. 이 언
술은 이 시기 시인이 갖는 절대적 존재로서의 자기 인식을 보여준
다. 시인은 열정과 고독과 혼의 세계에서 절대 권력을 쥔 자이다.
시인은 신과 유사하거나 신과 같다. 이 같은 '시인−신 동형론'이
근대문학 예술의 기본 개념을 관통하고 있다. 문학의 절대적 메타
포로서의 '장미'는 당대적 기호 인식에 따른 것이다. 절대 세계의
동경, 생의 주인이자 신인적 주체로서의 시인의 자기 인식, 인간적
경계를 넘어서려는 고독한 의지는 아나키즘 사상이 내포하고 있는
자유 의지와 개인의 절대적 가치에 대한 강조와 구분하기 어렵다.

홍효민은 『한국문단측면사』에서 당시 문단에서 시인들을 논할 때는 황석우·변영로·남궁벽을 빼놓을 수 없었다고 말하고 그 중 가장 우수한 시인은 황석우였다고 회고한 바 있다. 황석우의 시는 "자연주의 시로 「워즈워드」 풍이 있고 石川琢木의 풍이 있다"는 것을 나중에 알았다는 것이다.[29] 그가 1929년 발간한 『자연송』에서 시의 대상으로 삼은 것은 '태양·지구·돌·우주·달' 등 자연물들이다. 시집의 제목 '자연송'의 '자연'은 워즈워드풍의 '자연주의 시'의 '자연'과 유사한 듯하지만, 이미 많은 논의가 있어온 대로 '자연'의 번역 과정에서 온 오해에서 비롯된 것이 많다. 일본의 경우, 초기 자연주의 문학자로 인정받았던 돕뽀와 카데이의 문학은 서구의 졸라주의적 자연주의가 아닌 서정적·낭만적 본성주의였다. 일본의 경우 이 자연주의는 본성·감정·정서와 가장 가까운 것이라는 의미의 낭만주의 성향을 띠고 있었던 것이다.[30] 당대 최고의 시인으로 평가받았고 그 명성이 1930년대까지 이어졌던 황석우의 경우에도 그를 '자연주의' 시인이라 평가한 맥락에는 이 같은 일본 자연주의의 서정성과 범신론주의와 명상주의와 생명주의가 혼합되어 있었던 것으로 생각된다. 한편, 석천탁목(石川啄木, 이시카와 다쿠보쿠, 1886~1912)의 풍이란 무엇인가. 그는 일본 역사상 최대의 변혁기로 꼽히는 명치시대를 살았으며 일본 근대 낭만주의적인 시단을 이끌던 뎃캉의 『명성』에 참가하면서 개념적이고 감각적인 시를 발표한다. 그러나 곧 시는 '일상적인 우리들의 식사에서 맛보

---

29) 홍효민, 「한국문단측면사」, 『현대문학』, 1958.9.
30) 마경옥, 「일본 자연주의에 있어 자연의 의미」, 『일어일문학연구』(한국일어일문학회 편), 박이정, 1998, 201~205면.

는 것과 같은 시'가 되어야 한다고 하면서 시인 개인의 일상으로 시의 소재를 끌어내리고, 도시생활, 빈곤, 삭막한 정서 등을 그려 현대 도시인이 갖는 황량하고 막막한 심정을 표현하는 데 관심을 기울인다. 그 뒤 1910년을 전후로 사회주의 운동과 브나로드 운동의 열기에 영향 받아 이상적이면서 사회주의적인 지향성을 보이는 작품들을 발표한다. 이때의 시들은 김기진을 비롯 〈카프〉 초기 시인들에게 깊은 영향을 미친다. 석천탁목의 시에는 고독한 개인의 낭만적이고 이상적인 열정이 숨쉬고 있고, 그 속에 억눌린 민중의 한이 도사리고 있는 것으로 평가된다. 황석우와 워즈워드, 석찬탁목의 유사점은, 하나는 초기 상징주의 시풍에서 보이는 이상주의적 경향에서 찾을 수 있으며 다른 하나는 황석우가 1930년대에 주로 쓴 사상시적 경향에서 찾을 수 있다.

이 시기 시적 경향에 대한 황석우 자신의 언급은 시집 『자연송』 서문에 쓴 글을 통해 추정할 수 있다. 이 시집에 실린 시들은 그의 말대로 하면 '대정 9년(1920) 이전의 시를 모은 것'이고 사상시는 나중에 따로 시집으로 낼 것이라 밝히고 있다.[31] 사상시는 '자연'이나 '우주' 등을 포괄하는 범신론적인 개념으로 이해하기에는 어려운 종류의 시들을 의미하는 것으로 생각된다. 그렇다면 '사상시'는 그가 1930년대에 많이 쓴 경향적인 시들을 가리킬 것이다. 황석우가 인식한 사회운동의 단계는 대정 9년(1920) 이후이다. 자연송에 실린 시들이 "나의 사회 운동 이전 곳 대정 9년 이전과 쏘는 만주 방랑시대에 된 작들"이라고 밝히고 있기 때문이다.

---

31) 황석우, 「自序」, 『자연송』, 조선시단사, 1929, 2면.

1920년경이면, 그가 아나키즘에서 점차 공산주의 사상으로 돌아서게 되는 시기이다. 그가 그 이전부터 아나키즘 사상 단체와 연계를 가졌고, 아나키스트들과 교유를 하고 있었다는 점을 염두에 둔다면 그가 굳이 1920년경에 그의 사상운동을 시작한 것으로 말하는 것은 의아스럽다. 이는 곧 유학생 시절 대삼영과 김약수 등과 교유하면서 아나키즘 사상을 섭렵하던 시기를 엄밀한 의미에서 '사상운동'을 하던 시기로 인식하고 있지 않다는 것이다. 그가 1922년경 김약수를 따라 공산주의 사상 단체 북성회를 선택한 이후를 엄밀하고 적극적인 의미에서 사상운동 시기로 보고 있는 것은 아닌가 추정된다. 이 말은 결국 아나키즘과 상징주의를 황석우조차 유사한 맥락에서 동시에 받아들이고 있었다는 추정을 가능하게 한다.

홍효민은 황석우 시의 양면적 성격을 '나중에 알아진 것'이라고 말하고 있는데, 이는 황석우 시의 사상적 경향이 상징주의 시가 유행하던 시기에 그다지 부각되지 않았던 탓이 아닌가 한다. 일제 검열 때문에 사상 활동의 전력이나 사상 경향을 언급하기 힘든 탓도 없지 않았겠지만 상징주의가 포회한 아나키즘적 사유를 그 자신도 깨닫지 못한 것으로도 볼 수 있을 것이다.

『장미촌』 잡지를 '시전문지'로 규정하는 것은 전문적 문인을 기준으로 한 것이다. 그러나 이제껏 살펴보았듯, 여기에는 비전문 문인 곧 당시 사회 정치사상가 운동가들이 포함되어 있다. 우리 근대시, 특히 상징주의를 모방한 시들로 알려진 근대 초기시들에 대한 사상사적 접근의 필요성을 생각해볼 수 있는 대목이다. 여기에 상징주의 시인 황석우와 아나키즘의 영향을 받은 사상운동가 황석우의 이중적인 얼굴이 있다. 이 양면성을 파악하는 것은 황석우 한 개인의 시적 이력을 파악하는 데 그치지 않고 근대시사를 보다 포괄적으로 바라볼 수 있게 한다.

제 8 장

사회주의 사상가들의 시

1. 새로운 시도들

이 글에서는 보다 본격적으로 1920년대 초기 사회주의 사상가들의 면면과 그들의 시를 살펴보고자 한다.

1920년대 초기, 이른바 '동인지 시대' 시는 대체로 서구 상징주의, 낭만주의 문학의 모방이며 따라서 문학적 질(문학성)이 낮다고 평가된다. 이 시기를 '서구 퇴폐주의(데카당스) 시의 모방적 수용'의 시기로 한정할 때, 연구자의 윤리적 태도는 이 시기 시를 이해하는 데 하나의 걸림돌이 되었다. 이 시기 문학 담당자들이 스스로 당대의 문학 행위를 평가하는 측면[1]이나, 우리 윗세대 연구자들이 이들의 문학 활동을 문학사적으로 평가하는 측면[2]에 비해서, 그리고 우리 시사에서 이 시기 문학이 갖는 시사적 중요성에 비해서도, 우리 세대 연구자들의 관심의 정도는 지나치게 편향적이거나 제한적이다.

1920년대 초기 동인지 시대 시 연구들은 대체로 두 방향으로 정향된다. 하나는 동인지 시대의 시를 낭만주의·상징주의 문예 사조의 모방으로 이해하는 경우, 다른 하나는 카프 전단계문학으로서의 '『백조』파'에 대한 언급. 전·후자 모두 대체로 동인지 시대 시 그 자체에 대한 연구나 가치판단이기보다는 그 '바깥'에서 이를 평가하고 있다는 점에서 동인지 시에 대한 전면적이고 구체적인 평가라고 보기는 어렵다. 그 결과 동인지 시대 시는 대체로 부정적인 시각에서 검토되고 평가되어 왔다. 특히 비교문학사적 방법이나 서양 문예 사조사를 중심에 둔 연구가 부정적 시각에서 출발하고 있었다고 판단된다. 동인지 시대 시 전반에 대한 재검토의 필요성을 별로 의식하지 못한 채 기존 논의를 반복 재생산하는 수준에서 연구가 이행된 경향이 짙다.

그런데 최근 몇몇 주변 학문의 연구성과에 힘입어 이 시기 문학에 대한 새로운 논의를 가능하게 하는 요건들이 생겨나고 있다. 동인지 시대 문학을 '근대성'이라는 일관성 있는 테마를 통해 연

---

1) 박영희, 「초창기의 문단측면사」, 『현대문학』, 1959.9~1960.5.
   김기진, 「한국문단측면사」, 『사상계』, 1956.8~1.
   박종화, 「백조 시대와 그 전야—신문화의 남상기」, 『신천지』, 1954.2.
2) 백철, 『신문학사조사』, 신구문화사, 1983.
   조연현, 『한국현대문학사』, 성문각, 1969.
   김용직, 『한국근대시사』, 학연사, 1986.

구하고자 한 것도 새로운 경향3)의 반영이라 생각된다. 이 같은 주변 정황들은 이 시기 문학에 대한 광범위한 재검토의 필요성을 제기하고 있다. 따라서 이 글은 동인지 시대를 '상징주의와 낭만주의 모방'의 시기로 규정하는 그간의 논의에 대한 문제 제기를 하는 입장에서 쓰였다. 이미 앞의 글을 통해 언급된 사항과 새롭게 밝혀진 연구 결과를 토대로 해서 논의를 이어가도록 하겠다.

동인지 시대 시를 단순히 서구 상징주의와 낭만주의 문학의 모방으로 이해할 수 있는가 하는 점은 이 책의 중요한 출발점이었다. 이 시기 동인지에 참여했던 사람들 가운데 사회주의 사상가들이 다수 존재한다는 데서 이 문제가 간단치 않음을 확인할 수 있고, 이는 곧 문예 사조로서의 상징주의나 낭만주의의 모방적 담론으로 이 시기 시를 이해할 수만은 없다는 결론에 이르게 한다. 궁극적으로는, 사상운동과 문학의 연계를 카프 전단계 문학 유파로 인정하는 '『백조』파'에서 이끌어 오던 관행에 비추어, 그 같은 판단이 과연 타당한가 하는 문제를 제기하게 된다. 이를 위해서 우리는 먼저 당시 동인지에 참여했던 동인들의 면모를 확인해야 할 것이다. 이 물음에 이어서 우리는 그럼 왜 이 시기 사상운동가들의 시에서조차 그 같은 상징주의적 요소들이 빈번하고도 깊숙하게 드러나는가 하는 점을 고찰하게 될 것이다. 이는 당대 주류 담론의 성격과 이들 사상가들의 사상적 위치나 입지점을 찾음으로

---

3) 황호덕의 「1920년대 동인지 문학의 성격과 미적 주체 담론 연구」(성균관대 석사논문, 1997)를 비롯, 상허학회의 『1920년대 동인지 문학과 근대성 연구』(깊은샘, 2000) 등은 '동인지 시대' 문학 연구의 새로운 경향을 반영하고 있는 것으로 보인다.

써 해소될 수 있을 것이다.

동인지에 참가했던 인물들의 면면을 검토해보자. 이들 동인지 참가 인물들 가운데는 비전문 문인들이 상당수 존재한다. 이들 가운데는 사회주의 사상가들로서 사상 단체에 직접 간여한 경우가 많으며 이들이 반드시 전문적인 문인의 위치에서 문학 활동을 한 것으로는 파악되지 않는다. 지금까지 동인지 시대 시의 성격을 규정하면서 이들 비전문 문인들에 대해 주목한 경우는 거의 없었다. 이들 비전문 문인들에 대한 주변 연구가 제대로 이루어지지 않았던 탓에, 동인지 성격을 규정하는 데는 '문학적인 동인 활동을 전제로 한 것'[4]이라는 전제가 필요했다. 이는 이들 비전문 문인들을 '배제'한 이유를 설명하기에는 적절치 않을 뿐더러, 문예 사조 중심, 문학 담론 중심으로 이 시기 문학연구가 제한될 수밖에 없었던 이유를 설명해준다. 하지만 이들 '비전문 문인들'의 존재를 배제한 채로 이들 동인지의 전반적 성격을 규정할 수 있을까 하는 데는 여전히 의문이 남는다. 이들이 사상운동의 중심 인물이기도 했다는 데서 동인지를 사상사와의 상관성 속에서 이해할 수 있는 실마리를 던져주고 있는 것이다.

이 저서의 앞장에서 언급한 정태신의 경우가 대표적이다. 그는 『대중시보』 등의 잡지에 많은 글을 발표했을 뿐 아니라, 『청년조선』의 주간과 노동공제회에서 설치한 중앙노동강습소의 강사로도 활동했을 정도로 초창기 사회주의 사상운동사에서는 중요한 인물이었다.[5] 3·1 운동을 전후로 국내에서 공산주의 운동을 전개했

---

4) 김윤식, 『염상섭 연구』, 서울대 출판부, 1989, 97면.
5) 박철하, 「북풍파 공산주의 그룹의 형성」, 『역사와 현실』 28, 1998.6, 65면.

던 그는 1921년 봄 일본으로 주력 무대를 옮겨 활동하게 되는데, 이때의 사정은『장미촌』의 '동인의 말'에서도 부분적으로 확인되는 사항이다.

그가『장미촌』에 글을 싣게 되고 문학 월평에 이름이 오르게 된 것을 어떻게 이해할 수 있을까. 그것은 시인이자 사상운동가였던 황석우와의 교유 때문으로 보인다. 황석우가 아나키즘을 비롯한 사상운동 단체에 가입했다는 사실은 앞에서 이미 밝혔다. 단 황석우의 시를 사상운동과의 관계에서 논의한 것이 아니라 주로 상징주의 시인으로 이해한 데에 문제가 있었던 것이 아닌가 한다. 정태신과 (뒤에서 언급할) 보성에 대한 황석우의 편애는 그가 이들과 함께 사상운동을 함께 했다는 사실에서 기인한다. 이들은 모두『대중시보』의 중요한 필진이었다. 이 사상운동의 과정에서 황석우·이혁로·정태신의 친밀한 인간 관계가 형성되었고 이것이 문예방면에서도 투영되었던 것이 아닌가 한다. 동인잡지는 그것의 구체적 증거이다.

황석우는 당대의 가장 이름난 시인이었으며 시단에서 대중적으로도 독보적인 위치를 차지하고 있었다. 황석우가 이들의 시를 월평의 대상으로 삼은 것이나,『장미촌』과『폐허』에 이들을 끌어들인 것에서 이미 1920년대 초기부터 문학이 사상운동과 연결될 수 있는 기틀이 마련되었음을 보여주는 것이라 하겠다.

2. 『폐허』와 보성

　문인들과 사상운동가들의 관계는 『삼광』(1919.2 창간), 『폐허』(1920
.7), 『신생활』(1922.3) 지를 중심으로 살펴보면 보다 뚜렷하다. 『신생
활』에 「묘지」를 발표한 바 있는 염상섭의 경우, 그가 『신생활』에
관계하는 면모들은 황석우와의 관계를 떼어놓고 생각하면 힘들고
황석우와의 관계 또한 그의 일본 체류 시절의 노동운동 체험과도
분리하기 어려운 듯하다. 그와 황석우와의 관계는 『폐허』를 살펴보
면 확실하고, 황석우가 주재한 『삼광』의 경우에도 뚜렷하게 그 면
모가 나타난다. 『삼광』은 1919년 2월 홍영순을 발행인으로 창간된
잡지다. 1919년 2월경이면 『창조』·『학지광』 등이 나오던 시기였
다. 대판에서 노동자 생활을 하고 있던 염상섭은 황석우를 만나
『삼광』 동인이 된다. 그는 불과 며칠 뒤인 3월 19일 자기가 스스로
초안하고 발표한 '독립선언서 사건'을 일으켜 감옥에 가게 된다.

　당시 유학생 사회에서 최고의 잡지는 『학지광』이었으므로 『삼
광』은 그다지 뚜렷한 존재가 아니었던 것으로 알려져 있다. 염상섭
은 제2호(1919.2)에 시 「삼광송」과 평론 「상아탑 형께—『정서의 작』
과 『이상적 결혼』을 보고」를 썼고, 제3호(1920.4)에 「이중해방」, 「박
래묘」를 발표했다. 특히 염상섭의 평론은 원래 『학지광』에 투고한
것이었으나 백악 김환의 거절로 실리지 못하고 『삼광』 2호에 게재
된다. 이것이 뒷날 『창조』파의 김동인과 『폐허』파의 염상섭이 백
악의 「자연의 자각」을 두고 한판 논전을 벌이는 불씨가 되었다는
지적도 있다. 즉 『폐허』는 『삼광』의 연장이고 '『삼광』파'의 발전적

해소이며『폐허』의 모체는『삼광』이라는 것이다.[6]

황석우와 염상섭이 동지적 입장에서 만난 당시의 상황은 염상섭의 글에 잘 나타나 있다. 염상섭이 황석우를 만난 것은 3월 사건, 곧 재대판 조선노동자 대회 독립선언서를 기초하고 이를 선포하려다 체포, 조사받은 사건이 나기(3월 18~19일경) 며칠 전이었다.

當時我等同志의 계획이 여의치못함으로 동군과 나는 경도로 이전하야 이삼일간 동거하며 피차에 시국과 문단에 관하야 격론하다가, 우연히 동군의 시에 대한 감상을 草하게 되었다. 그것은 물론 동군의 시재를 사랑함에사 나온 것이지만, 당시 동군이 불리한 처지에 陷한 듯한 추측이, 나의 심중에 잇섯는고로[7]

황석우와 엽상섭의 만남은『삼광』이라는 잡지가 매개가 되었지만 그 내면적 동기는 동지적 교유였다는 것이 확인된다. 그런데 1919년 2~3월경에 황석우가 빠져 있던 불리한 처지란 무엇일까. 1919년경이라면 황석우가 아나키즘 단체의 회원으로 활동하고 있던 시기였던 만큼 사상운동 단체에 대한 일제의 탄압 등 활동상의 제약과 관련있을 것이다. 염상섭은 노동운동의 체험을 통해 자아각성을 이루고, 이를 조선 독립운동과 병행하고자 했다. 그것은 그가『폐허』를 간행하게 된 동기와도 관련되는 듯 보인다.『폐허』를 간행할 무렵의 그의 사상적 거점은 1910년대 일본 대정 데모크라시의 사상적 구조와 밀접하게 관련되어 있었다는 것이다. 이는『폐허』창간호에 실린「폐허에 서서」나 2호에 실린「저수하(樗樹下)에서」가

<hr>

6) 김윤식,『염상섭 연구』, 서울대 출판부, 1989, 126면.
7) 염상섭,「부득이하야」,『개벽』, 1921.10, 128면.

갖는 글의 성격에서 뚜렷하게 확인된다. '폐허'의 의미가 소멸이 아닌 창조와 역동성의 견인력으로 작용하고 있음을 볼 수 있다. 황석우와 염상섭의 만남은 문학 이전에 '사상적 동지'로서 가능했고 『삼광』·『폐허』와 같은 잡지가 이들을 매개해주었던 것이다.

여기서, 당시 시인으로 널리 명성을 떨친 것 못지 않게 사상운동가의 위치에서 자신을 놓았던 황석우를 이해할 필요가 있다. 이것은 다시 한번 강조될 필요가 있다. 즉 최고의 상징주의(모방)의 시인이기보다는 사상운동가로서 그를 이해하고 이를 통해 근대시사의 사상적 지형도를 구축할 필요가 있는 것이다.

『폐허』 창간호에 참가한 인사 중 비문인이어서 잘 알려지지 않은 인물들로는, 보성(이혁로)·공민(나경석)·이병도 등이 있고 실제로 글은 싣지 않았지만 동인으로 기재되어 있는 인물로 김영환이 있다. 후에 사학자로 이름을 얻게 되는 이병도를 제외하면, 보성·김영환·공민 등의 인물에 대해서 문학 쪽에서 관심을 기울인 경우는 거의 없었다. 이들이 누구인가 하는 것에서부터, 왜 그 이후로는 글을 싣지 않는가 하는 것은 의문이다. 이 의문은 초창기 잡지의 성격을 규정하는 데 있어 중요한 관점을 제공한다. 기존의 1920년대 근대 초기 시사 연구가 일면적인 것은 이들의 존재를 고려하지 않았던 데서 비롯되는 것 같다. 특히 이들의 존재는 동인지 시의 평가뿐 아니라 근대시사 전반에 대한 인식을 새롭게 할 필요성을 제기한다.

이 중 『폐허』를 비롯, 1920년대 초기에 사상잡지 등에서 시를 발표하고 있는 '보성'이라는 인물 또한 『장미촌』의 정태신의 경우와 마찬가지로 주목할 필요가 있다.

황석우는 한 월평[8])에서 보성의 시를 이례적으로 세 편 다루고 있다. 『공제』 창간호(1920.9)의 「그가 뉘냐」, 「배암에 물린 참새」, 그리고 『폐허』 창간호에 실린 「네 발자국소래」(1920.7)가 그것이다. 『공제』는 정태신·김약수 등 3·1 운동 직후 마르크스주의 학습 단체를 조직하고 조선노동공제회를 창립한 인물들에 의해 주도된 공산주의 잡지였다. 『공제』 1호와 2호는 이들에 의해 장악되어 노동 문제, 계급투쟁, 구미 노동운동사, 노동운동과 사회주의의 결합 등에 관한 논문을 싣는다. 황석우가 "그리고 君과 맛날 째는 恒常하는 말이지만"9)이라고 표현하고 있는 데서 황석우와 보성이 상당한 정도로 친밀한 관계에 있었음을 알 수 있다. 또한 "本來貴族文化의 反抗者 睡篤자되는 군에게"라고 표현한 데서 보성이 사상운동에 관계한 인물임을 추정하게 한다. 황석우와 정태신이 그러했듯 보성도 사상운동이 인연이 되어 시 월평의 중요한 대상이 된 것이다. 보성이 『폐허』 창간호에 시를 실었던 것도 같은 이유일 것이다.

황석우의 월평을 통해 확인할 수 있는 것은 공제 창간호에 실린 「배암에 물린 참새」의 필자 곧 'ㅎㄹ 生'이 보성과 동일 인물이 아닌가 하는 점이다. 이 월평의 "쏘 君의 同誌에 쓴 「배암에 물린 참새」라는 詩도 쏘한"이라는 구절에서 이것이 확인된다. 「배암에 물린 참새」의 작가 'ㅎㄹ'생은 바로 '혁로'의 한글 머리글자에서 따온 것으로 보인다. 즉 '보성(步星)', '이혁로(李赫魯)', 'ㅎㄹ'생이 동일 인물일 가능성이 있는 셈이다.10)

---

8) 황석우, 「최근의 시단」, 『개벽』, 1920.11, 91~92면.
9) 황석우, 위의 글.
10) 보다 자세한 사항은 조영복, 「1920년대 초의 문학과 사상운동과의 관계」(『문학사상』, 2001.4) 참조.

그렇다면, 이혁로란 누구인가.[11] 이혁로의 존재가 사상운동의 테두리 내에서 확인되는 것은 '『신생활』지 필화 사건'의 기록에서이다. '우리나라 최초의 사회주의 잡지'로 알려진 『신생활』은 1922년 3월 11일 창간되었지만 사회주의 색채를 강하게 띤 탓에 창간호부터 압수를 당하는 시련을 겪게 된다. 특히 1922년 11·12월호를 러시아혁명기념 특집호로 만들면서 잡지 관련자들의 대거 구속 사태가 일어나게 된다. 김명식의 「러시아 혁명기념」, 유진희의 「민족운동과 무산계급의 전술」, 이항발의 「자유 노동조합 결성의 취지」 등의 글이 문제의 발단이 되었다. 이 사건으로 구속되거나 심문을 받은 인물 가운데 이혁로의 이름이 등장한다.

『신생활』은 상해파 좌익이 주도하고 서울파 공산주의자들이 합류해서 운영된 잡지였다. 국내 상해파는 1922년 10월을 전후한 시기에 종래의 문화계몽운동론을 고수하는 장덕수·이봉수 등의 우익과 문화계몽운동을 폐기한 김명식·유진희 등의 좌익으로 분열되는데, 상해파 좌익이 국내 꼬르뷰로 내지부를 중심으로 전개되던 국내 공산주의 그룹 통일운동 참여를 거부했기 때문이다. 신생활사는 이들 상해파 좌익을 중심으로 한 독자적인 공산주의 그룹에 의해 주도된 것이었는데, 서울파 또한 내지부 참여를 거부함으로써 이 두 단체가 『신생활』지에서 같이 일을 할 수 있는 동기를 만들게 된다.

이혁로는 유진희와 함께 『신생활』지가 폐간된 이후 1924년 3월

---

11) 1888년 生. 1922년 〈무산동지회〉 결성에 참여. 1928년 3월 〈조선공산당〉 입당.『조선지광』 편집자. 1930년 3월 폐병으로 위독한 상태에서 검거. 강만길·성대경 편, 『한국 사회주의 인명 사전』, 창작과비평사, 1996, 338면.

<통일조선공산당창립대회 소집준비위원회> 곧 <13인회>에 신생활사의 대표로 참가한다. 이 <13인회>는 각파 공산주의 그룹의 존재를 인정하고 결합된 상층 지도부의 협의 기관적 성격을 띠고 있었다.[12] 당시 문서에서 이들 상해파 좌익을 여전히 <신생활사 그룹>으로 부르고 있다는 데서 『신생활』은 상해파 좌익이 주도했던 사회주의 계열 잡지이며 이혁로는 이 상해파 그룹에서 활동한 공산주의자임을 확인하게 된다. 보성의 시는 『대중시보』·『공제』·『폐허』지에 몇 편 실려 있는데, 보성이 공산주의 잡지의 중요한 필자임을 보아 사상운동에 관계했고 이로써 그가 이혁로와 동일 인물일 가능성은 보다 증대된다.

황석우의 시 「혈(血)의 시」가 '보성군(步星君)의 압헤 밧친다'는 부제를 달고 『폐허』 창간호에 실려 있다는 점도 주목된다.[13] '보성(步星)이 이혁로(李赫魯)'일 가능성은 국사학계나 사회·정치사상 분야의 선행 연구가 뒷받침되어야 보다 명확해질 것이다. 보성이 이혁로라면 그는 사상운동에 관계하면서 시인으로 활동을 했던 인물인 것이다. 보성의 존재가 보다 확실하게 입증되면 1920년대 초기 사상운동과 문인과의 관계가 보다 직접적으로 드러날 것이다. 따라서 1920년대 초기에 사상운동가들이 문학 활동을 했던 것에 대한 이해와 평가하는 문제는 앞으로 충분한 논의가 있어야 할 것이다.

한편, 근대문학 초창기 잡지 발행이나 인쇄를 담당했던 인물 중에 공산주의 사상운동과 관련된 인사가 더러 있다는 사실 또한 기억할 만한 사항이다. 『신생활』사의 사무 이사로 올라 있는 이병조

---

12) 임경석, 「서울파 공산주의 그룹의 형성」, 『역사와 현실』 28, 1998.6, 54면.
13) 뒤편에 실린 「근대 초기 시의 미적 개념 인식과 근대시 장르의 체계화」 참조.

는『문우』등의 발행인으로 우리나라 초창기 잡지사에서 뚜렷한 공적을 보이는 인물이다. 인쇄인인 노기정 또한『장미촌』을 비롯 몇몇 잡지의 인쇄를 담당한 인물이었다. 이병조와 노기정은『신생활』지 필화 사건 때 둘 다 심문을 받았다. 이들은 우리 근대 잡지사에서 잡지 발행과 인쇄에 관계했던 인물들이다. 잡지 발행이 사회주의 사상운동과의 일정한 관계 내에서 행해졌음을 추정하게 한다. 특히 1923년 11월 조선인학생회 명의로 내놓은 합동시집『폐허(廢墟)의 염군(焰群)』은 성서도서주식회사에서 인쇄 및 판매를 담당했다. 그 때 인쇄인이 바로 노기정이었다.『폐허의 염군』은 초창기 중요한 아나키스트였던 방준경 등이 중심이 되어 발행한 것으로 김억의『오뇌의 무도』에 이은 우리 시사상 두 번째 시집으로 기록된다.[14] 노기정이 이 잡지의 인쇄인이라는 사실 또한 간단치 않은 사실을 전하고 있다. 이는 아나키즘과 노기정의 관계, 잡지 발간과 사상운동과의 관계에 대한 흥미로운 점을 시사하고 있는 것이다. 이 시집의 간기면에서도 이 사실은 확인된다. 한성도서주식회사의 지번인 경성 견지동 32번지는『장미촌』의 인쇄소 및 판매소와 동일한 지번이다.『폐허의 염군』에 참여하고 있는 박팔양은 박영희·김기진과 함께 배재고보 동기였고 이들 1년 후배로 박세영·송영 등이 있었다.『폐허의 염군』의 발행인 역시『장미촌』의 미국인 발행인인 변영서와 동일한 인물이다.[15] 이러한 점에 비추어 본다면『장미촌』·

---

14) 박인기, 「시집『폐허의 염군』과 1920년대 현대시」,『한국시학연구』3, 2000. 11, 136면.

15) 변영서에 관한 보다 자세한 것은 조영복의 「최초의 시전문지『장미촌』에 대한 의문점」(『문학사상』, 2001.1) 참조.

『폐허의 염군』 등은 배재고보 출신 문인들이 중심에 있었고 이들은 미국 감리교 단체의 일정한 지원을 받고 있었던 것으로 추정된다. 박세영·송영 등이 후에 〈카프〉의 전단계 조직인 〈염군사〉를 조직했던 중심 인물이었고 이들이 서울청년회나 북풍회 계열의 공산주의 사상 단체와 밀접한 관계를 맺고 있었음을 감안한다면『장미촌』·『신생활』·『폐허의 염군』 등 초기 잡지에 관계했던 인물들과 사상운동과의 연관성은 부정하기 어렵다. 다시 말하면 〈카프〉, 혹은 〈염군사〉나 〈파스큘라〉의 형성 이전에 이미 근대문학은 사상운동과 일정한 관계를 맺고 있었으며 그것은 1920년대 초 잡지 발간의 중심 인물들의 행적과 문학 활동을 통해서 확인된다. 이러한 관점에서 1920년대 우리 근대 초기 시사는 재조명될 필요가 있다.

3. 사상운동과 근대문학의 자장

1920년대 초기 사상운동가들과 문인들의 관계는 앞에서 살펴보았듯이 비교적 뚜렷하게 찾아진다. 그들은 일종의 연합 형태로 잡지에 간여했다. 그들의 글 속에는 자아각성·생명 등의 주제의식이 '힘'의 강조와 함께 분명하게 드러나 있다. 황석우와 이혁로, 정태신 등 이들의 밀접한 관계는 사상운동의 자장 한가운데서 생겨난 것으로 추정된다.『삼광』·『장미촌』·『신생활』·『폐허』 등에 사상운동가들이 참여하게 된 연유가 여기에 있다. 남궁벽과 염상섭, 그리고 황석우의 관계도 이러한 역학 관계를 반영한 것이 아닌가 한다. 『폐허』와 『신생활』·『장미촌』 등 황석우가 중심 인물로 간여했던 잡지에는 사상운동가들이 동인으로 참여한다. 그리고 대판에서 노동자 생활을 했던 염상섭도 이때 황석우와 지우의 정을 맺게 되었던 것이다.

　『신생활』에 염상섭과 남궁벽이 깊숙하게 개입되었던 연유 또한 유사한 것으로 보인다. 김명식·유진희 등 상해파 좌익이 주도했고 이혁로가 관계했던 『신생활』에 남궁벽의 시와 일기가 게재된 것은 우연한 일은 아닌 것이다. 『신생활』에는 남궁벽의 시 「별의 압흠 그리고 기타」 등의 시와 그가 죽고 난 뒤 염상섭이 번역해 발표한 「아손자일기(我孫子日記)」가 실려 있다. 남궁벽은 1921년 3월에 동양대학 철학부 교수였던 유종열의 집에서 머물러 있었고 일본 최고의 소설가였던 지하직재(志賀直哉)를 만나러 가기도 하였다. 당시 남궁벽은 일본어에 능통해 일본어로 된 시를 발표하기도 했고 일본의 대잡지 『태양』에 고구려 벽화의 위대성을 논파한 명논설 「조선문화상의 광휘점」(1919.10)을 발표해 이름을 날리고 있었다. 그는 유종열을 『동아일보』 기자로 있던 염상섭에게 소개했다. 유종열의 강연회와 유종열 부인이었던 유겸자의 독창회가 성황리에 경성에서 열릴 수 있었던 연유도 이들의 교유 관계에 의한 것이었다. 남궁벽이 사상잡지 『신생활』에 글을 싣게 된 것도 사상운동가들과 문인들 간의 교유를 증거하는 것으로 보인다. 그 중심적 역할을 했던 인물이 사상운동과 문학 활동을 동시에 했던 황석우였던 것이다. 염상섭이 『폐허』의 모델을 백화파의 그것에 두고 있었고 백화파의 자아각성을 중심으로 한 세계시민주의에 그 이념적 토대를 두었다는 것, 그리고 사상운동에 그것의 한 축을 대고 있었다는 것도『폐허』의 성격 규정에 중요한 인자가 된다. 흔히 알려진 대로 데카당스와 퇴폐주의의 온상으로『폐허』의 성격을 규정할 수는 없다는 뜻이다. 동인 구성면이나 그들이 내세운 이념적 측면에서도『폐허』의 성격은 서양 문예 사조사의 이념과는 다른 국면을 지니고 있었다.

이 점은『폐허』지에 실린 공민(公民)의 「양혜(洋鞋)와 시가(詩歌)」에서도 유사하게 적용된다.

공민은 알려진 대로 나혜석의 오빠이고 아나키스트였다. 이 글은 공민 사상의 한 끝점을 알게 할 뿐만 아니라 당시 사상운동가와 문인의 관계에 대한 작은 암시를 얻을 수 있다는 점에서 흥미롭다. 이 글은 공민과 백화파 화가의 대화로 시작된다. 이 대화에서 가장 중요하게 취급되고 있는 문제는 시인과 평민과의 '거리'이다. 이 거리를 어떻게 좁혀야하는가가 공민의 관심사라면 백화파 화가는 이 거리를 과연 좁힐 수 있고 좁혀야 하는가 하는 문제로 접근한다. 하나는 당위론을 거느린 방법론적인 측면이고 하나는 본질론적인 측면이다. 그렇다면 이 둘의 생각은 거의 평행선을 달려야 한다. 공민의 사상은 아나키즘과 민중주의를 대변하고 있고 백화파 화가는 예술가 본연의 천분(천재성)과 존재성을 이야기하고 있어서 이 양자의 고민은 쉽게 해소될 것 같지 않다. 따라서 이 글도 자연히 이 의문에 대한 해답을 유보하면서 끝맺는다. 이같은 유보적 입장은, 그들이 품었던 이상주의와 현실과의 괴리를 보여준다. 사상운동적 요소와 문학적 예술적 요소를 분리하지 못했던 당시 사상운동가들의 고민을 반영하고 있는 것이다.

이 당시 비전문 문인들, 특히 사상운동가들의 시가 마르크시즘 사상을 띠기보다는 이상주의적이고 사변적인 성격이 강했다는 데서 문학의 중심 담론과 사상운동의 친연성을 확인할 수 있다. 공산주의 단체에 속해 있었던 보성의 경우에도 상징주의적인 인식은 나타난다. 더욱이 『폐허』 창간호에 실린 「네발국소래」나 이혁로의 이름으로 실린 「황장미화」의 경우, 상징적이고 암시적인 측면이 더욱 강하다. 특히 생명과 자아를 두드러지게 강조하고 있는 것은 당대 주류 담론의 한가운데 이들 사상운동가들이 많은 부분 노출되어 있었음을 보여준다. 황석우가 월평을 했던 정태신의 시 「새 생명(生命)」에서조차 마르크시즘 사상의 편린은 별로 발견되지 않는다. 『공제』가 공산주의 사상을 선전하는 잡지였음을 감안한다면 이는 더욱 의아스럽다. 정태신이 『장미촌』에서 보여준 편지글처럼 「새 생명」 또한 탐미적이고 이상주의적인 경향을 드러낸다. 아나키즘이 포회한 이상주의에 가까운 인상을 준다. 니체와 톨스토이를 언급한 것으로 보아도 공산주의 사상을 충실히 재현하고 있다기보다는 아나키즘적 사유의 편린을 강하게 드러낸다. 태양을 숭엄 장미한 자연으로 묘사하는 것이나, 참생명의 강조, 참되고 절대적인 진리, 지에 대한 찬미 등이 이 시대 시의 주류적 경향에 닿아 있다. 마찬가지로 보성의 시 또한 엄밀하게 공산주의적 경향을 띤다고 보기는 어렵고 아나키즘과 상징주의, 니체 철학 등 당시 널리 퍼져 있던 사상의 전반적 경향을 동시에 보여준다.

즉 당시의 사상운동가들의 시에 다분히 드러나 있는 상징주의적 특징에는, 한편으로는 힘과 의지와 역동적 생명력으로 부딪히는 사상운동가적 요소와 인간 주체의 저 깊은 심연에서 우러나는 근대적 내면성이 동시에 작용하고 있었던 것으로 볼 수 있다. 이로써 1920년대 초기 시에 있어 상징주의와 당대 사회주의 사상, 아나키즘·공산주의 사상과의 내면적인 근친성이 입증된다.

4. 1920년대 초기 시 재론의 필요성

『장미촌』을 비롯한 1920년대 초기 잡지들 가운데 몇몇 잡지들은 사상운동가와 문인들의 인간 관계가 얽혀 편집·발행·인쇄가 가능했다. 사상운동가들이 이후 문학 활동을 하지 않았던 탓도 있지만 일제시대를 거치고 분단을 거치는 과정에서 냉전적 사고의 영향이 컸고 따라서 이들의 존재에 대한 관심 자체가 이데올로기적인 차원이나 사상사적인 차원에서 멀어져간 것으로 추정된다. 따라서 이 시대의 잡지의 성격을 규정하는 기준에 대한 철저한 검증이 필요한 시점이라 하겠다.

예컨대 『폐허』의 성격을 규정하면서 문학 동인들 중심으로, 문예 사조사의 측면에서 규정하는 것은 바람직하지 않다. 보성 이혁로, 공제 나경석, 김영환의 존재를 언급하지 않는 것은 이 잡지의 성격 자체를 문학 내적인 문제로 한정한 것이다. 시대적인 제약 때문에 퇴폐주의로 흘렀다거나 낭만적 도피를 지향함으로써 일종의 '수동적 저항'의 상태로 그 시대를 견뎌냈다든지 하는 논의는 피상적이며 심정적인 차원이 아닐 수 없다. 이들 문학 동인지가 사상운동가들과 문인들의 연합 형태로 존재했다는 사실은 일제시대 이들 동인지 문학의 존재 이유가 단순히 외래사조에 대한 맹목적 열정과 새것 콤플렉스를 해소하는 목적에 있지 않았음을 말한다. 새로운 근대예술을 정립하고자 했던 문인들의 지향성의 한 축은 사상운동과 민족운동의 한 테두리 내에서 가능했던 것이다.

특히 이 글에서는 이 같은 관점에서 '이혁로'가 '보성'임을 확인할 수 있는 자료를 제시했다. 이에 관해서는 더 많은 자료의 보충과 그 자료에 대한 정밀한 검토가 필요할 것 같다.

1920년대 초기 시들에서 보이는 상징주의적인 요소의 비문학적인 연원을 추적하게 되면 이 사상운동의 뿌리가 이미 1910년대 중반 이후에서부터 1920년대 초기에 이르기까지 뿌리깊게 내장되어 있음을 확인할 수 있다. 이는 『백조』파' 단계로부터 문학의 사상운동적 요소와 그것의 실천이 비약적으로 본격화된다는 그간의 논의 또한 재검토될 필요가 있음을 의미한다 하겠다.

근대 초기 시의 미적 개념 인식과 근대시 장르의 체계화

1. 사상운동가들과 문인들

앞에서 줄곧 여러 차례 근대시 형성 과정에서 문인들과 사상운동가들과의 관계에 대해 조명했다. 이는 단순히 근대 초기 시의 사상 체험을 설명하는 단계에 그치지 않는다. 거기서 얻어진 이념은 상징주의 수용에서의 주제의식이나 근대적 문학 개념을 형성하는 데 바탕이 된 것으로 보인다. 따라서 이 시기 문학을 보는 틀은 '문학 내적인 문제'에 머무를 수는 없는 것이다. 이 글은 이 같은 문제의식을 근대 초기 시의 형성 과정에 대한 시각으로 확장하고자 한다. 하나는 미학적 측면의 고찰로서 당시 시적 담론의 내용 혹은 주제가 무엇인가 하는 점을 논할 것이며 다른 하나는 형식적 측면(언어적 측면)의 고찰로서 은유 담론의 형성과 형식적 정제화의 측면을 논할 것이다.

문학운동의 정치화 혹은 문인들의 사회주의적 관념에 대한 자각이 이른바 〈염군사〉와 〈파스큘라〉로부터 비롯되고 그것이 〈카프〉의 결성으로 이어진다는 그 간의 논의에 대한 일정한 수정이 필요함은 앞에서 이미 논한 바와 같다. 『백조』의 역할을 기존의 문학 경향이나 담론(상징주의 · 퇴폐주의 · 낭만주의)을 와해하고 계급주의 문학으로의 이행을 처음 시도한 것으로 판단하는 것의 문제점도 지적했다. 본인의 이 같은 입장은 최근 『신청년』지(1919.1.2 창간)의 발굴로 그 논거가 보다 확실해진 감이 있다.[1] 『신청년』에 대해서는 본인이 이미 그 중요성을 언급한 바 있었으나 잡지 자체를 손에 넣을 수 없어 그 면모를 추정할 수 있을 뿐이었다. 이번에 발견된 『신청년』지에서도 사상운동가들과 문인들과의 관계가 확인되고 있다. 초기 잡지들에서의 이 같은 관계는 문학과 사상운동과의 미분화, 즉 문학 고유의 독립성 및 자율성에 대한 직업적 인식적 미분화를 보여주는 것으로 짐작되지만 이것이 근대시 형성의 제반 과정들이 보다 복잡한 관계 속에 놓여 있었음을 반증하고 있는 것은 아닌가 판단된다. 근대시는 형식적으로 자유시화하는 과정[2] 이상의 의미를 담

---

1) 한기형, 「잡지 『신청년』 소재 근대문학 신자료」 1, 『대동문화연구』 제41집, 성균관대 동아시아학술원, 2002.12, 428~429면. 이 잡지에 참여한 사회사상가들의 면모를 통해 『백조』의 낭만주의와 사상운동이 이미 이들 잡지에서 동시에 뿌리내리고 있다는 점을 강조하고 있다.
2) 대체로 근대시의 발전 단계는 형식적인 자유화 과정으로 이해하고 있다. 대표적인 연구업적으로는 한계전, 『한국현대시론연구』(일지사, 1983)가 있다.

고 있는 셈이다.

근대시(문학) 형성 과정 자체가 일제 식민지화 과정 아래 놓이게
됨으로써 근대시 형성기의 문인 혹은 지식인들의 사유가 이 같은
특수한 과정에 끊임없이 개입될 수밖에 없었던 것은 근대문학 연
구자들이 여러차례 지적해 왔다. 특히 근대문학 담당자들 대부분
이 일본 유학생이었다는 점에서 당시 일본에서 유행한 사상적 조
류에 민감할 수밖에 없었고, 그들이 받아들인 문학의 근대적 관념
또한 그 영향권으로부터 벗어나기 어려웠다. 생·자아·자유·자
아의 존귀성 같은 관념들은 아나키즘과 공산주의 사상이 분리되
기 이전 초창기 지식인들이 인식한 사회주의적 관념 속에 분명하
게 드러나는데, 이것이 문학적 이념, 문학 언어가 갖는 '은유"상
징'의 개념과 맞아 떨어졌던 것이다. 이는 사회주의적 관념으로부
터 문학 언어가 발생하는 중요한 계기를 이룬다.

초기 문인들과 사상운동가들의 교유는 근대시(문학)에 대한 개념
적 인식과 사상 체험의 미분화 과정 속에 있었던 것이다. 근대 초
기 시인들이 수용했던 근대시 개념들은 일본 유학 시절을 통해 경
험한 사상 체험과 사상운동 과정과 관계를 맺고 있으며 인식론적
차원에서도 밀접한 연관이 있었다고 볼 수 있는 셈이다. 즉 문인
들과 사상운동가들의 교유는 일종의 '지식인적' 개념에서 이해할
수 있지만 보다 본질적으로는 사상운동의 이념과 근대문학의 미
학적 이념의 상동성에 있지 않았나 하는 것이다. 대체로 사상운동
가들이 소설보다는 시를 주로 발표하고 있다는 것도 주목되는데,
상징주의나 낭만주의가 시 중심이고 그것의 주요 개념적 범주들
이 사회주의 사상 체험에서 얻은 것과 상동성을 가지고 있었던 데

서 그 일단의 원인을 찾을 수 있을 것이다.

이 장에서는 『삼광』·『신생활』·『폐허』지를 중심으로 한 사상운동가들과 문인들의 관계, 특히 남궁벽·황석우 등의 경우를 통해 이 같은 입장을 재확인하고 그 상황을 보다 면밀하게 검토하고자 한다.

2. 『삼광』·『폐허』·『신생활』지의 관계

문인들과 사상운동가들의 관계는 『삼광』(1919.2 창간), 『폐허』(1920.7), 『신생활』(1922.3)지에서 발견되는데, 이들 잡지에 간여하고 있는 인물들간의 어떤 연속선이 발견되고 있다는 사실은 흥미롭다. 앞의 글에서 『삼광』지에서의 염상섭과 황석우의 관계에 대해 간략하게 조명한 바 있다. 이는 황석우가 『폐허』 창간호에서 『삼광』에 실었던 글 중의 오류 부분을 정정하고 있는 것을 보아서도 그 타당성을 인정할 수 있겠다.3) 『폐허』와 『삼광』 간의 관계에서도 중요하게 지적되어야 할 것은 바로 사회주의 사상운동과의 관계이다. 『폐허』·『삼광』의 연속성은 단지 이들 잡지 간행자들이 비슷한 인적 구성을 보인다는 점에 있다기보다는 일본에서의 사상운동 경험에서의 어떤 공통된 의식의 지향이 이들을 묶고 있다는 점에서 기인하고 있다.

---

3) 『삼광』 2~3호에 실린 글 중 일부분을 정정하고 있다.

『신생활』과 『삼광』, 『폐허』로 이어지는 사상운동가와 문인의 관계는 황석우와 이혁로의 관계에서도 추정된 바 있다.[4] 본인은 『폐허』에 실린 보성과 이혁로가 동일인일 가능성을 제기한 바 있다.[5] 황석우의 「혈(血)의 시」가 '步星君의 압헤 밧친다'는 부제를 달고 『폐허』 창간호에 실려 있다는 점을 다시 주목해보자.

「혈의 시」에서 보이는 특징적인 점은 '혈·진리' 등의 사상운동가적 징후가 포착된다는 것이다.

> 나는 네의 陰虛한 御用의 嘆美者가 안일다
> 나는 네의 들적직은한 膽脂내나는 接物을 엇으려고 허둥거려쓰대는 性慾
> 의 乞人도 안일다
> 나는 큰 眞理의 網에 부닷처 넘어질 때
> 내몸이 선지피투성이가 될 때,
> 나는 그 피를 저 샤砲의 사갓치
> 버니마에 던저 한 殘忍性의 깃븜을 느낄 때
> 나는 비로서 우레소리보덤 더 咆哮로서
> 뛰고 뛰여 노래한다.
>
> ―「血의 詩」

보성에게 부친 이 시는 사상적 동지로서의 애정을 담고 있다. 시인은 너(보성)의 '어용의 탄미자'나 '성욕의 걸인'이 아니다. 고난

---

4) 『조선일보』(1923.5.29) 기사에는 新生活이 「金永煥氏의 노력으로 본월상순에 海蔘威에서 제십칠호 발행」이라는 기사를 싣고 있는데, 김영환은 『폐허』 동인으로 기재된 인물과 동일인으로 보인다(「想餘」·『폐허』 창간호 참조).

5) 조영복, 「1920년대 초기 사회주의 사상가들의 시와 그 성격」, 『우리말글』 21, 우리말글학회, 2001.8, 301~307면. 김윤식 교수는 '폐허파'를 논하면서 성해 이익상과 이혁로에 관해 그 거취가 불투명하다고 쓰고 있다(김윤식, 『염상섭 연구』, 서울대 출판부, 1989, 101면).

의 길을 같이 걸어가는 진리의 담지자, 곧 동지이다. '피의 시'라는 제목 자체가 사회주의 사상과의 친연성을 강하게 암시하고 있다. 이 시에서 상징주의와 낭만주의, 퇴폐주의 시의 선구자로서의 황석우의 모습을 발견하기는 어렵다. '들쩍지근한 접물을 얻으려는 성욕의 걸인'이라는 구절에 주목해 황석우 시의 '퇴폐적' 경향을 확인한다는 것은 매우 부적절한 텍스트 읽기가 아닐 수 없다. 동인지 자체를 상징주의, 퇴폐주의의 온상으로 전제하게 되면 이 텍스트를 해석하는 접근법 역시 결정론적인 오류를 반복하는 수준에서 벗어나기 어렵다.

한국 근대시 연구사를 보면, 사상운동과 동인지 문학의 거리는 생소하고 낯선 것으로 인식되었다. 문학과 사상운동과의 연계는 대체로 〈염군사〉·〈파스큘라〉·〈카프〉로 이어지는 틀 속에서 이해되었다. 순문예동인지로 규정된 『폐허』나 『백조』를 사상운동의 틀로 읽어낸다는 것 자체가 불가능한 것이었다. 그런 까닭에 동인지 문학은 순전히 문학 내적인 문제로, 부르조아지 문인들이 시도한 유미주의 문학운동이나 새것 콤플렉스 일종의 하나로 이해했던 것이다. 그러나 이혁로·나경석 등이 『폐허』에, 정태신·신태악 등이 『장미촌』에 참여하고 있는 것은 분명한 사실이다.

『폐허』의 주도적 인물은 남궁벽으로 알려져 있다. 이는 그의 사상적 지향점을 이 잡지를 통해 확인할 수 있다는 의미도 된다. 그가 『폐허』의 모델을 백화파의 그것에 두고 있었다는 것은 '폐허'라는 제목이 갖는 의미와 창간의 동기를 밝힌 편집 후기(相餘)에 잘 나타나 있다.

「폐허」야, 너는 얼마동안 민족적으로 성장하여 가거라. 그러나 장래에는
세계적으로 활약하여라. (…중략…)

「폐허」라는 제목은, 독일 시인 실레르의,
넷것은 멸하고, 시대는 변하엿도다.
내 생명은 폐허로부터 온다.
시구에서 취한 것이다.[6]

　남궁벽은, 이 후기에서 『폐허』가 그들 동인만의 혹은 조선만의
잡지가 아니라 세계 인류의 잡지가 되는 동시에 조선의 예원을 개
척함으로써 전 인류의 예원이 되게 하는 목적을 가졌음을 누누이
강조하고 있다. 조선의 문학을 위해 헌신하는 길이 곧 전 인류의
문학을 위해 헌신하는 것이 된다는 것이다. 이는 적어도 『폐허』가
백화파의 자아각성을 중심으로 한 세계시민주의에 그 이념적 토
대를 두었다는 것, 그리고 사상운동에 그것의 한 축을 대고 있었
다는 주장을 확인할 수 있는 셈이다. 이는 『폐허』파의 성격 규정
을 하는 데 있어 매우 중요한 문제를 제기한다 하겠다. 흔히 알려
진 대로 데카당스와 퇴폐주의의 온상으로 『폐허』의 성격을 규정
할 수는 없다는 뜻이다. 동인 구성면이나 그들이 내세운 이념적
측면에서도 『폐허』의 성격은 서양 문예 사조사의 측면을 단선적
으로 적용할 수 없는 국면을 지니고 있었다.[7]
　『신생활』지에 실린 남궁벽의 시를 통해 이 같은 관점을 더 밀고
나가보자. 『신생활』은 김명식·유진희 등의 상해파 좌익이 주도하

---

6) 「상여」, 『폐허』 창간호, 1920.7.25.
7) 『폐허』와 『창조』의 성격은 시 중심과 소설 중심의 잡지라는 장르의 대립뿐
　아니라 동인 구성이나 지향에서 차이를 보인다.

고 서울파 공산주의 그룹이 합류해서 운영된 잡지로,8) 1922년 3월 11일 창간호부터 사회주의적인 색채를 강하게 띠고 있었기 때문에 압수를 당하고 필화 사건을 겪다가 마침내 폐간(1923.1.8)되는 등의 고초를 겪는다. 이『신생활』지에 순수하고 정결한 내면을 담아 내었다고 평가된9) 남궁벽의 시와 일기가 게재된 것은 우연한 일이라고 보기 어렵다. 독립선언서 사건이나 노동운동 체험이 염성섭에게 미쳤을 영향은 쉽게 짐작된다. 순수·정결한 상징주의 시인이라는 남궁벽에 대한 세간의 평가와는 달리, 그가 일본 유학 시절 민족과 국가, 민족과 개인간의 문제에 '신비에 가까울 정도의 감정'을 품고 있었다는 것은 기억할 만하다. 일본 당국이 위험 인물로 간주해 정(政)·법(法)·문(文) 이외의 과학을 연구하는 조건으로 관비유학생을 제안했을 때 그는 일언지하에 거절했다. 변영로나 염상섭 등의 회고에 따르면, 남궁벽이 '순수 내면 성향의 상징주의 시인'이라는 평가와는 상반되는 점이 많다. 또한 사회주의자들의 잡지『신생활』에 남궁벽의 시「별의 압흠 그리고 기타」등의 시와 그가 죽고 난 뒤 염상섭이 번역해 발표한「아손자일기(我孫子日記)」가 실려 있는 점도 간과할 사항은 아니다.

남궁벽과 유종열, 지하직재(志賀直哉)와의 관계,『동아일보』주최

---

8) 이에 대해서는 임경석,「서울파 공산주의 그룹의 형성」(『역사와 현실』28호, 역사비평사, 1998) 참조.

9) 김학동,『한국 근대시인연구』, 일조각, 1975, 202~234면; 김용직,『한국 근대시사』, 학연사, 1986, 157~160면. 대부분 연구자들이 남궁벽의 활동이『폐허』의 테두리에서 벗어나지 않았다고 평가하는데, 이는 정확한 사실이 아니다.『폐허』의 동인으로 한정짓는 것 자체가 근대시나 근대 잡지의 형성을 '문학 내적인 측면'으로 한정하고 '순수한 문예 동인지'로 규정하는 데서 비롯된다.

로 열린 유종열의 강연회와 유종열 부인이었던 유겸자의 독창회가 염상섭과의 관계 속에 있음은 널리 알려진 바다. 남궁벽이나 염상섭의 유종열에 대한 관심은 순전히 직업적인 친분적인 관계는 아니었던 것으로 보인다. 남궁벽은, 유종열이 조선문화에 대한 애정을 표시하고 조선인에 대한 인도주의적 관심을 표명했기에 그를 통해 조선인으로서의 최소한의 자존심을 회복하고 위안을 얻고자 했던 것이다. 유종열에 대한 남궁벽의 보다 근본적인 관심은 그가 일본의 '백화파'를 주도했던 인물이라는 데 있었을 것으로 짐작된다.

백화파의 존재는 당시 일본 대정 데모크라시의 사회적 분위기와 분리되기 어렵다. 백화파의 사상적 구조를 이루는 양 축은 낭만주의적 세계관이 보여주는 자아각성의 문제와 노동 문제였다. 핵심적인 것은 백화파의 낭만주의자 자아 각성이 경도제대 경제학 교수 하상조(河上肇)의 「가난한 이야기」로 대표되는 노동 문제와 동전의 양면을 이루고 있었다는 평가이다. 작가는 가난을 해결하는 열쇠를 부자 쪽의 윤리적 자각에서 찾음으로써 인도주의적 휴머니즘을 보여주지만 계급주의 모순에 대한 철저한 자각을 보여주지는 않는다. 이 같은 백화파가 가진 톨스토이 숭배는, 유도무랑의 자기부정과 종국적으로는 『씨뿌리는 사람들』의 창간에까지 그 영향을 미친다고 평가된다.[10]

이 같은 낭만주의적 사조와 사회주의 사상의 혼합은 1920년대 초기 조선의 사상운동가들과 문인들의 관계 속에서도 비교적 뚜

---

10) 김윤식, 『염상섭 연구』, 서울대 출판부, 1989, 94면.

렷하게 찾아진다. 남궁벽과 염상섭, 그리고 황석우와 사상운동가 들과의 관계는 1920년대 초기의 문학과 사상운동의 복잡한 역학 관계를 반영하고 있었던 것이 아니겠는가. 황석우가 사상운동을 한 연유 때문인지 『신청년』·『삼광』·『폐허』·『신생활』·『장미촌』 등 그가 주로 간여했던 잡지에는 사상운동가들이 동인으로 참여 한다. 그리고 대판에서 노동자 생활을 했던 염상섭도 이때 황석우 와 관계를 맺게 된다. 남궁벽이 사상잡지 『신생활』에 글을 싣게 되는 것도 이들과의 인연이 중요한 작용을 했을 것이다. 그들이 일종의 연합 형태로 잡지 창간에 간여한 점이 드러나고 있고, 사 상운동가들의 작품 속에 자아각성·생명 등의 주제가 '힘'의 강조 와 함께 분명하게 드러나는 데서 확인된다.

　근대 초기 문예잡지가 사상잡지와 문예잡지로 비교적 뚜렷한 선 을 그은 채 출발했던 것은 우선은 잡지 발간에 얽힌 제도적인 문 제였다. 당시 잡지 간행은 신문지법과 출판법에 의한 것이었는데, 신문지법에 의하지 않으면 사상적인 글을 싣지 못하게 되어 있었 다.11) '신문지법'에 의해 발행 허가를 받은 신문·잡지는 사전 원 고 검열 없이 일단 인쇄된 원고를 납본하는 형식이었고, 출판법에 의해 허가를 받은 간행물은 미리 원고 검열을 받은 후에 출판될 수 있었다. 『장미촌』 간행시 몇 달이 걸려서 겨우 잡지가 발간될 수 있었다는 박영희의 회고12)는 당시 출판법에 의해 발행이 허가 된 『장미촌』의 원고 검열이 얼마나 험난했고 오랜 시간을 필요로

---

11) 정진석, 『한국언론사연구』, 일지사, 1998, 146~147면.
12) 박영희, 「초창기의 문단측면사」, 『박영희 전집』 2(이동희·노상래 편), 영남대 출판부, 1997, 440면.

했는지를 보여주는 것이다. 『개벽』·『신생활』·『조선지광』·『신민』 등을 제외하고 대부분의 문예잡지는 출판법에 의해 간행 허가를 받게 되는데, 신문지 법에 의하지 않은 잡지는 사상적인 글이 실리지 않은 탓에 수준이 낮은 것으로 평가되기도 했다. 당시 문예지들이 싣고 있는 글이 '문예물'로 한정된 이유를 짐작할 수 있다. 이 점은 결국 사상가들이 쓴 글 또한 문예물 혹은 문화적 담론으로 이해되고 포장될 수밖에 없었던 한 가지 이유가 아닌가 짐작된다. '힘, 생명, 진리' 등이 강조되고 있는 것도 결국 사상적 내용의 문예 담론화 장치일 수 있다는 것이다. 재미있는 것은 『신청년』·『폐허』·『장미촌』 모두 창간 초기에는 사상운동가들의 이름이 보이다가 사라지고 점점 전문적 문인들의 동인지 형태로 꾸려지고 있다는 점이다. 반대로 정치·사상 잡지 『신생활』은 문인들의 결합이 느슨해지는 것을 볼 수 있다. 문인의 전문화와 문학 장르의 체계화, 그리고 시적 언어에 대한 인식 등이 그 원인이었을 것이다.

이 같은 과정을 거치면서 우리 근대시는 형식적으로는 자유시형을 탐구하면서 근대시형을 정립해 가고, 언어적으로는 관념과 우리말 표현 간의 효과적인 전사가 이루어진다. 근대시형의 정립은 시적 언어의 완숙한 정립과 관계 있고, 주체적 개인으로서의 인간의 본연적 의지를 강조하는 보다 근대적 주제들의 탐색과 밀접한 관련이 있다. 우리말 시어가 보다 정교해지면서 그에 따라 주제의식도 선명하게 드러나게 되는 것이다. 1920년대의 상징주의 시 모방자로 오해된 일군의 시인들은 이 같은 시적 행로를 준비하는 하나의 '계단'의 역할을 하고 있다. 이 장에서는 대표적으로 황석우와 남궁벽을 통해 구체적으로 살펴보기로 하겠다.

3. 형식의 정제와 근대적 미학의 형성—황석우의 경우

초기 상징주의 시론의 수용과 실제 시 창작에 있어 황석우는 중심 인물로 거론되어 왔다. 황석우는 '일본 상징시의 서투른 모방자'로 이해되었고 그 혐의는 벗어나기 어려웠다. 그러나 황석우가 1920년대 후반기에『조선시단』(1928.11) 등의 잡지를 간행하면서 조선 시단에 일정한 영향력을 발휘하고 있는 점은 눈여겨보아야 할 것이다.『삼광』·『폐허』 시절부터 잡지 간행에 간여하기 시작한 황석우는 '상징주의 시잡지의 요람'으로 인식되던『장미촌』에 참여하면서 일정한 지위를 확보하게 된다. '상아탑'이라는 필명이 갖는 위력은 1920년대 '동인지 시대'에 보다 뚜렷한데, '상아탑'이 참여하는가 안하는가가 그 잡지의 질과 생명력을 보장받았다. 1920년대 초기 문인들의 회고록 속에 최고의 시인은 언제나 '상아탑'이었던 것이다. 그 뒤『조선시단』 잡지를 주재하면서 첫 시집인『자연송』(1929)을 간행하고 시단에도 일정한 영향력을 행사하게 된다. 다만 이 시기의 황석우의 위치는 초창기 시 자체의 평가를 통해 권위를 얻었던 것과는 다르다. 시인으로서보다는 신진 시인들을 끌어 모으고 '신시운동' 곧 시의 새로운 부흥을 '운동적인' 차원에서 이끌고 가는 역할을 했던 것이다.

1920년대 초기 황석우의 명성이나 1930년대 황석우의 역할에 비해 후대의 평가는 매우 부정적이다. 이 평가의 차이가 바로 황석우를 보는 기본적인 관점이 되어야 하는 것이 아닌가 한다. 이는 근대시를 보는 시각의 '해석학적 지평'이 어떤 것이어야 하는가를 설명해준다고 판단되기 때문이다.

언어예술로서의 시에 대한 '소양 부족', '운율이나 해조에 대한 초보적인 공리조차 파악하지 못한 돈키호테적인 의욕' 등으로 그를 평가하는 것은 지나치게 현재의 시각에서 그를 재단한 것이 아닌가 한다. '문학성'의 관점으로 시사를 이해하는 입장은 신비평의 세례를 받은 문학 연구자들이 가지고 있는 대표적인 관점으로, 해조·리듬·시어 등에 대한 문학 연구자들의 강조가 문학사적 사실의 이해에 있어 결정적인 구실을 하게 된다.[13]

근대 초기시는 일정한 해석학적 범주 내에서 이해되어야 하는데, 가다머의 '지평융합'의 개념이 유효한 것은 이 때문이다. 문학사적 사실을 기록하고 판단할 때 필요한 것은 당대의 시각도, 현재의 시각도 아닌 제3의 시각이다. 「벽묘의 묘」에 대해 후대의 평자들은 이 시의 상징성을 부분 인정하면서도 이것이 던지는 언어의 미감이나 '몽롱한 상징성' 자체를 일본 시단의 모방적 시풍으로 규정한다. 그러나 황석우의 경력을 보건대 이 시는 다른 각도에서 조명되어야 한다. 일본 유학 시절에 신시운동에 참여한 경험이 있고 종합 교양지인 『근대사조』 등에 참여한 경험으로 미루어 그의 시작 행위 자체를 '새것 콤플렉스'에 걸려 있었던 자의 모방 행위로 판단하기에는 미흡한 구석이 있다. 조도전(早稻田) 대학 정치경제학부에 적을 두고 있었고, 결사금지가 단행된 일본의 사상 단체에 열심히 드나든 경험이 있었으며, 1921년 11월 박열·김약수·원종린 등과 조직한 〈흑도회(黑濤會)〉의 중심 멤버(간사)로 활동한 데서 그

---

13) 김용직, 『한국근대시사』 상, 학연사, 1986, 219~224면.

가 줄곧 '사상'의 문제에 집요한 관심을 가지고 있었음을 확인할 수 있다.[14] 그의 이 같은 사상운동의 경력과 상징주의 시와의 관계를 확인할 수 있는 근거를 그는 후일 표명한 한 바 있다.

황석우는 자신의 시집 『자연송』(1929) 서문에 쓴 글에서 이 시들이 "대정 9년(1920) 이전의 시를 모은 것"이고 사상시는 나중에 따로 시집으로 낼 것이라 말하고, 『자연송』에 실린 시들이 "나의 사회운동 이전 곧 대정 9년 이전과 쏘는 만주방랑시대에 된 작들"이라 밝히고 있다[15] '사상시'는, 분명 『자연송』의 시들에서 보이는 '자연'이나 '우주' 등의 범신론적인 개념으로 이해되는 시들과는 다른 종류의 것을 의미하고 있다.

황석우에게 '사상시'란 적어도 두 가지 개념으로 이해된 것으로 보인다. 하나는 말 그대로의 사상시(정치적 의미에서의 사회주의 사상을 담은 시)이며 다른 하나는 개념시(관념시)이자 진술시이다.[16] 이것은 겹치기도 하고 분리되기도 하는 개념이다. 현철과의 논쟁에서는 후자의 개념으로 판단되고 후일 『자연송』을 간행할 때는 전자의 개념에 가까운 의미로 쓰고 있는 듯하다. '후자'의 개념에서, 사상으로서의 시는 감성의 표현이나 구체성의 표현으로서의 시가 아닌 추상, 관념으로서의 시를 의미하는 것이다. 당대에는 한시도 신체도 아닌 제3의 경향의 시이다. 현철과의 논쟁에서 보이는 그의 인식론적 편린도 여기에 근거하고 있다.

---

14) 조지훈, 「한국민족운동사」, 『조지훈 전집』 6, 일지사, 1973, 141면.
15) 황석우, 『자연송』 序自文, 조선시단사, 1929, 2면.
16) '사상'의 내용을 담되 이미지의 구체성이 중점이 된 '묘사시'로부터 벗어나 있다는 점에서 개념시, 진술시인 것이다.

한 월평에서 황석우는 오상순의 시를 평가하면서 '시의 초경에 는 하수의 사상시가 되기 쉽다'는 충고를 하고 있기도 하다.[17] 그 가 의미하는 사상시는 '개념시'나 '관념시'를 의미하는 것으로 '서 정시'와 대척점에 서 있는 것으로 파악된다. 이때 황석우에게 서정 시와 사상시의 경계는 비교적 뚜렷했던 것이다. 그는 오상순의 「구 름」과 「생의 철학」(『개벽』 5호)을 예로 들면서 "그 詩의 전부가 抒情 詩되기에는 넘우 思想에 訴하여 지내잇고 또는 思想詩로서는 요 령을 이해키 어려울만치 修辭가 어질어저잇스며 또는 표현이 넘우 幼穉하다 할 수 잇다"고 평가했다. 상당한 학문적 철학적 소양을 가지고 있는 오상순이 시의 형식을 빌어 '생의 철학'을 운운하는 데 대한 못마땅한 감정을 숨기지 않았다.

황석우의 평가에서 표현·수사·사상과 서정의 관계에 대한 그 의 소양을 알 수 있다. 적어도 서정시와 사상시가 황석우에게는 뚜렷하게 경계지어져 있었던 것이다. 뿐만 아니라 문장·문체·표 현의 관계에 대해서도 그는 언급을 하고 있는데, 최소한 문장의 차원에서 의미가 성립되지 않을 경우의 유치함을 그는 조목조목 비판하고 있기도 하다. 예컨대

첫재 「구름」이란 詩曲을 보면
「흘러가는 구름, 딸아가던 나의 눈, 자최업시 스스로 슬어지는 彼女의 幻滅 보는 순간에 슬멋이 풀어지며 무심히 픽 웃고 잇대어 눈물짓다」라 하엿스나 작자여, 무엇이 슬멋이 풀어지며 또는 무엇이 픽 웃고 무엇이 눈물짓다는 말 인가 흘러가는 구름이 그랫다는 것인가 혹 딸아가는…… 의 눈이 그러타는 것인가 다시 퇴고할 겸 자세히 읽어보라. 그리고 둘재 「生의 哲學」이란 詩

에 「宇宙萬有의 本質이 모다 生이란 哲學的 直覺속에」라 하여 노코는 「돌에다 귀를 가마ー 늬히 기울여 보고 쇠메다 손을 슬몃이 대여 보앗다 미친듯이」라 하엿스니 이것이 무슨 의미인가? 그것을 다시 「宇宙萬有의 본질이 모다」라는 것을 前提라 하고 그 남아지의 句를 斷案으로 보더래도 그 본질되는 者의 설명도 정의도 아인 전연 의미 不通의 말이 아인가.[18]

황석우의 평가는 습작과 다름없는 오상순 시의 특징을 추측할 수 있게 한다. 오상순의 시는 한 문장에서 주어조차 가늠하기 힘들 정도로 언어의 구사가 요령부득이었던 것이다. 초창기 시인들의 언어 구사 능력을 대변해주는 것이 아닌가 생각될 정도이다. 이 같은 황석우의 비판은 그가 시 장르에 대한 일관된 인식을 하고 있었던 데서 기인한 것으로 보인다. 황석우의 이 글은 시란 무엇인가에 대한 질문으로 이어진다. 생전장강(生田長江)이 말한 "노래를 부를 만한 조자(子)가 있고, 그 조자가 긴장되어 있으며, 보통 문장에 비해 문구 배열이 전도되어 있는 것" 중의 한 가지만 구비하면 시가 된다는 논리를 그는 비판한다. 시의 요소로 운율과 시어 사이의 긴장력과 시적 의장을 들고 있지만 그럼에도 시가 이 세 가지 특성 중 한 가지만 구비하면 된다는 것은 시 장르 자체에 대한 심각한 오류가 아닐 수 없다는 것이다. 황석우 글은 곧 현철의 비판을 불러오지만[19] 그렇다고 해서 현철과 황석우 사이에 시 장르에 대한 본질적인 인식의 차이를 지적하기는 어렵다. 황석우와 현철은 공통적으로 '신체시는 서양시를 모방한 것'이라 할 때 이 '모방'이 형식적인 측면 곧 시의 외형을 모방한 것이라는 한정된 의미로 이해함으로써 의견의 일치

---

18) 황석우, 「희생화와 신시를 읽고」, 『개벽』 6호, 1920.12.1, 89면.
19) 현철, 「비평을 알고 비평을 하라」, 『개벽』 6호, 1920.12.

를 보인다.

> 最近의 日本詩壇이나 또는 우리들이 쓰는 詩는 (詩形은 비록 詩形을 模하엿다 하더래도) 곳 日本人의 創造한 詩, 또는 우리가 創造한 獨立한 詩일다. 詩形과 詩는 달다. 詩를 덥허노코 西洋詩의 模倣이라 하는 것은 적어도 一民族의 그 國民詩歌運動에 與하는 이 우에 더넘는 甚한 큰 侮辱은 업는 줄 안다.

황석우는 덧붙여서 '시 형식과 시는 다르다'고 주장하고 '형식적으로 시형을 모방한다고는 해도 그것은 일본 혹은 우리가 창조한 독립한 시'라고 평가한다. 여기서 시 형식과 시의 경계를 구분하는 준거나 방식의 오류를 지적할 생각은 없다. 다만 황석우 자신이 근대시 자체를 서양시의 모방이라는 측면보다는 '국민시가운동'의 일환으로 파악하고 있다는 점은 눈여겨볼 만하다. 그렇다면, '국민시가운동'의 일환으로서의 근대시(상징주의 시) 운동을 퇴폐적·병적이라고 평가하기에는 난점이 없지 않은 것이다.

황석우의 시집 『자연송』에 실린 시들을 구체적으로 살펴보더라도 『폐허』 시기에 보여준 상징성이나 이른바 '데카당한' 측면은 거의 보이지 않는다. 여기서 '자연'은 '우주의 온갖 만상의 사물'을 의미하는 것인데, 이 시들에서 고도의 상징성이나 은유는 쓰이지 않고 있다. 대신 태양·달·별 등 지구를 포함한 모든 은하·우주에 대한 비유를 소박하게 드러낸다. 황석우 시의 이 같은 경향을 당대에서는 '사상성' 혹은 관념성이 있다는 점에 가치를 둔다. 황석우가 생각한 '사상시'의 후자적 개념이다. 이것이 '상아탑'의 명성에 걸맞는 의례적인 치사인 점을 감안해도 황석우를 '상징주의의 사도'

로서 보다는 '노장사상'을 웅혼하게 드러낸 시인으로 평가하고 있
는 점은 주목할 만하다.

　박우천은 황석우의 「일매(一枚)의 서간(書簡)」·「여자(女子)의 마음」
·「사생아(私生兒)」·「구름 속에서 나오는 달」·「여자(女子)」·「두 도적
(盜賊)」·「인생(人生)」·「죽이배인 어머니」 등이 노장사상을 생각게 한
다고 쓰고 상징주의 시인으로 자리매김되고 있는 것에 대해서는 비
판적인 언급을 하고 있다.[20] 여기서 노장사상이라는 것은 황석우가
노장사상의 본질에 가깝게 접근했다는 의미로서보다는 자연 만물에
대한 친근적인 사유를 드러낸다는 의미로 이해된 듯하다. 다음은 「일
매(一枚)의 서간(書簡)」 전문이다.

　　　어느날「새벽」의遞夫가
　　　地球國自然方
　　　「人間展」이라는한張의
　　　便紙를 가지고와서地上에내던진다
　　　그便紙裏面에는「造化翁拜」라하였고
　　　그文面에는曰「敬啓者다름 안이라府令에依하여 여름과그에게딸닌一切의
　　家族은다려가고
　　　宇宙樂壇의寵兒琴家가을군을보내니
　　　한울새로물들인맑은大自然속에서
　　　가을君의바람줄(風絃)을타는
　　　풀닙曲調, 니무닙曲調, 물길曲調等의여러가지名曲을울고짜고寒心늣기여
　　마음껏享樂하라」하엿더라

　우주 만물과 자연에 인격적인 의미를 부여하고 있는 이 같은

‘자연시’는 앞에서 언급한 오상순의 시와는 다소 다르다. 소박하게 의인법을 구사하고 있는 점이나, 구체적으로 자연과 우주 만물을 대상으로 하고 있다는 점에서 오상순 시의 추상적이고 사변적인 ‘사상시’와는 다소 구별된다. 오상순에 대한 평가와 황석우 자신의 시에 대한 평가를 종합하면 ‘사상시’는 ‘관념시’이자 ‘개념시’가 된다. 상징주의시도 그러한 점에 있어서는 사상시의 계보에 속하게 된다. 그러나 황석우 자신은 이를 명확하게 이해하지 못한 듯하며 『자연송』의 시들도 대체로 그가 말한 ‘사상시’의 두 가지 범주에서 벗어나는 것으로 판단된다. 황석우의 이러한 소박한 ‘자연시’는 ‘자연’과 ‘대지’의 개념 속에 자아 각성과 자아 존귀의 문제를 밀어 넣었던 남궁벽의 경우에 비해 훨씬 소박한 느낌을 준다. 황석우가 1920년대 초에 썼던 상징주의 계열의 시들에 비해서도 지나치게 단순하다. 비유의 매개항이 원관념과 유사성의 차원에서 결합되어 있기 때문이다. 황석우의 시는 오상순의 지나친 관념성을 띤 시나 남궁벽의 구체성을 띤 시와는 다른 것으로 판단된다. 그러나 이들 시인들 대개가 그들 시의 핵심에 일관된 ‘자연주의 사상’을 관통하고 있다는 데는 공통점을 지적할 수 있다.

『자연송』은 당시 그다지 주목을 받지 못했다. 이는 우리 근대시의 형식의 정제 과정과 언어 미학적 측면의 발전 과정을 이해하는 것과 관계가 있다. 여기서 근대시의 미학적 체계화 과정의 일면을 엿볼 수 있는 것이다.

황석우가 이 시집을 간행한 시기는 적어도 정지용 등이 이미 우리말화된 ‘모더니즘 시’를 쓰고 있던 시기였다. 정지용의 시 「카페 프란스」나 「황마차」는 사상과 이미지, 내용과 형식이 전대에 비해 조화롭게 결합된 시로 시적 이미지와 상징성이 안정된 감을 준다. 그러나 황석우의 시는 언어 미감에 있어 1920년대 초기적 상황을 벗지 못하고 있거나 오히려 그 질적인 층위에서 떨어진다. 그 이유는 이 시집이 대체로 대정 9년(1920) 이전의 시들을 모아 둔 탓이다. 그러나 새로운 시집을 간행하면서 그는 조선어적 미감의 언어 곧 우리말화된 시의 인식론적 층위를 관통하지 못하고 있었다. 이 시는 여전히 미숙한 언어 운용을 보여주고 있는 것이다.

황석우가 『폐허』 시절 쓴 시들에서 눈에 띄게 드러나는 점은 괄호('( )')의 병기이다. 앞에서 언급한 대로 이것은 그간의 연구자들이 황석우의 시인으로서의 자질을 판단하는 중요한 근거가 된 것이다. 그런데, 괄호의 병기는 『창조』·『폐허』·『백조』 등의 '동인지'를 살펴보면 황석우뿐 아니라 다른 여타 시인들에게서도 나타나는 공통적인 사안이다. 그것은 두 가지가 중요 요인이 있었던 것 같다. 하나는 '설명'(독자에 대한 계몽)의 방식을 선택한 때문이며, 다른 하나는 앞에서 말한 바의, 한자어와 우리말 표현 사이의 경쟁 관계가 선명하지 않았던 탓이다. 시인 자신뿐 아니라 독자들의 입장에서도 그 경쟁의 우열이 인식되지 않았던 것이다. 『폐허』 창간호에 실린 9편의 단곡(短曲) 중 「벽모(碧毛)의 묘(猫)」와 「태양(太陽)의 침몰(沈沒)」을 보자.

어느날내靈魂의
午睡場(낮잠터)되는
沙漠의우, 수풀그늘로서
碧毛(파란털)의
고양이가, 내고적한

마음을 바라다보면서
(이애, 네의 왼갓 懊惱, 運命을 나의熱泉(끌는샘)갓흔
愛에 살적삶어주마,
만일 네마음이
우리들의世界의
太陽이되기만하면
基督이되기만하면).

─「碧毛의 猫」

太陽은 잠기다. 저녁구름(夕雲)의發狂者의 기개갓치, 어름비(氷雨)갓치, 여
울(渦)지고, 보라빗으로여울지는끗업는岩窟에太陽은써러지다,
太陽은 잠기다, 넓은들에길일흔
少女의애嘆스러운가슴안갓흔
黃昏의안을숨(潛)여太陽은잠기다,
太陽은잠기다, 아아죽는者의움푹한눈갓치
異國의祭壇의압헤, 太陽은휘도라잠(沈)기다

─「太陽의 沈沒」

황석우 시에 대한 후대의 평가를 보면, 그가 '소용돌이'와 '여
울'의 뜻을 구별할 수 없을 정도로 우리말 이해에 모자랐고, 그 결
과로 말의 사전적인 의미에 맹목인 채 시를 창작했다는 것이다.
이는 그가 괄호를 빈번하게 부기하는 데서도 확인할 수 있다고 주
장한다. 운율과 해조에 대한 인식의 결여가 "무턱대고 한국 근대
시의 새 차원 개척에 대한 새것 캄플렉스를 가속화시켰다"고 평가
한다.21) 이 같은 평가는 형식주의적 입장에서 정당한 것일 수도
있지만, 근대시의 정제화 과정에서 생겨난 시대적 부산물인 점을

---

21) 김용직, 『한국근대시사』, 학연사, 1986, 3~4장 참조.

감안하면 객관적인 평가 방법이라고는 보기 어렵다.

일반적으로 어떤 어휘 혹은 언어가 경쟁 관계에 있거나 아니면 대중이 이미 어떤 언어를 집중적으로 사용하기 시작했다면 시인은 자연스럽게 그 경쟁 관계에 있는 언어를 습득하고 자연스럽게 사용할 수 있어야 한다. 이는 구어체와 문어체의 표현론적인 갈등 관계로도 이해할 수 있을 것이다. 괄호의 병기에 다시 주목하자. 예컨대, '바람줄'과 '풍현'을 두고 시인은 자연스럽게 어떤 한 쪽을 선택해야 한다. 구어를 문어로 자연스럽게 사용할 수 없는 언어적 미성숙 상태에 이 시인들의 존재론적 지위가 결정되었다면 상징주의 시의 그 미성숙은 이미 앞에서 제기했던 대로 '모방'이 그 원인이었다기보다는 우리말로 된 시, 곧 한국어에 대한 구어체 표현의 미성숙이 그 원인이 되었을 수도 있다. 거기에 '은유'라는 고도의 상징성을 띤 문학적 의장에 대한 인식의 미흡함이 덧붙여졌다. 은유 그 자체가 가진 불확실성이 1920년대 근대시 형성 단계의 상징주의 시를 미성숙하게 태동시켰던 것이다. 서양식 관념의 형성과 그것의 전사 과정에서 그 미성숙은 그대로 드러나고 있고 우리는 이를 '결여'라는 부정적 가치 평가의 문맥 속에서 단순화시켜버렸던 것이다.

우리에게 있어 '상징주의 시의 번역 과정'이란 무엇을 의미하는 것인가. 1920년대 전후로 근대시에 눈떴던 시인들에게 상징주의란 무엇일까. 그것은 개념의 번역이며 서구 형이상학의 내재화 과정이다. 죽음·욕망·꿈·사랑 등의 서구식 개념의 인지 과정과 그것의 시적 재현은 전통적 관념의 표음주의적 전사 과정과는 다른 것으로 생각된다. 예컨대 '마돈나'(「나의 침실로」)의 개념을 표기한다는 것은 '가르마 같은 논길'(「빼앗긴 들에도 봄은 오는가」)을 표기하는 과정과는 다른 것이다. 후자와는 달리 전자의 '마돈나'를 표기하는 과정은 일종의 에크리튀르를 모방하는 과정이며 관념을 모방하는 과정이다. 가라타니 고진은 일본의 언문일치 과정이 단순히 서양의 영향에 의한 것만이 아니었음을 지적하고 그것이 언어와 문자 혹은 '근대 네이션의 문제'와 분리할 수 없는 것임을 주장한다.

> 중대한 것은 언문일치에 의해 음성 언어가 씌어지게 된 것이 아니라, 언문일치적인 에크리튀르가 구어를 구제하기 시작했다는 사실이다. 예를 들면 아쿠타가와 류노스케가 『나는 쓰는 것처럼 말하고 싶다』고 말한 것은 단순한 역설이 아니다. 그리고 언문일치에 정말로 영향을 끼친 것은, 후타바테이 시메이의 「뜬구름」과 같은 작품이 아니라 그의 러시아 문학 번역, 즉 번역을 통해 만들어진 에크리튀르인 것이다. 음성주의의 착각이란 이러한 새로운 에크리튀르가 음성을 규제해 왔음에도 불구하고 거꾸로 음성이 충실하게 글로 씌어진 것처럼 간주하는 일이다.22)

우리 1920년대 상징주의 시에서 드러난 새로운 관념도 실은 서구 상징주의 문학의 번역 과정에서 생성된 새로운 에크리튀르인 것이다. 그렇다면 황석우가 한자어 뒤에 괄호를 병기한다거나 내재적 운율에 맹목적이었다는 것은 형식주의적 문맥 곧 '문학성'의 차원에서 논할 것은 아니지 않은가 한다. 오히려 그것이 새로운 관념을 만드는 과정에서 생겨난 일차적 언문일치 과정(관념과 우리말 표기 사이의 정합 과정)으로 이해해야 하는 것이다. 구어(음성언어)로서 '마돈나'가 우리말의 시적인 표현으로 정착되기 이전에 이것

---

22) 가라타니 고진, 「언어와 정치」, 『세계의 문학』, 1994년 겨울호, 116면.

은 번역 과정에서 하나의 에크리튀르로 생겨났다고 볼 수 있지 않은가 하는 것이다. 이상화 등 1920년대 초기 시인들에게 '마돈나'는 우리말화(관념의 전사)하기 이전에 번역으로 생성된 하나의 관념이었고 그것이 완전히 언문일치화(음성언어화) 하는 것은 후차적 문제이다. 오히려 그것은 문화적 문제여서 언어학이나 문학에서 다룰 문제는 아닐지도 모른다. 예컨대 신이 존재하는가, 구원 혹은 죄와 벌의 관념이 실제 한국과 같은 비서구적 종교 문화권에서 생겨날 수 있는가 하는 문제여서 대답은 간단치 않다.

고진이 지적하듯, 영구불변한 '문학성'이란 구어의 완전한 표기, 완전한 미학적 재현의 상황을 전제에 둔 개념일 때 의미가 있다. 그것은 통시적이면서 영구성을 띠고 있어 시간을 관통해 버린다. 비역사적인 문제가 되는 것이다. '마돈나'가 상징하는 주제적 담론을 이끌어내기 위해 이를 어떻게 완전하게 미학적으로 재현해 내는가, 음성을 충실하게 문자로 표현해 내는가 하는 것이 관건이 된다. 「나의 침실로」를 관념성과 관능성의 표출과 그것의 미숙한 모방으로 평가하는 것이 그 한 예가 될 것이다. 즉 '역사'는 배제되고 절대적인 '문학성'만이 평가의 주요 척도가 되는 것이다. 이 같은 '문학적 관점'은 역설적이게도 우리 시사의 한 대목을 부정적으로 인식하는 잣대가 된다.

소쉬르는 '명백한 것의 부정'이라는 관점을 '에크리튀르의 규범성 무화'에 접근시킨다.

어떤 언어가 다른 언어보다 확실하다거나 애매하다거나 하는 일은 결코 없습니다. 항구적 성격이라 할 수 있는 것은 일체 없습니다. 있는 것은 단지 일

순간의 시간 속에서 한정된 다양한 것뿐입니다. 그곳에는 언제까지고 첫날에서 다음날로 넘어가는 언어의 제반 상태밖에 없는 것입니다.
—「제네바 대학 취임 강연」

상징주의 시의 모방과 미숙함의 기본 전제는 바로 원형적인 에크리튀르를 전제함으로써 생겨난다. 1920년대 시를 부정하는 논리는 우리말과 언어적 의장에 대한 완고하고 보수적인 시각으로부터 비롯되었지만 그 종착지는 결국 규범적인 랑그, 원형으로서의 서구 상징주의 시를 전제하고 규범화시키는 것이었다. 이는 역설적이게도 우리 시를 부정하는 결과를 초래하게 되었던 셈이다. 소쉬르는, 다양한 이디엄(idiome)이 존재하기는 하지만 그것이 한 국가나 한 민족 공동체, 혹은 한 인종의 고유한 언어적 특징을 의미하는 것은 아니라고 지적한다. 이는 그가 하나의 보편적 문자 체계(écriture)의 사용을 부정하면서 지역적 공간적 언어의 경계를 명백히 구분하고자 하는 권력적 의도를 분쇄시키고자 하는 전략과 깊이 관련되어 있다.[23] 그는 언어와 인종, 언어와 민족, 국가간의 관계에서 선진적인 것과 후진적인 것, 원형과 발전과의 관계(인도유럽어의 모어와 자어의 관계)를 명백히 부정하고자 했다고 알려져 있다. 언어의 원형성과 그것의 모방·전파·수용에 있어 이 양자 사이에는 위계나 권력 관계가 놓여 있는 것은 아니다. 상징주의의 모방은 현실이며 실재이다. 그러나 그것의 모방 과정은 관념의 전사 과정이며 새로운 종류의 에크리튀르가 자연스런 우리말 표현의 단계를 향해 가는 하나의 과정으로 이해되어야 한다.

---

23) 소쉬르, 최승언 역, 『일반 언어학 강의』, 민음사, 225~231면.

서구 상징주의 개념의 자장 안에서 파악되는 황석우·남궁벽 등의 시와는 달리 김소월의 시는 당대 독자들의 입장에서는 손쉽게 이해할 수 있을 정도로 정서적 감응이 뛰어난 것이었다. 그의 시에서 보이는 언어적 완미함과 명료함은 상징주의적인 관념을 표출한 황석우 등의 시에 비한다면 분명한 차이가 있다. 그리고 문학적 완성도 또한 황석우 시에 비해 뛰어나다. 이는 김소월의 시를 '민요조 서정시'라 지칭하는 데서 그 이유의 일단을 지적할 수 있다. 김소월의 시적 담론은 우리의 경험에 매우 밀접하게 관련되어 있다. '한, 이별의 정한' 같은 정서는 우리의 전통적 정서에 속한다. 반면, 1920년대 시에 주로 보이는 '죽음과 사랑, 불멸, 영원성' 등의 개념은 서구적 관념에 속한 것이어서 낯설다. 그와 같은 관념은 우리에게는 낯선 육체(경험) 속에 부유하듯 머물러 있는 것이어서 그것이 언어적 명료함을 얻기 위해서는 더 많은 시간적 경과와 경험적 과정을 필요로 한다. 언어가 인식의 차원과 긴밀하게 결합되기 위해서 거쳐야 할 많은 단계가 필요한 것이다. 예컨대 서구적 관념 속에서 얻어진 '죽음'의 인식이 우리말의 옷을 입고 구체적인 표상적 이미지를 얻는 것은 적어도 청록파의 시들에서이다. 박두진의 「묘지송」을 떠올려보면 수긍할 수 있을 것이다. 그러나 박종화·박영희 등의 많은 시인들은 상징주의 시를 출발점으로 삼고 있다. 그들은 이후 각각 소설·비평 등의 다른 분야에 몰두한다. 예컨대 박종화가 역사소설(산문)로 쉽게 빠져 들어갈 수 있었던 것, '조선심' 탐구라든가 '민요시'의 단계로 건너 뛰어 버려야 했던 것은 관념을 구어체화하는 것에 대한 불편함이나 고민으로부터의 탈주일 수 있다.

그에 비해 이상화가 '마돈나'가 주는 관념성과 추상성에서 벗어나 「빼앗긴 들에도 봄은 오는가」와 같은 명편을 남기고 있는 것은 그의 시적 자질의 걸출함을 의미한다고 볼 수 있을 것이다. 더불어 서구의 관념적 담론을 떠나 자기 경험에 내재한 사물의 구체적 표상성이 '언문일치'에 가까운 우리말 시를 가능케 한 것이었던 셈이다. 서구식 관념을 문자화하는 것보다는 구체적 일상의 경험을 문자화하는 것이 그 구체적 표상성을 획득하는 데 용이했기 때문으로 판단된다. 당대 시인 상아탑 황석우 시의 불명료함과 관념성은 바로 이 서구적 관념의 전사라는 고뇌 속에 있었다. 그로부터 서구적 관념어는 우리말의 구체적 표상을 얻기 위한 고투로 들어간다. 이를 근대시의 미학적 · 형식적 정제 과정이라고 부를 수 있을 것이다.

4. 근대적 자아 인식의 근거 : 자아의 존귀함—남궁벽의 경우

남궁벽이 『신생활』에 쓴 시들[24]은 그가 죽기 직전 일어로 썼던 것을 사후에 염상섭이 번역해 실은 것이다. 「별의 압흠」·「마(馬)」·「신뢰(信賴)」·「이러하게살고십다」·「자아(自我)의 존귀(尊貴)」 5편이 실려 있다. 염상섭의 표현대로 '센티멘탈리즘'이 주조를 이루고 있

---

24) 『신생활』 8호, 1922.7.

는 '감상적인 시'다. 휴머니즘과 센티멘탈리즘은 당시로서는 동일한 문맥 속에 묶여질 수 있는 경향이었고 이는 허식과 과장이 없는 남궁벽의 내면적 성향을 이르는 것으로 이해되었던 것 같다. 남궁벽의 시는 당시의 시적 수준을 감안해도 소박하고 단조롭다. 그가 우리말에 둔감했고 일어에 능통했다는 사실이 이 번역시의 수준을 측정하는 데 그다지 유용한 참고가 되지는 않는 듯하다. 그럼에도 남궁벽의 존재가 독보적인 것으로 이해되었던 것은 바로 이 내면적 성향, 솔직과 정결함이었다. 수주는 남궁벽의 시가 '용어물입(冗語勿入)'의 표호를 연상시킨다고 보고, 간결하면서도 살에 베일 듯 섬세한 표현이 생동감과 신비감을 준다고 썼다.[25] 남궁벽의 시는 쓸데없는 말이 없다는 뜻으로 그만큼 언어가 긴밀하고 밀도 있게 사용되고 있다는 뜻이다. "흙떵이를 톡톡치는 비빵울"의 표현을 남궁벽의 시와 실제 성격에 비추어서 비교하고는, "생명의 적은 소래와 만물을 소생시키는 흙의 냄새가 들린다"고 보았다. '생명'과 '신비'가 남궁벽 시의 핵심이었던 것이다.

앞에서 1920년대 시의 사변성의 원인은 대부분 '언어'와 인식의 차원에 존재함을 지적했다. 1920년대 초기 시가 근대적 자아 각성과 미적 개념을 기반으로 하고 있다는 점은 누누이 강조되었다. 그러나 이 '근대성'의 개념은 역어적 성격이 짙었다. 우리의 구체적 정서와 사상 감정에 기반하지도 않았고 전통적 인식론의 범주에 드는 것도 아니었다. 서양 인식론과 형이상학을 일본에서 번역한 것을 다시 수입한 것들이다. 사상은 가지고 들어오되 그것을

---

25) 수주, 「결벽의 인 고 남궁벽 군」, 『신동아』, 1935.9.

구체적인 시어로, 형상의 언어로 표현할 수 있는 기반은 거의 닦여지지 못했다. 이 역어 차원의 개념이 토착화되기에 1920년대는 너무 이른 연대였던 것이다. 1920년대 초기 시인들은 근대시가 은유 담론의 형식을 필요로 한다는 점은 이해했지만 그것을 구체적인 표현의 형태, 형상성의 차원으로는 끌어올리지 못했던 것이다.

박영희나 이상화, 박종화 등의 시가 보여주는 관념성과 사변성 그리고 사설조로 기울어지는 형식상의 특징은 남궁벽의 경우는 썩 뚜렷하지 않다. 박영희는 '자기'를 말하는 대신 그들의 세상에서는 거대한 타자일 수밖에 없는 '근대·미·예술·상징' 등의 개념을 말하고자 한다. 그러나 남궁벽은 자신의 언어를 말하고자 한다. 남궁벽은 구체적인 상황을 설정하고 거기서 자신의 감정을 드러내고 자신의 언어를 말하고자 한다. 반면 박영희는 상징·이상·영원성 등의 추상적 개념을 말하기 위해 센티멘탈리즘에 접근한다. 센티멘탈리즘과 추상성은 시를 더욱 사변적으로 만들어 버린다. 남궁벽은 자신을 어떤 사물이나 대상에 감정 이입하고 그것을 통해 자신의 내면을 투시하고자 하지만 박영희는 어떤 추상적 개념(예술, 미)을 위해 자신의 감정을 과장한다. 그곳에는 자아의 서정적이고 내면적인 목소리가 지배하기보다는 거시적이고 사변적인 담론이 시 전체를 지배하게 된다. 그것이 더욱 박영희의 시를 난해하고 요령부득한 시로 만들어 버린다. 박영희나 이상화 등의 『백조』파 시인들의 시가 후일 문학적 '은유'의 개념을 구체화해 가는 것은 흥미롭다.

'자아', '신뢰', '존귀' 등의 개념을 끌어들이고 있는 남궁벽의 목소리는 보다 뚜렷하고 구체적이다. 서정양식의 본질상 시는 '센티멘탈리즘'으로부터 벗어나기 어렵지만, 그 센티멘탈리즘이 기반하고 있는 토대는 남궁벽과 박영희의 경우 썩 다르다는 뜻이다. 남궁벽의 시는 모두부터 구체적인 상황을 묘사한다. 그로부터 자신의 목소리를 비교적 분명하게 담아낸다.26) 음악회가 끝난 뒤 한 부부의 태도를 통해 '신뢰'를 이야기한 「신뢰」, 밤의 상야(上野, 우에노) 공원에서 나무와 꽃 그리고 달을 보며 우주 만물의 '신비'에 대해 읊고 있는 「이러하게 살고십다」 등은 어떤 구체적인 정황과 공간이 설정되어 있다. 다음 시를 보자.

<pre>
雨後의 봄한울은,
봄갓지도안하게淸澄하다
嫩葉이 香氣피우는 森林속에는,
구름이 山과 가티 꼼 짝하지도안는다
나는 틀님업는 四季의 循環을 生覺한다
그循環을짜라서 萬物이生長하고 쑈凋落한다
나는 이 모든現像을 支配하는 法則을 생각한다
그것을생각할때마다, 나는 더욱더욱 神秘의王國에아득인다
모든것을 神秘로히보는
「自己의存在」는, 쑈한 더한
神秘이지만 ,
何如間 이神秘의世界속에서
自己라는 不可思議한것을 발견할때,
나는 그윽히 自我尊貴의感을 늑긴다
그리고 더욱 놉고 貴엽게 살지안으면안되겠다고 生覺한다
</pre>

—「自我의 尊貴」,『신생활』, 1922.7.5

---

26) 남궁벽 시의 이러한 특징은 김억의 경우와 대조된다. 피상적인 대상 인식과 언어의 細技에 그친 김억과는 달리 남궁벽의 시는 내면적 깊이를 지닌 사변적 공간을 마련함으로써 상상력과 정신의 내공성을 소유한 것으로 평가된다(김용직, 『한국근대시사』 상, 학연사, 1986, 159면).

「자아의 존귀」에서는, '비온 뒤의 하늘은 봄 같지도 않게 청징(淸澄)하고, 눈엽(嫩葉)이 향기피우는 삼림 속에는 구름이 산과 같이 꼼짝도 하지 않는다'는 배경이 구체적으로 설정되어 있다. 시인의 사념은 이 상황에서 펼쳐진다. 문제는 앞 부분에 서술된 서경의 묘사가 아니라 그것을 본 뒤에 시인이 깨닫는 사변의 내용일 것이다. 시인이 펼쳐 놓는 것은 '자아의 존귀함'에 대한 인식이다. 그는 「자아의 존귀」를 비롯 「이러하게 살고십다」에서 '자아'에 존귀성을 부여한다. 비 온 뒤의 청명한 자연 속에서 흐르던 구름조차 움직임을 정지한 이 같은 정적의 한가운데서 시인은 '자아'에 대해 눈뜨게 된다. 수주가 말한, '살에 베일 듯한 실감'이란 이 구체적인 정황을 떠나서는 이해하기 어려운 것이다. 시인의 자기 성찰은 여기서부터 시작한다. 나는 누구인가라는 질문은 자연의 순환과 그것을 지배하는 법칙, 거기에 소속된 인간에 대한 신비감으로 이어진다. 종국적으로는 자아의 존귀함에 대한 자각과 자기 다짐이 이 시의 전체를 지배하게 된다. 이 점은 남궁벽이나 염상섭이 영향을 받았던 백화파들의 사상과 윤리관을 반영하고 있다고 하겠다.

남궁벽은 자아를 만물 가운데 최고의 존재로 인식하고 성찰의 대상으로 놓는다. 그는 자아를 만물을 운행하는 법칙의 지배를 받으면서도 그 한가운데 존재하는 신비스럽고 존귀한 존재로 규정한다. 자아를 성찰의 대상으로 놓는다는 것은 자아를 객관화시킨다는 것을 의미하며 이는 자신에 대한 존귀감의 인식 없이는 불가능하다. 이는 감정의 토로나 발산을 위해서, 자기 감정을 통째로 실어 나르는 '도구로서의 시'의 단계 곧 '협소한' 서정시 단계에서는 가능하지 않다. 이 말은 이 시기 근대시 형성 과정에서 엘리트들의 감읍벽이나 낭만적 자기 감정의 방출을 위해서 시가 기능했다는 주장에 의문을 갖게 만든다. 그들은 자기의 내부를 들여다보면서 처음으로 자기의 존귀함을 느꼈던 내적 언어의 고백자들이다. '자아'가 대상화되고 객관적인 성찰의 대상으로서 규정되자 낭만주의적 감정 전달자로서의 시인은 사라진다. 염상섭이 '센티멘탈리즘'이라고 본 것은 이 정결한 내면성이었다. 이는 이장희 등의 경우와 유사한 특징으로 파악된다. 자기를 관찰의 대상으로 놓는 것, 그것은 근대시(학)의 시작이다. 근대시가 이전의 전통적 개념의 서정시나 고시들과 '차이'를 주장할 수 있었던 이유도 바로 자기 인식이라는 시인의 각성에 있었다. 황석우나 남궁벽이 당대의 가장 뛰어난 시인으로 대중에게 인식된 것도 같은 이유이다.

5. 근대적 자아의 장엄함과 은유

이 같은 점을 좀더 밀고 나가 보자. 근대시(문학)의 이념은 그들의 예술 행위 속에서 찾아볼 수 있다. 역사나 자연 속의 인간, 물질적 조건으로서의 인간에게서보다는 그것들 속에서 스스로의 초월적인 힘을 발견하는 존재로서의 인간은 분명 칸트가 발견한 성찰적 상태의 인간의 개념과 가깝게 간다.[27] 자연은 인간의 외부에

---

27) 최문규, 『탈현대성과 문학의 이해』, 민음사, 1996, 243면.

있는 물리적 폭력적 객체가 아니라 자신의 내부에 있는 주체적 존재이다. 인간 안에 있는 이 '초감성적 토대'로서의 '자연'의 개념은 남궁벽의 시에서 '신비한 세계 속에 있는 불가사의한 존재로서의 자아'로 나타난다. 그러기에 자아는 존귀하기 이를 데 없는 존재가 된다. 자아의 존귀함에 대한 인식은 더 나아가 윤리와 도덕의 대상이 된다. '더욱 높고 귀하게 살겠다'는 자아의 각성이 그것이다. 존재론은 일종의 윤리와 도덕의 근거가 된다.

예컨대 근대문학에 있어서 이들 문인들의 귀족주의적 자기 인식의 바탕을 제공하고 대사회의식에 있어 '불행한 의식'의 상태로 자신을 끌고 가는 단초가 되는 것이다. 그들 시를 이해하고 알아주는 대중이 없었고 그들은 우월한 위치에서 대중을 향해 '이것이 근대예술이다'는 계몽을 하지 않으면 안 되었기 때문이다. 삶 자체를 예술적으로 만들기 위해 기생·결핵·음주·데카당 문화를 예술의 표지로 생각하고 대중의 감수성과 자신들의 그것을 차이나게 하지 않으면 안 되었던 것이다. 그들은 대중을 설득하고 확신을 주기를 포기하고 대신 그들을 압도하고자 한다. 그들의 시는 대중을 압도하는 공포와 위력을 지닌 '난해의 수사학'으로 이루어져 있다. 우리 시에 나타나는 이 같은 장엄함의 사유와 형태 및 수사학적 구조가 근대문학의 미학적 토대가 되고 있다는 점은 강조되어야 한다. 『백조』의 유미주의, 참예술가에 대한 김동인의 집착 등은 여기에 근거해 있다.

서양 예술사에서 근대예술의 태동을 말할 때 중요한 가늠자로 쓰이는 것 역시 예술가의 '자기의식'이다. 근대예술의 시작은 예술가가 스스로를 주체적이면서도 독립적인 존재로 이해하고 인지하는 것으로 요약된다. 근대예술의 시작은 예술가로서의 자기 인식 과정과 등가적 관계에 있는 것이다. 르네상스 시대의 예술가들에게서 이를 확인할 수 있다. 신이나 궁정에 소속된 노예적인 운명감으로부터 벗어나 스스로를 예술가로 인식하고 예술가인 자기 자신을 독립적인 존재로 자각함으로써 그들은 근대예술가의 부모가 된다. 하우저는 중세의 신학적 세계관이 무너지면서 대두하는 새로운 우주관에 대한 인간의식의 눈뜸을 다음과 같이 설명하고 있다.

> 신의 임의성에 관한 생각뿐만 아니라 이 우주에서 인간만이 신의 총애를 받을 수 있고 신의 초월적인 존재에 참여할 수 있다는 인간의 특권에 대한 생각 역시 밑바닥부터 흔들렸다. 인간은 이제 마술이 걷힌 새로운 세계에서 아무런 중요성을 지니지 못하는 하나의 조그만 인자가 되었다. 그러나 가장 주목할 점은 인간이 그의 변화된 새로운 위치로부터 새로운 자기 신뢰와 자존심의 감정을 획득했다는 사실이다. 자신을 완전히 압도하고 지배하는 거대한 우주를 이해하고 그 법칙을 산출하며 이를 바탕으로 자연을 정복할 수 있다는 의식은, 지금까지 전혀 알려지지 않았던 무한한 인간의 자아감정의 원천이 되었다.[28]

인간은 이제 세계 질서의 외부에 존재하는 신에 의해서가 아니라 자기 내부로부터 작용하는 신적인 힘만을 인정하였고, 그와 더불어 자기 존재에 대한 무한히 확장된 의식을 소유하게 되었다. 인간의 초라하고 보잘것없음이 바로 인간의 유일한 조건이자 충족감의 원천이 되었던 것이다. 근대예술은 완전히 새롭게 이해되

---

28) 하우저, 백낙청·반성완 역, 『문학과 예술의 사회사』, 창작과비평사, 1985, 200면.

고 자각된 인간의 이해를 바탕으로 전개되기 시작한다. 이를 '자연의 아름다움'에 대비되는 '인간의 장엄함'으로 규정한다. 이로써 '자아'에 대한 새로운 개념 규정이 시도된다. 이 '자아'의 존귀성은 아나키즘 사상에 눈뜬 사회주의자들의 생의 철학과 힘의 논리와 본질적인 유사성을 갖는다.

자아의 철학이란 진리는 개개인의 경험 속에서 구체적으로 실현되며 자아와 대면한 세계란 사실은 개개인 속에서 발현된 세계임을 강조한 것이다. 독일 개인주의 철학자 루돌프 슈타이너(Rudolf Steiner)는 이 개개인의 경험 속에서 발현되는 진리는 정신적인 것과 육체적인 것의 조화로운 경험 가운데서 본질적으로 구현된다고 보았다.29) 이 같은 자아의 개념이 성립되기 위해서는 자아의 실현과 자유로운 경쟁 체제를 보장해야 한다. 그러나 국가의 제도나 법은 이 같은 개인의 자아 실현을 근본에서 제지할 뿐이다. 이 같은 생각은 개인주의 철학이 한편으로는 무정부주의와 연결되고, 다른 한편으로는 인간의 내면에서 보다 높은 정신의 세계를 탐구하는 신지학의 길로 접어드는 통로가 된다. 즉 개인주의 철학이란 무정부주의와 신비주의를 동시에 거느리거나 그 한 방향으로 질주할 운명을 타고난 것이다.

한편, 독일 철학에서 '자아'란 피히테 등의 낭만주의나 이상주의 철학에서 보듯 이미 인간 정신의 고밀도의 사고 행위를 가리키는 형이상학적인 개념이지 단순한 자연 체험의 영역을 의미하지 않는다. 실제로 인간이 자기를 성찰하고 스스로를 사유하는 존재

---

29) 크리스토프 린덴베르크, 이정희 역, 『슈타이너』, 한길사, 1998 참조.

(호모 사피엔스)로 인식하게 되는 것은 자연으로부터 스스로를 분리하면서부터이다. 자연으로부터 떨어져 나옴으로써 인간은 자연의 품에서 보호받기를 포기하지만 그 대가로 그는 자연의 거대한 힘과 위용을 극복할 수 있는 장엄한 자로서의 실존을 부여받게 된다. 인간 안에 있는 자연이 인간 밖에 있는 자연을 극복할 수 있게 되면서 인간은 자연을 능가하는 우월성을 부여받고, 판단하는 자의 심성으로 우리 삶에 일어나는 사건들을 성찰할 수 있게 된다.30) 자연의 아름다움을 찬미하던 인간은 이제 인간 자신의 장엄함을 찬미하게 된다. 개인주의 철학의 끈은 여기에 닿아 있으며 모더니즘 사유도 여기에 근거한다. 이에 대해 롱기누스는 이 장엄함의 미학을 수사학적인 장엄함으로 옮기면서, 청자를 압도하는 위력적이고 압도적인 언어의 수행자들을 바로 시인과 작가로 규정한다. 장엄한 수사는 청자가 판단하고 확신할 수 있는 시간을 빼앗고 그들을 열광하게 하는데, 이로써 작가, 시인은 그들로부터 완전한 승리를 구가한다는 것이다.31)

그렇다면 개인과 자아가 강조되는 언어란 본질적으로 한편으로는 장엄한 자기 존재를 현시하는 수행언어적 측면과 그것에 겉옷을 입히는 관념의 수사학으로 재현될 수밖에 없다. 따라서 1920년대 시의 전반적 특징으로 지적되는 병적·퇴폐적·감정적·낭만주의적 특징에 대한 부정은 여기서 재부정될 처지에 놓인다. 즉 낭만주의나 상징주의 자체의 퇴폐성이나 퇴영성을 단순한 '모방'의 차원으로 돌릴 수 없고 근대시의 형성 과정에서 근대시의 장르

---

30) 최문규, 『탈현대성과 문학의 이해』, 민음사, 1996, 244~246면.
31) 최문규, 위의 책, 245면.

적 인식과 무관하지 않은 것으로 판단된다는 것이다. 그런데, 당시 시인들이 장엄한 자기 존재를 현시하면 할수록 1920년대 시는 더욱 비극적이고 감상적인 수사로 일관하게 된다. 서구적 관념이 정제되기보다는 감정의 실체가 없고 모호하고 내용없는 고백적 외침으로 되어간다. 이는 죽음의식이나 비극적 자기 인식이 매개되어 있음에도 불구하고 '관념성'의 범주를 넘지 못한다고 평가되는 이유가 된다.

6. 정결한 자아와 자연 사상

남궁벽이 백화파의 낭만주의적 자아각성을 표준 문법으로 인식하고 『폐허』를 백화파의 그것에 접근시키고자 했음은 앞에서 살펴보았다. 남궁벽의 경우를 일컬어, 자연으로부터 존재에 대한 형이상학적 관념을 도출해 낸 독일 낭만주의 개념을 적용시키는 것은 무리가 아닐까 한다. 그러나 남궁벽 역시 '자연'을 통해 어떤 관념을 전달하고자 한다. 『폐허』2호에 실린 남궁벽의 「풀」 등은 그 주제가 풀·물·구름·대지 등의 자연물에 대한 시인의 절대적 동화를 읊은 것이다. 살아 있은 생명인 풀에 대한 경의를 통해 생의 비의감과 경외감을 드러내고 있는 남궁벽의 시들은 『태양』지 1919년 8~10월호에 실린 그의 논설의 시적 대응물이다. 그의 시적 재능의 얕음과 논리의 일방적 비대현상[32]과 '실감의 세계에서 비껴난 관념'을 지적할 수 있겠지만 관념의 그 내용물이 무엇인가 하는 점은 주목할 필요가 있다. 그는 자연 현상을 통해 생의 신비함과 자아의 존귀함에 대해 말하고자 했던 것이다.

풀, 녀름 풀,
代代木들의
이슬에저진너를
지금내가맨발로삽붓삽붓밟는다.
愛人의입살에입맞초는맘으로.
정말너는짜의입살이아니냐.

그러나네가이것을야속다하면,
그러면이러케하자.
내가죽거던흙이되마,
그래서네쑤리에가서,
너를북돗아주맛구나. //

그래도야속하다면,
그러면이러케하자
네나내나, …… 우리는
不死의들네(圈)를돌아단니는衆生이다.
그永遠의歷路에서닥드려맛날째에,
맛치너는내가되고,
나는네가될째에,
지금내가너를삽붓밟고있는것처럼
너도나를삽붓밟아주려무나.

— 「풀」, 『폐허』 2호

---

32) 김윤식, 『염상섭 연구』, 서울대 출판부, 1989, 105면.

오오끼가 일본 동경에 있는 공원 이름으로 이 공원의 풀을 의인화한 것이 그의 관념성을 잘 드러낸다는 비판은 다소 부정확한 지적이라 판단된다.[33] 남궁벽은 같은 지면에 실린 「생명(生命)의 비의(秘義)」에서 '인왕산의 풀'을 노래하고 있지만 「풀」에 비해 실감의 차원이 높아진 것은 아니다. 자연물에 자신의 감정이나 관념을 의탁하는 감정 이입법은 시를 쓰는 데 있어 초보적인 기술이다. 그것은 '유사성'의 법칙 아래에서 주지와 매체를 일대 일로 치환시키는 은유의 기본 원칙이다.

시인은 이슬에 젖은 풀의 가녀리고 섬세한 외양에 자아를 투사하면서 '영원의 역로'에 나아가고자 하는 의지를 드러낸다. '영원·불사'와 같은 관념은 이 시기 시인들이 '미'라는 절대적 관념을 상정해두고 이 '미'의 세계에 '영원, 불사'의 욕망을 건축하려고 한 태도와 유사한 것이다.

보다 중요하게 지적되어야 할 것은 남궁벽의 주된 관심인 '자연의 신비함'에 대한 인식이다. 남궁벽의 자연친화 사상은 동양적인 것과 서구 낭만주의적 요소를 동시에 품은 것이다.[34] 황석우가 『자연송』에서 보여준 시는 자연사상의 초기적인 상태인, 자연귀의 사상이나 자연예찬사상과 그다지 다르지 않다. 그러나 남궁벽의 시는 거기에 시인의 내면 투사가 뚜렷하게 드러나 있어 분명한 차이를 보인다.

남궁벽 성격의 간결, 소박, 허식 없음과 같은 '자연주의적' 성향이 당대 담론과 맺는 관계를 주목할 필요가 있다. 이 '자연주의'는

---

33) 김윤식, 위의 책, 105면.
34) 김학동, 『한국 근대시인연구』, 일조각, 1975, 218면.

자연 친화사상의 일종으로 인간을 자연적 소질로 보는 것이다. 이는 윤리적 규범조차 이에 근거하여야 한다는 생각이 널리 유행한 당대의 사조에 근거하고 있다. 타골의 『원정』이 소개되고 「자연송」이 널리 애송된 것은 이 같은 흐름을 반영한 것이다.[35] 이 '자연주의 사상'은 한편으로는 아나키즘과 같은 사회주의 사상과 연결되고 다른 한편으로는 소박한 자연사상으로 문학 작품에 반영되었다. 인간 본연의 생명, 생의 의식으로 이해되면서 자연 사상은 개인주의와 생명주의 의식으로 무장되고 이것이 점차 주체적 철학과 사유의 형태로 나타나게 된다. 이광수의 「무정」이나 나혜석의 「경희」 같은 작품에서 주체적 인물의 각성은 이 같은 자연주의 사상이 근대적 개인에게 습합된 특징을 뚜렷하게 보여준다. 이들의 '자연주의' 경향은 백철이 지적하고 있는, '자연주의 문학'(사실주의 문학의 예비적 단계)을 의미하는 것은 아니다.[36]

「경희」에서 주인공은 뜨거운 광선이 자기 머리 위에 쏟아지고 나비와 까치, 닭과 병아리가 자유롭게 노니는 모습을 통해 사물의 이름을 새삼 확인한다. 이름을 확인함으로써 경희는 자신이 '사람'임을 확인한다. 이 소설에서 '자연'은 사물의 가장 본성적인 상태를 일컫는 것인데, 경희는 그 본성적인 상태를 비로소 그 이름을 되물음으로써 회복한다. 이 같은 '근대적 개인의 주체적 각성'은, 한편으로는 앞서의 아나키즘과 연결되고 다른 한편으로는 생, 번뇌와 같은 개인의 내면적 고통과 대응하면서 낭만적·신비적 경향을 띠었고 상징주의적인 시풍의 유행에 접맥되었던 것이다. 그

---

35) 백철, 『신문학사조사』, 신구문화사, 1983, 135면.
36) 백철, 위의 책, 134면.

렇다면 일본에서의 자연주의 사상과의 친연성은 어떻게 이해할 수 있을까.

당시 일본에서의 자연주의 사상 또한 낭만주의적인 경향을 띠었고 근대적 자아의 각성이라는 문제를 제기하고 있었다. 일본 낭만주의란, 전근대성에 대항해 '관념적으로' 개인의 자아를 해방하려고 한 것으로 알려져 있다. 특히 일본 메이지 시기의 낭만주의는 자유주의와 기독교 정신, 영국 독일의 낭만파 문예의 번역을 모태로 한 것으로 특히 기독교의 영향은 주목할 만한 것이었다. 기독교를 배경으로 새로운 문예 세계를 개척한 기타무라 도코쿠[北村透谷]는 영원한 것을 동경하여 회의하고 고뇌하는 젊은 정신을 드러내 근대적 개인으로서의 자각을 문제삼는다. 그의 내부생명론은 연애의 신성과 정신의 진실을 일치시킴으로써, 자아확립, 생명감의 충실을 기하고자 한 것이다. 연애의 신성성과 정신의 절대적 가치를 강조하면서 예술을 절대화, 물신화하던 당대의 소설은 이 자연주의 사상이 낭만주의와 습합된 형태를 띤 것으로 이해된다. 메이지 낭만주의는 고전주의와 대립하기보다는 고전주의와 혼합되었던 탓에 신비적·몽환적 세계에 대한 낭만적인 동경이 두드러지게 나타나고 상징주의와도 만나게 되는 셈이다.

일본이나 한국에서 낭만주의나 상징주의 자연사상은 거의 동시적인 이념적 틀 속에서 발아하고 성장했던 것이다. 그것은 서구 문예 사조가 당대 사회의 현실적 필요와 정치적 반동의 힘으로 탄생·성장·소멸했던 것과 분명한 차이를 보여주는 것이다. 일본이나 한국은 서구 문예물을 번역하고 모방하는 과정에서 근대적 개인의 자각, 주체성, 생명의식 등의 이념항을 동등한 가치 체계 속에서 인식했기 때문에 각각 개별 사조의 이념적 지향이나 방법에 대해 적극적인 관심을 돌릴 필요가 없었던 것이다. 이 같은 서구 사회와의 차별성뿐 아니라 상징주의적 몽환성이 동양에서 전통적으로 내려오던 형이상학파 시론과 맺는 근친성도 이 서구 사조의 실제 내용이 의미하는 '거리'를 무시할 수 있는 조건이 되었다. 유약우는 그의 책에서 상징주의자들의 '조응' 개념이 중국의 전통시관과 어떤 공통점을 관류하고 차이점을 드러내는지를 말한다.[37] 이를 간단히 요약하면 다음과 같다.

보들레르의 '조응' 개념은 중국의 전통적인 시관과는 그 미세한 차이를 가지고 있다. 속세에서 보이는 모든 것은 하늘의 조응이라는 생각은 유협이 하늘의 무늬[天文]와 평행되는 땅 위의 무늬[人文]라는 개념과 비교된다. 보들레르는 자연의 비밀과 혼돈된(신비스러운) 말은 시인의 해석을 기다린다고 보았다. 시인은 번역자거나 암호판독인인 것이다. 그러나 유협의 이론에서는 자연은 해석이 필요 없으며 시인은 자발적으로 자연의 도를 밝히며 그 자신의 무늬와 자연의 무늬를 제시하면 된다. 보들레르가 말한 조응은 감각적 자료들과 자료들 사이의, 감각의 세계와 시인의 마음 사이의 감각적 세계와 초감각적 세계 사이의 조응을 의미하는 것인데, 이 중 세 번째 것에서 중국의 형이상학적 시관과 관류하는 어떤 본질적인 공통점을 찾을 수 있다. 말라르메는 "시란 인간의 말을 통하여 그 본질적인 리듬으로 돌아가는 존재 방면의 신비한 의미의 표현이다"

---

37) 유약우, 이장우 역, 『중국의 문학 이론』, 동화출판공사, 1984, 109면.

고 말했다. 이런 방법으로 시는 우리의 삶을 미덥게 하고 유일한 정신적 과업을 구체화한다. 이 같은 상징주의자들의 시관에는 미(美)를 절대적인 것으로 놓고 그것을 향해 전 생애를 건 모험이 존재했었지만 동양의 시관에서 그것의 절대는 도(道)의 추구였다. 중국의 형이상학파 시인들은 시를 종교적 계시와 유사하거나 그에 선행하는 것으로 이해한 반면 상징주의자들은 시로 종교를 대체하였다. 유협은 말이 천하를 움직일 수 있는 이유는 그것이 곧 도(道)의 문(文)이기 때문이라 했고, 말라르메도 말의 신비한 힘을 믿었을 뿐 아니라 시인의 사명은 종족의 말을 더욱 순결하게 함이라고 생각했다. 중국 시인들에게 말의 역설은 인간 조건 중의 하나로서 순순히 받아들이는 것이었던 반면 말라르메 등의 시인들에게는 평생 시인에게 운명지어진 고통의 연속으로 이해되었다. 의식의 고양상태를 추구하는 방법의 문제에서 중국인들은 무감각을 통해 의식적인 것을 초월하는 것을 목표로 했지만 상징파 시인들은 공감각을 통해 무의식적인 것으로 내려가는 것을 추구했던 것이다. 랭보가 말하는 모든 의식의 혼란(초현실주의적인 것)이란 장자가 말하는 심제(마음을 삼감)의 경지와는 다른 것이었던 셈이다.

상징주의자들과 중국 시학에서의 절대추구는 각각 '미'와 '도' 개념을 통한 것이었고 그것이 기능하는 차원이 무의식이냐 의식의 차원이냐, 즉 그것이 기능하는 점에서 차이를 보이고 있다. 하지만 '말'이 천하를 움직일 정도의 절대적이고 신비한 힘을 가졌다는 데는 그들 공히 의심하지 않았다. 시는 종교 바로 그것이거나 종교와 유사한 것이었다. 이 점에서 상징주의는 동양의 형이상학적 전통에서 쉽게 수용할 수 있는 바탕을 가지고 있었다. 핵심적인 것은 이 같은 상징주의 시관에서 표현하는 내용, 주제의식이었다고 볼 수 있는데, 그것은 근대적 인간관과 미의식의 개화와 더불어 가능한 것이었다.

상징주의나 낭만주의 사조의 수용이 문학 내적인 문맥에서 이해될 수 없고, 아나키즘적 사회주의와 같은 사상운동과 자아각성을 강조한 개인주의 철학의 수용 등과 동시적으로 이해할 수밖에 없는 이유가 존재하는 셈이다. 이는 근대 초기 시의 형성 과정이 상징주의 시의 모방 과정이기보다는 보다 더 복잡하고 다양한 틀 속에서 이루어짐을 보여주는 것이라 하겠다.

7. 하나의 결론

지금까지 근대 초기 시의 형성 과정을 형식적 미학적 사상사적 측면에서 살펴보았다. 여기서 상징주의 시의 모방 과정으로 이해해 온 근대 초기시는 다음의 여러 각도에서 조명될 필요가 있음을 지적했다. 첫째는 동인들의 면모인데, 그것은 『삼광』·『폐허』·『장미촌』·『신생활』 등의 잡지에 참가한 동인들이 문인들과 사상운동가들의 혼재된 양상을 보여준다는 점에서 문제적임을 밝혔다. 둘째, 사상운동가들의 참여는 근대 초기 시의 주제 형성과 관련을 갖게 되는데, 당시 사회주의 사상이 상징주의에서 보이는 자연사

상이나 신비주의 경향과 뚜렷이 구분될 수 없는 특성을 보인다는
점에서 사상운동과 미학적 관념의 형성은 분리하기 어렵다. 셋째,
한국 근대 상징주의의 대표적인 시인인 황석우·남궁벽 등을 통
해 이를 구체적으로 살펴보았다. 황석우의 경우, 그의 시는 근대시
의 형식 실험과 미학적 정제 과정에서 한 과도기적 단계를 보인
다. 남궁벽의 경우, 그에게 자아각성의 문제는 근대적 개인으로서
의 '주체적 인간'의 탄생을 보여주는 것이며 근대적 미학의 형성
을 준비하는 하나의 과정이다.

이들에게서 근대시는 형식적 사상적으로 질서를 부여받게 되었
고 이는 1930년대 들어서 우리말 언어에 대한 미학적 자의식과 형
식적 완미함, 주제의 선명성을 담보하는 밑바탕이 된다.

1920년대 초기 시가 보여주는 낭만성과 과도한 감정주의가 관
념성과 맺는 관계도 이 글에서 확인하고자 했다. 자아가 강조되는
언어란 본질적으로 한편으로는 장엄한 자기 존재를 현시하는 수
행언어적 측면과 그것에 겉옷을 입히는 관념의 수사학으로 재현
된다. 낭만주의나 상징주의 자체의 퇴폐성이나 퇴영성을 단순한
'모방'의 차원으로 돌릴 수 없고 근대시의 형성 과정에서 생겨난
근대시의 장르적 인식과 무관하지 않다는 점을 지적한 것이다.

그러나 시인들이 장엄한 자기 존재를 현시하면 할수록 1920년
대 초기 시는 더욱 비극적이고 감상적인 수사로 일관한다. 서구적
관념을 언어적 표현을 통해 정제화하고 구체화하기보다는 감정의
실체가 없고 모호하고 내용 없는 고백적 언어로 포장하는 경향을
보인다. 죽음의식이나 비극적 자기 인식이 매개되어 있음에도 불
구하고 '관념성'의 범주를 넘지 못한다고 평가된 이유이다. 하지만

이 또한 은유적 담론 곧 시 형식의 정제화 과정과 맞물리고 있다
는 데에 그 의미를 찾을 수 있겠다.

이 글에서는 그간 황석우나 박영희, 남궁벽 등의 근대 초기 시
인들의 시를 '상징주의'라는 단일한 담론으로 이해하고자 했던 태
도를 지양하면서 우리 근대시의 형성 과정을 미학적·주제적·형
식적 측면에서 보다 구체적으로 접근하고자 했다.

제10장

시인들의 자기의식 형성과 한국 현대시의 계보

1. 모더니티의 계보학

　한국 근대문학사에서 외국문학 이론이나 사조의 수용은 불가피한 것일 수 있다. 1920년대 상징주의·낭만주의 시, 1930년대 모더니즘 계열의 시·시론, 1950~1960년대 실존주의 등의 서구 문예사조의 수용은 광범위하게 말하면 이른바 '모더니티 지향성' 혹은 발현이라는 범주 안에서 이해할 수 있다. 이 모더니티 지향성은 궁극적으로 우리 근대문학 형성에 중요한 역할을 했음을 부정할 수 없다.[1] 한국 근대문학의 형성 과정에 서구문학의 충격과 영향이 한국문학 자체의 자양과 전통으로부터 완전히 일탈하면서 진행되었는가 아닌가 하는 점은 임화 이래로 한국문학사를 서술하거나 한국문학 자체의 성격을 판단하는 데 중요한 기준이 되어 왔다. 이 판단 자체가 비교문학사적 방법을 우리 문학에 완고하게 적용한 결과이거나 서구문학 및 문예 사조를 가치의 중심에 둔 인식에서 비롯한다면, 우리 문학의 자기 정체성 형성 과정 자체를 왜곡하거나 부정할 위험으로부터 안전하지 않다. 기존의 연구들은 대체로 서구 문예 사조의 이념 및 성격, 그것의 역사적 필연성에 비추어 우리 문학을 조명하고자 하는 경향들을 보여주었다.

한국 근대문학의 중요한 인식론적 기반이 되었던 외국 문예 사조, 상징주의·낭만주의·자연주의·모더니즘·실존주의 등을 비교문학사적 입장이나 이식문학론의 입장에서 들여다보면 그것은 그 자체로 하나의 비극적 드라마가 된다. 근대 시인들의 시는 그들이 읽고 문학적 관념을 키워 온 외국문학, 이론, 시들로부터 영향을 받은 경우가 많다. 그러나 근대문학의 모더니티가 전적으로 이식 혹은 수입의 범주에서, 혹은 서구 편향성을 의미하는 것인가는 의문이다. 모더니티 지향성이 전적으로 부정적인 것이 아니라 문학의 질적 변전과 새로운 개념을 형성하는 데 있어 중요한 동인으로 작용하고, 시인들이 모국어를 통해 이를 자기 언어화하는 과정이 된다면, 이는 당대 시(문학)의 이상과 지평 위에서 재문맥화되는 과정으로 이해할 수 있다. 이는 '모방'의 동인으로서 모더니티를 이해하는 방식과는 다른 것이다. 우리 근대시사의 각 시기에 걸쳐 문학(시)에 대한 인식과 개념이 형성되는 데 모더니티가 어떤 역할을 하며

---

1) 김윤식, 「한국문학의 두 가지 지향성의 변증법」, 『월간문학』, 1974년 2월호 참조.

그로 인해 어떤 차이를 보이는가 하는 것이 중요한 판단의 근거가 되어야 한다는 뜻이다.

따라서 이 글은 우리 근대시사에서 각 시기의 시에 나타난 시인들의 '주체(나)'의 인식 여부를 문제삼고자 한다. '나'는 근대시적 주체를 의미한다. '나'에 대한 인식론적 지평을 이해하는 것은, 모더니티가 근대시적 주체의 형성에 미친 영향과 우리 시에 미친 동력을 동시에 해명하는 것이다. 예컨대 1920년대 시에서 '나'는 근대예술의 정립 과정에서 나타난 영웅주의적 자기의식이며, 그것은 일종의 나르시즘으로 의미화한다. 나르시즘인 만큼 반성의 여지가 개입되지 않는다. 1930년대는 모더니티의 서구 모방과 유행성이 지적되기도 하지만 점차 그것은 언어(조선어) 문제를 중심으로 지방적인 것, 조선적인 것에 대한 탐색의 방향으로 나아간다. 조선적인 것(언어)은 이 경우 신진 시인들의 자기 정체성 형성에 결정적으로 작용하면서 현실의 억압을 관통하는 힘이 된다. '해방'과 '전쟁'을 겪는 과정에서 1950년대의 모더니티는 한국적 특수성을 강조하면서 '비판적 주체'로서의 '나'를 제기한다. 이 때 한국문학의 모더니티는 주체적인 입장에서 반성된다. 1950년대 모더니티를 주장한 논의들은 서구 문예 사조를 비판적으로 수용하고 한국적 전통 위에서 재문맥해야 한다는 역사적 필연성을 그 논의의 중심에 놓는다. 이 같은 흐름은 모더니티 지향성의 단절적 성격과 연속적 성격을 동시에 보여준다.

이처럼 1920년대와 1930년대, 그리고 1950년대 모더니티를 비교분석하는 것은 각 시기의 모더니티의 특징과 그것들 각각의 계보학적 위치를 밝히는 데 중요한 관점을 제공하다. 특히 그것은 한국 근대시의 계보학을 이해하는 중요한 근거가 된다.

2. 근대시의 형성과 '나'의 인식

1) 은유의 담론과 '나'의 언어

1920년대 시가 근대적 성격을 띠는 것은 '말'의 새로움에 있고 그것은 '은유적 담론'이라는 문맥으로 이해할 수 있다. 언어가 정보전달의 기능이나 일상적 담론의 자연발생적인 표상의 기능으로부터 벗어나 내면의 정서를 담아내는 역할을 하게 된다는 사실을 1920년대 시인들은 이해하고 있었다. 그러나 그들에게 시의 언어는 상당 부분 역어로서의 언어였다. 서양어를 번역하기 위해 조성된 한자어를 그대로 가져다 쓴 것이어서 인공언어적 성격이 강했다. 그러나 서구적 관념과 형이상학적 인식이 개재된 이 관념어들을 통해서 그들은 근대적인 미학 개념에 눈뜨게 되고 근대시란 무엇인가에 대한 질문을 할 수 있었다. 그 결과 그들은 일상어와 시어는 다른 무엇이라는 인식, 곧 문학 언어의 미학적 인식에 접근하게 된다. 즉 야콥슨이 말한 '시적 기능'에 대해 소박하게 눈을 뜨게 되는 셈이다. '문학'이란 단어의 출현은 고유한 존재 양식으로서의 언어의 특이한 고립이자 문학 담론이 다른 것과 구별됨으로써 문학 장르가 독립적인 존재가 되었음을 의미한다.

문학의 언어란 다시 말하면 언어가 객관적인 표상의 수단으로서 인식되던 차원을 넘어 언어 그 자체가 순수하게 독립된 형태로 자신을 인식하게 된 것을 의미한다. 이광수가 「문학이란 하(何)오」에서 보여준 것은 독립적이고 자율적인 것으로서의 문학의 이념화[2]이다. 이광수가 서양의 '리터러춰(literature)'를 번역하면서 들여온 번역어로서의 '문학'은 '단순히 내용(메시지)을 전달하는 도구로서의 언어 행위와는 거리를 둔 문자 행위'였다. '쓰기 행위'라는 개인의 창작 과정에 전적으로 의존하는, 독립된 형태로 스스로를 재구성하는 문학의 언어를 의미했다. 동인지 시대의 시에서 이것들은 문학적 언어 곧 은유적 수사의 성립과 관념어의 혼재를 통해 나타났던 것이다.

1920년대 시의 관념성의 형성 과정은 전적으로 쓰기 행위에 의존되어 있는 문학 본래의 순수한 언어 기능, 곧 은유적 담론을 인식한 것과 관련이 있다. 이 '새로운 말'에 대한 인식의 밑바탕에는 개인 주체의 자기 각성이 존재한다. 그것은 '나(주체)'에 대한 새로운 시적 담론을 만들어낸다. '내가 아프다, 내가 고통스럽다, 내가 누구인지 모르겠다'는 이 시기 시적 담론의 주요한 테마이다. 당대의 일상적 삶은 여전히 전근대적 삶의 방식들로 이루어져 있었고 시인들은 너무 시대를 앞서간 탓에 당대 사회로부터 소외되거나 국외자의 처지에 빠져있었던 것이다. 완전한 개인성, 이른바 근대적 개인으로서의 자기 실현이란 거의 불가능한 사회에서 당대 시인들은 홀로 고독했다. 그들의 고독은 시인의 사회 역사적인 처

---

2) 황종연, 「문학이라는 譯語」, 『한국문학과 계몽의 담론』, 새미, 1999, 24면.

지뿐 아니라 문학 그것의 독자적인 위치에서도 왔다. 그들이 생각한 '근대시'란 으레 그러한 고독한 개인성의 표출이었던 것이다. 그들은 소외의 현실을 몸소 체감하면서 그것을 뛰어넘는 하나의 방법으로서 근대예술의 정립이라는 계몽적 의지를 키웠다. 다른 한편으로는 당대인과 자신을 구별짓는 하나의 계기로서 '예술'이라는 상징적 차이를 내세웠다. 내면의 알 수 없는 우울과 퇴폐, 그리고 죽음의식이 영웅주의와 귀족주의를 동시에 띠는 것은 이 때문이다. 고독한 개인의 신화는 그들이 개인과 사회의 새로운 연결 카테고리를 발견하기 전까지 계속되게 되는데 카프 문학과 그것의 대타적 위치에 있던 1930년대 모더니즘이 바로 그것이다. 그것은 사회 속에 존재하는 개인의 새로운 발견이라고 말할 수 있을 것이다. 박영희의 문맥대로 하면, 새로운 '계단'의 발견이었던 것이다. 그 새로운 개인성의 신화를 만들어 가기 전까지 그들은 고독하면서도 고단한 내면의 파토스 속에서 살고 있었다. 이 시기의 시가 '퇴폐적'인 것으로 느껴지는 것은 이 극렬한 내면성의 영토에서 느끼는 소원한 감정 때문이다.

이 같은 면모는 이 시기 시를 마주할 때 부단히 부딪치는 장면 속에서 드라마처럼 펼쳐진다. 그 처음은 주요한의 「불노리」에서 목격되는 것이며, 그 다음은 홍사용의 「그것은 모다 꿈이엇지마는」에서이다. 우리는 이 시들에서 '나 혼자만이 고독하고 외롭다'는 고백적 담론을 듣는다. 전근대적 공동체가 벌이는 축제에서 소외된 개인의 비애, 전근대적 삶의 공동체적 질서로부터 뛰쳐나온 자의 좌절, 그리고 고독한 영웅주의의 신화를 본다. 저 건너편에 대한 동경과, 그 닿을 수 없는 불가능성에 대한 한탄은 불의 고혹적인 이미지들과 아우러져 그 불(이상과 동경)에 대한 욕망의 광포한 움직임을 보여준다. 주요한의 시에서 우리는 바로 이 청춘의 억누를 길 없는 에너지와 축제의 공간에서 홀로 버려진 자의 울음과 그것으로 철저하게 피폐해 가는 한 개인의 좌절된 신화를 목격하게 되는 것이다. 그것은 주요한을 비롯한 당시의 많은 시인들의 텍스트에서 아주 낯익게 발견할 수 있는 것들이다. 주요한은 이렇게 말하고 있지 않은가.

> 아아, 날이저문다 西便하늘에, 외로운 江물우에, 스러져 가는 분홍빛 놀 ……아아, 해가 저물면, 날마다 살구나무 그늘에 혼자우는밤이 쏘 오젓마는, 오늘은 四월이라 파일날, 큰길을 물밀어가는 사람소리는 듯기만하여도 흥성시러운거슬, 웨나만혼자 가슴에눈물을 참을수업는고? (…중략…) 아, 좀더 强烈한熱情에 살고싶다. 저기저횃불처럼 엉기는煙氣, 숨맥히는불 꽂의 苦痛속에서라도 더욱 쓰거운 삶을살고십다고 씃밧게 가스두근거리는거슨 나의마음 ……

> ―「불노리」 부분

이 시는 한편의 극적인 드라마를 가지고 있다. 축제의 화려한 공간이 있고 청춘 남녀의 광란에 가까운 에로티즘의 발산이 존재한다. 청춘의 불길은 광분한 강물처럼 흐르고 사람의 물결은 불붓듯 몰려간다. 그리고 젊음의 열기는 물과 불의 꿈틀거리는 유동적인 움직임 속에서 용트림한다. 초파일날 벌이는 이 열기 가득한 축제의 공간을 처음으로 낯설고 허망한 것으로 인식한 자들은 누구인가. 시대의 맨 선두에 서서 자신의 '주체'를 이 공동체의 공간 속에 버무려 넣을 수 없었던, 그래서 고독하기 이를 데 없었던 몇 명의 시인들이었던 것이다. 낯선 이 '나'의 출현은 사실은 아무도 인식하지 않았던 '나'의 주체적인 각성에 있었던 것이다. 동일 제목의 시를 썼던 이장희는 불노리의 떠들썩한 장면에서 축제의 장엄한 서사를 그리기보다는 자신의 손가락이 불타오르는 엄청난 환영을 경험하게 된다. 뜨거운 불씨는 금새 사그러들고 곧 이어 그는 서늘하게 여윈 자신의 손가락을 노려보았다. 그것은 섬뜩하면서도 날카로운 경험이지만 이장희의 환영은 더 이상 진전되지 못하고 꺼져 버릴 듯한 한 줌의 한숨으로 남는다. 그 한숨의 정체에 대해 이상화는 '마돈나의 환영'으로 멋지게 형상화하고 있다.

> [마돈나] 짧은 심지를 더우잡고, 눈물도 없이 하소연하는 내 맘의 燭불을 봐라,
> 羊털 같은 바람결에도 窒息이 되어, 얄푸른 연기로 꺼지려는도다.
>
> ―「나의 침실로」 부분

양털 같은 바람결에도 질식하는 개인이란 어떤 존재인가. 이들 개인의 꿈과 이상주의는 현실적인 삶 바로 그것에서 비롯되었고 그것은 그 사회의 전근대적인 성격으로 말미암아 불가능에 가까운 것, '얄푸른 연기'와 같은 것이기도 했다. 고독한 몇 명의 시인들은 그들의 처지를 그래서 "양털같은 바람결에도 질식이 되어 얄푸른 연기로 꺼지는 것"이라 인식하고 있었다. 그들 자신들이 품은 것은 단명하고('짧은 심지를더우잡고'), 눈물조차 없을 정도의 절망적인 것이었다. 그들은 황폐한 자신의 내면에 고독하게 켜져('내맘의 燭불') 있는 하나의 단명하는(짧은 심지를 가진) 촛불을 품었다. 이것이 그들을 질식시켰다. 주요한은 「불노리」에서 "큰길을 물밀어가는 사람소리는 듯기만하여도 흥성시러운거슬 웨나만혼자 가슴에눈물을 참을

수업는고?"라며 의문부호 속에 '나'를 가두었다. 그리고 그 의문은 시인이 자기 스스로에게 가하는 질문, '나란 누구인가'라는 근대적 주체의 자기 정체성에 대한 의문과 하나의 길로 통했다.

그러나 그는 이 해답에 이르는 과정들을 생략한 채 자신들의 헤어날 길 없는 열정을 붉은 눈물 속에 가두어 버렸다. 그것이 고 혹적인 비애의 미를 만들게 된 것이다. 꿈은 청춘의 열정이었고, 눈물은 꿈을 깬 뒤 얼어붙은 현실의 열매였다. 그것은 어떤 막을 수 없는 비애의 연쇄 사슬이었다(주요한, 「새벽꿈」). 슬픔과 환희, 정열과 허무, 빛과 어둠의 대립은 그들이 품은 이상(꿈)의 잠재적인 가능성과[3] 그것이 보다 넓은 자기 외부의 세계를 가지지 못함으로 해서 '한숨처럼' 사라져 버리는 것에 대한 절망의 상징적 지표들이다. 그것은 김소월의 '한(슬픔)'처럼 처음부터 차단되어 버린 것과는 성질을 달리하는 것이었다. 그렇다면 꿈을 깬 뒤(그 가능성이 사라져 버린 것을 인식한 뒤) 울어야만 하는 것은 당연하지 않은가. 그들은 이 꿈과 눈물이 행복하게 해우하는 비밀 통로를 가질 수 없었던 것이다. 그 상황은 완전한 개인성이 실현되지 않은 사회가 이 선각자적 자기의식을 지닌 개인이었던 시인에게 내린 형벌과도 같았다.

2) 내성의 울음과 종교적 자기 연민

내성의 울음은 홍사용의 「나는 왕이로소이다」에서 반복적으로

---

3) 김우창, 「한국시와 형이상」, 『궁핍한 시대의 시인』, 민음사, 1993, 41면.

변주된다. 시인의 울음은 내면 가득히 장전한 폭약과도 같이 솟구친다. 홍사용은 이 꽉 막힌 미로에서 겨우 "'모다 수수썩기였다"고 말할 수 있을 뿐이다. 그는 덧붙인다. 누님이 죽어도 모르겠는 것은 '사나희의 마음'이라는데, "모른다 모른다 하야도, 도모지 모를 것은, 나라는 「나」이올시다"라고 말이다. '내'가 모르겠다가 아니라 '나라는 나' 곧 대상화된 '나'라는 존재에 대한 의문을 그는 말한다. 소여된 것으로서의 '나'가 아니라 대상화된 '나', '나'에 대한 실존적인 질문이 제기되고 있음을 눈여겨보아야 할 것이다. 시인은, 내가 누구인지 알 수 없다는 물음에서 더 나아가, 그 누구인지 알 수 없다는 사실 자체가 아프다고 말한다. '내'가 무엇인지 정확히 계량도 안 되지만, 그 '안 된다'는 것이 '나'의 고통을 더욱 야기하는 형국을 말하고자 한 것이다. 이처럼 우리 시에 처음 들어온 근대적 내면은 스스로 자신을 들여다 볼 수 있게 했고 그것이 장엄한 자로서의 시인의 초상을 그리게 했다.

시인은 '왕'으로서 자신을 인식하지만 그러나 그는 '눈물의 왕'이다. 홍사용은 그것이 '노상 버릇'이며 '울음의 뜻은 도무지 모르겠'다고 말하고 있다. 이 울음은 어디서부터 오는 것일까. 이 시의 마지막 한 구절, "이 세상 어느 곳에서든지 설음잇는쌍은 모다 王의 나라" 때문에 이 울음이 '식민지 현실'로부터 왔다고 규정하는 것은 지나치게 단선적인 해석이 아닐까. 시인은, 처음 태어나서 뱉은 말이 젖주셔요, 으아! 하는 울음 소리였다는 것, 그리고 그림자 놀이를 하러 가서 죽음의 두려움 때문에 울음이 났다는 것, 그리고 산비탈로 지나가는 상두꾼의 구슬픈 노래 소리를 들었다는 것, 한식날 할머니의 산소 앞에서 속 깊이 소리내어 울었다는 것 등을 말한다. 이 울음을 야기하는 상황에 대한 구구한 서술은 삶과 죽음에 대해 시인이 갖는 비감을 표현한 것이다. 삶도 죽음만큼 곤혹스러운 것이며, 삶과 죽음의 비극적 상황을 혼자 지고 가야 한다는 것이 더 더욱 내성의 울음을 만들어 낸다. 시인은 "바위미테 돌부처는 모른체하며 감중연하고 안졌더이다"고 쓰고 있다. 단 혼자만의 인간, 홀로 고독한 주체의 영웅적인 탄생을 시인은 보고 있었지만 그 영웅은 고독하고 비애에 가득 찬 영웅이었던 것이다. 이 시에 나오는 "시왕전에서도 쫓기어 난 자"란 사전적인 의미로는 불쌍한 자라는 뜻이다. 모든 인간이 염라 대왕에 가서 죄의 정도를 가늠 받아야 하는데 이 "쫓기어 난 자"는 그것도 가능하지 않은 것이다.

이 같이 주위로부터 단절되고 불행한 의식에 사로잡힌 자아는 사실은 지극히 영웅주의적이고 귀족주의적인 의식의 소유자에 다름 아니다. 그러니까 그는 눈물의 '왕'이지 않을 수 없는 것이다. 고독과 불우는 그의 영웅주의를 극단적으로 편향시킨다. 일생동안 그가 감내해야 할 죽음은 그 자체로 비극적 파토스를 이루고 그것만으로도 하나의 '속 깊은 울음'의 파노라마를 충분히 만들어낼 수 있는 것이다. 그가 영웅인 것은 혼자 이 비극적 정황을 스스로 지고 가는 고독한 개인이라는 점 때문이다. 따라서 이 '설움' 있는 땅은 이 같이 홀로 내버려진 인간을 스스로 발견해 그것을 시의 주요한 대상으로 삼은 최초의 땅이 아니면 안 된다. 그래서 시인은 굴종의 인간, 복종의 인간이 아니라 철저하게 자신을 인식한 인간, 영웅적이고 주체적인 인간, 곧 눈물의 왕이지 않으면 안 되는 것이다. 눈물의 땅은 시인의 땅이었던 셈이다. 철저하게 고독하고 비애감에 사로잡힌 인간을 그려내면서 시인은 스스로 자기 연민의 우물에 가엾은 자신을 비춰보지 않을 수 없었고, 그것이 깊은 낭만주의의 그림자를 만들어내었다.

그렇다면, 이 같은 '나'의 탄생에서 우리가 보게 되는 이국적 정서는 무엇인가. 왕은 순결한 어머니의 초상에 자신의 얼굴을 투사하면서 자기 연민의 다른 표정을 만들어 낸다. 그것은 피로 얼룩진 순결함과 장엄함의 미학을 창출하고 있다. 그래서 당시 시들은 기독교적인 문화사 위에 펼쳐지는 이국정조의 낯설음을 동반한다. "王이 처음으로 이 世上에 올 때에는 어머니의 흘리신 피를 몸에다 휘감고 왔더랍니다"에서 우리는 비극적이면서도 장엄한 한 편의 내면의 드라마[4]를 보게 된다. 어머니의 대속으로 말미암아 자기 육체의 순결성이 보증된다는 인식은 사실은 기독교적인 인식이다. 이 '눈물의 왕'에게서 '눈물흘리는 성모'의 종교성과 장엄함을 보게 되는 것은 이 때문이다. 신의 발 아래 엎드려 눈물 흘릴 수 있는 자는 어린아이거나 자기 연민에 몸둘바 모르는 가엾은 영웅인데, 그는 곧 시인이다. 이 절대적 타자로서의 마리아 숭배는 사랑에 대한 담론의 중심축을 이루며 전개된다. 생명의 모든 원천인 어머니의 품에 자신의 내밀한 욕망을 밀어 넣음으로써 시인은 상처받은 나르시스의 불안을 치유하고자 한다. 그러나 그 상처란 영웅주의적 주체가 만들어 낸 가상(환영)이 아닐 수 없다. 이것에서 동인지 시대 시들에서 고통을 휩쓰는 낭만적 불안과 뿌리깊은 서정적 여성주의를 목격한다.

---

4) 마르셀 레몽, 김화영 역, 『프랑스 현대시사』, 문학과지성사, 1983, 100면.

　기독교적 문맥 속에서 ‘영원한 여성성’의 개념은 신에 대한 절대적 복종을 동정녀 마리아에 대한 숭배로 바꾸어 놓은 것이다.[5] 이는 영원성이라는 불멸의 욕망과 결합해 고통과 부활, 헌신과 보상이라는 종교적 환상을 만들어낸다. 이는 서양 현대 예술의 중요한 인식론적 기반을 이룬다. 서양인들은 고통과 보상의 난폭한 욕망을 말(언어)에 수다하게 쏟아 부음으로써 영원성·절대성의 원초적 환상을 충족하고자 한다는 것이다. 성모 마리아상이 문학예술의 숱한 환상적 이미저리를 제공하고 있는 이유이다. 1920년대 초창기 시의 ‘여성숭배’는 문학예술의 영원성에 대한 환상을 대체한 것이다. 초창기 우리 문학이 ‘사랑의 불’로 달구어진 것은 서구 문화의 문맥 속에 수용된 기독교적 사랑과 헌신, 고통에 대한 표상 및 상징들이 문학 예술의 영원성에 대한 환상과 원초적으로 결합된 때문이었다. 이 기독교적 관념이 그 뒤 점차 사라지게 된다는 것은 이 관념이 사라짐을 의미한다기보다는 차라리 이 관념의 시효가 소멸되었다는 것, 곧 이 관념이 만들어준 문학 예술의 계몽적 지위가 사라졌다는 것을 의미한다고 보아야 한다. 근대시의 개념을 인식하는 수준이 이미 계몽적 단계를 넘어서고 있었던 것이다.

　1930년대는 대상과 언어, 사물과 표현에 대한 메타언어적 인식 단계로 접어든다. 표현이나 기교가 문제되는 것은 이미 우리말 표현이 안정기를 맞고 있다는 것의 반증이다. 기교주의 논쟁은, 이데올로기 논쟁(카프 대 비카프)의 성격을 띠고 있다는 지적의 다른 한편에, 대상을 언어로 표현해 내는 데 있어 적절성의 문제, 언어와

---

5) 줄리아 크리스테바, 김영 역, 『사랑의 역사』, 민음사, 1995, 404면.

형상간의 문제가 시단의 중심 테마로 떠올랐음을 보여준다. 시를 인식하고 이해하는 지층 자체가 변한 것이다.

1920년대 초기 시들이 여전히 형식적으로는 전근대적 성격을 가지고 있고 괄호를 병기해 설명적인 요소를 덧붙이는 방식은 장르의식의 결핍에서 비롯되었을 것이다. 시가 설명 이전의 단계로, 산문정신과의 대립 속에서 이해해야 함에도 이 같은 전근대성이 엿보이는 것은 시 장르에 대한 충분한 인식이 결여되었음을 의미한다. 거기에 덧붙인 또 다른 한 가지 이유는 계몽의식의 잔재이다. 근대시의 인식, 근대적 자아의 각성이 그들 시의 중요한 동기가 되었음에도 그것을 계몽적 의지 바깥으로 끌어내지는 못했던 것이다. 그것이 설명적 요소와 부가적 요소를 동시에 거느리게 했다. 그럼에도 불구하고 이들 시에는, 이 근대적 주체의 발견, 곧 '나'의 철저한 자각에서 비롯되는 고독한 근대인의 드라마가 있다.

한편으로는 '생'이라는 이름으로, 한편으로는 나를 찾기라는 이름으로 쓰인 1920년대 초기 시 텍스트는, 예술의 근대적 자각과 그것을 절대적인 삶의 가치로 규정했던 시인들의 예술-삶의 동일시 과정이며 영웅주의적 자기의식의 발현이었다고 평가할 수 있다. 이 시기 시인들의 많은 텍스트 속에서 뚜렷하게 드러나는 한 가지 중요한 징후는 바로 이 '근대시'에 대한 새로운 인식과 개념의 형성인 것이다.

3. 1930년대 시의 방언과 모국어의 정신 형성

1) 보편주의와 지방주의

1920년대 시는 문학 언어의 기능적인 이해를 바탕으로 성립된 것이었음을 앞장에서 확인하였다. 1930년대 모더니티의 중요한 특색은 '문학 언어'에 대한 인식의 확장과 깊이를 내포하고 있다는 것이다. 1920년대 시인들에게 언어의식은 미비한 것이었다. 그들에게 언어는 관념의 표상으로서 혹은 관념의 전달 수단으로서 불명료하고 부정확하게 인식되었다. 그러나 1930년대 시인들은 시적 언어를 근원적인 자기 완결성을 가진 것으로 이해한다. 단순히 관념 전달의 도구로서가 아닌 시어 그 자체에 대한 관심을 보여준다. 김광균이 말한 '사상의 형태성'이라는 담론은 그것의 구체화이다.[6]

'기교주의 논쟁'은 당시 참가자들의 상이한 문학적 관심을 드러낸 것이지만 1930년대 시 형식에 대한 진전된 인식을 반영한 것으로 이해할 수 있다. 영혼·미·상징·영원성 등 근대적 관념과 연결된 근대시의 '미학적 계몽주의'는 더 이상 지속될 수 없다. 관념을 전달하는 도구로서의 '언어'로 만족할 수 없게 되자 언어 그 자체의 미학적 형식 문제를 탐구하게 된다. 즉 의미를 '어떻게' 잘 드러낼 수 있는가 곧 시 언어의 형식 문제와 본질 탐구가 1930년대 시 논의의 중심에 온다. 김기림과 임화는 문화어·교양·지성

---

6) 조영복, 「모더니즘 시의 현실과 그 기호적 맥락」, 『한국 현대문학연구』 6, 월인, 1998 참조.

의 목표로서 시의 언어 문제를 제기하고 있고, 박용철이나 백철은 민족혼과 정신의 표현으로서의 언어 문제를 제기하고 있다. 하나는 언어 미학의 보편주의를 주장한 것이며 다른 하나는 언어를 통한 민족 정신의 표현을 주장한 것이다. 이는 1930년대 우리 시인들이 어떤 맥락에서 시인으로서의 자기 정체성을 형성하고 있는지를 잘 보여준 것이다.

김기림은 1937~1938년경의 시집 출판이 유례 없이 성행한 사실을 시의 '르네상스'라고 표현했다.[7] 김기림은 백석 시에 나타난 방언과 공동체의 신화를 가리켜 '주착없는 향토주의'와 구별되는 일련의 모더니티라고 평가했다. 정지용의 아름다운 어휘와 이상의 메타포와 이미지의 탄력감의 전통 가운데 그는 백석의 동양적 신화를 위치시켰다. 그리고 여기에 이 여타의 전통을 아우르는 오장환의 『성벽』을 넣었다.[8] 김기림은 이들의 시에서 모더니티의 다양한 면모를 본 것으로 이해되는데, 이들 시의 공통적인 관심은 언어를 통한 시 형식의 온전한 축조였다. 1930년대 문학이 시의 르네상스를 이룬 계기는 '언어'였던 것이다. 다만 김기림은 이들 시에서 현대 지식인의 특이한 감정을 읽고, 그 감수성이 현대시의 본질에 얼마나 근접했는가를 문제삼았다.

김기림에게 현대성은 부정할 것이 아닌 초극의 대상이었다. 「모더니즘의 역사적 위치」를 쓸 때에도 모더니즘의 방향성이 문제되었을 뿐 모더니즘 그 자체를 부정한 것은 아니었다.[9] 그가 모더니

---

7) 김기림, 「시의 르네상스」, 『김기림 전집』 2, 심설당, 1988, 120면.
8) 김기림, 「성벽을 읽고-오장환 씨의 시집」, 『조선일보』, 1937.9.18.
9) 김기림, 「모더니즘의 역사적 위치」, 『인문평론』, 1939.10.

티의 망령에서 빠져나오는 것은 훨씬 이후(해방공간)의 일이다.

한편, 임화는 그의 언어관을 「신인론」·「시단의 신세대」·「언어의 마술성」·「언어의 현실성」 등의 글에 피력해두었다.[10] 임화는 '문학어'의 고유성을 주장한다. 임화에게 일상어·원어는 문학어·창조어(자기의 말)와 전적으로 구별된다. 임화는 문학어가 보편어·표준어·문화어로 근대 시민계급 문화의 산물임을 지적했다. 따라서 임화에게 방언의 특수성과 지역성은 상찬할 만한 것이 아니었다. 방언이 작가의 창조정신에 의해 구현된다고 하더라도 그것이 합리성에 의해 취사 선택되어야 한다는 점을 지적함으로써 방언의 나열로 보이는 백석의 시들은 근대시의 성격에 미달되는 것으로 보았다. 임화에게 표준어는 시적 개성과 근대적 미학을 보증하는 언어였던 것이다. 서울 출신이었고, 합리성과 보편성을 근대 시민계급의 정신적 토대로 이해한 그였기에 방언은 비합리적이며 특수성을 띤 것이라는 점에서 받아들여질 수 없었던 것이다. '문학어가 현실의 제약을 가지고 있다'고 말한 것은 언어가 현실에 의해 규정되고 그 언어를 질료로 선택하는 문학 역시 현실에 의해 규정될 수밖에 없음을 강조한 것이다. 보편지식과 지성으로 무장한 채 근대시관을 펼쳤던 김기림이나 임화는 그들의 이데올로기의 상이성에도 불구하고 언어의 보편적 성격을 지성(교양어)에서 보고 이것을 모더니티로 이해했다. 그들에게 모더니티는 곧 지성이자 보편주의 미학의 바탕이었던 것이다.

---

10) 임화, 『문학의 논리』, 서음출판사, 1989.

2) 모국어 체험과 정신 형성[11]

그러나 이 같은 보편주의 언어관과는 다른 흐름이 하나 존재하는데, 언어를 정신형성의 차원에서 이해하는 길이 그것이다. 그것은 시인들의 모국어 체험과 정신형성의 문제를 관련시켜 이해하는 길이다. 언어를 습득한다는 것은 단순히 하나의 낱말이나 어휘를 습득하는 것에 그치지 않는다. 그것의 음성적인 측면은 간단하게 습득된다고 해도 개념을 구성하는 능력은 오랜 습득 기간을 거쳐야만 가능하다. 개념을 습득하면서 개인은 언어공동체의 오랜 규범과 정신을 습득한다. 언어가 문화재로서 기능하는 것이다. 언어 담당자는 언어 공동체의 언어 규범과 정신을 습득하면서 모국어의 보존과 형성에 대해서도 일종의 책임을 진다. 문화재로서의 언어 습득 과정은 곧 한 개인의 정신 형성 과정이기도 한 것이다. 이에 대해 L. 바이스게르머는 모국어를 습득한다는 것은 언어 공동체의 사유 세계에 들어가는 것을 의미하며 언어를 통해 선조들의 정신 세계를 이해하고 사유 행위의 토대를 얻는 것이라고 말한다.[12]

1930년대에 뛰어난 시집과 시인들이 대거 나오는 것은 근대시가 형성되는 시기인 1920년에 비해 우리말의 미학적 인식이나 효과에 대한 시인들의 이해나 감수성이 깊어진 것이 첫째 이유일 것이다. 다른 하나는 언어공동체에 속한 개인으로서 시를 통해 식민지 현실에 적극적으로 대응한 데 있다. 이는 '언어가 문화재로서 습득되

---

11) 조영복의 「백석 시의 말의 축제와 모국어 체험」(『현대시인론』 1, 새미, 2003)의 내용을 바탕으로 한 것임.
12) L. 바이스게르버, 허발 역, 『모국어와 정신형성』, 문예출판사, 1994, 165~173면.

고 기능한다'는 이론의 명징한 예이면서 왜 언어 체험이 모국어 체험이며 정신적 소통 행위인가를 의미한다.

1930년대도 모방과 유행에 민감했던 모더니즘 시들이 여전히 논란거리가 되었다. 하지만 점차 그것은 '기교주의 논쟁' 등과 같은 문단 내적인 논의를 거치면서 극복되고 있다. 특히 1930년대 후반기에 들어서서는 모더니즘의 자기 갱신이 논의의 중심에 떠오르면서 언어에 대한 시인들의 의식도 변화를 보인다. 특히 신진 시인들의 경우가 그러하다. 그들의 모국어 사용은 정밀하다. 그들은 일본어가 공적 국어이고 조선어는 변방어였던 시대를 체험했다. 그들에게 모국어 체험은 표준어가 아니라 지방어·방언을 통해 구체적이고 감각적으로 체험되는 것이었다. 토속적 언어와 고향의식의 정밀한 결합이 이 시기에 주류를 이루게 되는 이유이다. 이는 언어가 정치적 현실적 억압을 뛰어넘어 존재하는 강한 생명력을 그 자체로 소유하고 있고 정치적 억압을 가로지르는 존재임을 입증한 것이다. 이는 '언어가 곧 욕망이다'라는 명제를 제시하는 프로이트 이후의 라깡·들뢰즈·크리스테바 등의 후기구조주의 언어 분석 이론에서 명료하게 제시된 바 있다.

1930년대 시에서의 지방성 문제를 '문화적 실감'이라는 차원에서 제기하고 있는 백철의 인식은 시어의 형식적 문제가 '이념'이나 '정신'의 차원에서 이해되어야함을 지적한 것이라 하겠다.

일제의 어두운 정책이 한국적인 것, 지방적인 것을 말살하려고 하는 정세에 직면해서 작가나 독자가 무엇보다도 우리말의 문학에 대한 강렬한 애착을 가진 것은 커다란 심리적 반응이었을 것이다. 그것은 사상적인 것에 대한 애

착보다 더 근원적인 것으로서 민족어 그 자체가 커다란 문화적 의의와 실감
을 갖게 한 시대이다. 일제의 전쟁이 말기를 접어 들어 용지의 통제가 극심할
때까지 출판물이 그만큼 번창한 것도 그 현실에 대한 사회성의 반응이었으며
그 가운데서도 『문장』 『인문평론』 등의 문예지에 대한 독자층의 지지, 비교
적 높은 문장 수련을 갖고 적지 않은 신인들이 내외 조건 속에서 등장하였으
며 무엇보다 기술적으론 현대문학의 정상을 이룬 것은 그 절실한 현실에 대
한 긴장한 반응 속에서 이루어진 것인 줄 안다.[13]

백철은 이를 "우리 문학사에서 아주 암흑기가 오기 직전에 서
쪽 하늘을 찬란히 물들인 저녁놀과 같은 풍경"이라고 수사적인 표
현을 하고 있다. 백철은, '사상적인 것보다 더 근원적인 것으로서
의 민족어에 대한 관심'을 '죽음을 앞에 둔 사람의 그것처럼 본능
적인 것 충동적인 것'이라고 말했다. 민족어가 민족의 생존 문제
와 직결된 것임을 당대의 작가와 독자들이 직감하고 있었다는 것
이다. 중일전쟁과 만주사변을 계기로 한층 강화된 폭압적인 정치
현실을 가로지르면서 시의 언어는 미세하고 유동적인 흐름을 계
속하고 있다. 언어는 리비도적인 현실 저항성을 가지고 있어서 현
실의 권력적 지표를 관통한다. 시집 출판이 60여 종에 달했다는
사실[14]은 언어를 제약하는 정치적 환경에서 모국어가 갖는 가치
론적인 의미를 더해준다.

1930년대 시의 중요한 논의는 방언과 향토성 문제이다. 1930년
대 시 담론의 지방주의와 민족주의, 지방어와 방언의 관계에 대한
질문은 내적으로 상당히 성숙한 형태를 띠게 된다. 이것은 문학

---

13) 백철, 『신문학사조사』, 신구문화사, 1983, 551~552면.
14) 김용직, 『한국현대시연구』, 일지사, 1985, 292면.

예술의 보편성과 특수성, 전조선적인 것과 지방주의적인 것의 갈등으로 이해되기도 했다. 시어가 토속성을 띤다는 것은 단순히 소재 자체를 향토적인 것, 지방적인 것에서 끌어오는 것을 의미하지 않았다. 백석을 비롯해, 김영랑·오장환·이용악 등의 시에서 보여주는 향토성·토속성·지방성이 시의 미학적 효과와 어떻게 관련을 맺는가 하는 것이 논의되고, 고향의식이 당대에 갖는 시대성은 무엇인가 하는 것들이 중요한 관심사가 되고 있다. 백석의 『사슴』(1936)을 둘러싼 일련의 논의에서 이를 확인할 수 있다.

이효석은 이 시집을 읽고 고향의 추억이 굵게 핏속에 맥박치고 있다고 보고 고향 이야기가 '바른 방향'과 '진정한 발전'을 향해 나가야 한다고 주장한다. 그는 백석의 「가즈랑집」·「여우난 곬족」·「모닥불」·「주막」 등을 언급하면서 백석이 그린 고향이 이 땅의 고향이며 조선의 목가적 아름다움을 표현한 것이라 보았다.[15] 그는 백석의 시가 한 개인의 향수를 들추어내는 데 그치지 않고 고향의식의 보편성을 드러낸다고 판단하고 이것을 조선 시의 나아갈 방향이라 보았다. 오장환이나 임화는 백석이 시에서 방언을 사용하고 있는 것에 대해 부정적인 반응을 보인다. 그것이 '기교'나 '모더니티'의 범주 속에서 이해됨으로써 시가 삶의 진실을 드러내야 한다는 프로문학의 기본 정신과 위배되기 때문이었다. 하지만 그들은 지방주의가 갖는 당대적 가치까지 부정할 수는 없었다. 오장환은 백석의 『사슴』이 민족성, 지방색을 잃은 채 모방과 유행에서 허덕거리는 문청들에 대한 경고의 의미를 띠는 것으로 평가했다.[16]

---

15) 이효석, 「영서의 기억」, 『조광』, 1936.11.
16) 오장환, 「백석론」, 『풍림』, 1937.4.

백석에 대한 감정적인 비판의 싹을 노출시키고 있기는 하지만『사슴』이 당시 신지방주의·향토주의의 물결 속에서 나름의 가치를 창조하고 있는 것은 부정하지는 않는다. 임화 또한 백석의 '야릇한 방언'이 '작자의 강렬한 민족적 과거에의 애착'이라는 점을 들어 평가하고자 한다. 그러나 방언에 대한 무질서가 전조선적 생활 현실의 보편적 정서를 얻지 못하고 지방주의로 흘러 예술적 보편화의 노력을 상실한 것이라 비판하기도 한다.[17]

반면 지방어와 토속성의 문제를 본능과 자연의 층위로 이해하면서 이를 1930년대 시정신의 일환으로 파악한 것은 박용철이다. 박용철은『사슴』을 평가하면서 백석의 정주지방 언어가 '야생적이고 초생적인' '모어의 위대한 힘을 느끼게 한다'고 지적했다. '깨트려서 뿌다귀와 모소리가 있는 돌'로 비유된 방언의 힘은 생생히 유동하는 생명을 가진 것이라 평했다. 그것은 '사전에 오르는 표준어(標準語 : 中和語)'처럼 "맞부듸쳐서 깎기고 달아져 동글아진 돌"과는 다르다는 것이다.

> 會話語가 막자갈이라면 文語는 바독돌이다. 自然國語가 뿔있는 돌이라면 非話用語 漢文古文이나 羅甸文이나 新造語 에스페란토같은 것은 동그라진 돌이다. 鄕土의 野性과 都會의 文化를 自然한 돌과 練磨된 돌에 비길수도 있다. 다듬이돌이 槪念의 固定과 存在의 安定을 얻은 反面에 뿔있는 돌은 生生히 流動하는 生命을 가지고 있다. 지나친 結論이나 文化란 것은 그 自體가 제가 成長해나온 肉身과 大地와 氣候를 얼마쯤 떠난 곳에서 練摩되고 圓熱하는 것이다. 그러나 이것은 때때로 그 本源에서 新規補充兵의 增援을 받아야 그 生活한 生命을 維持한다.

---

17) 임화, 「문학상의 지방주의」, 『조광』, 1936.10.

　　修整없는 方言에 依하야 表出된 鄕土生活의 詩篇들을 琢磨를 經한 寶
玉類의 藝術에 屬하는 것이 아니라 서슬이선 돌 生命의 本源과 接近해있는
藝術인 것이다. 그것의 힘은 鄕土趣味程道의 微溫한 作爲가 아니고 鄕土
의 生活이 제스사로의 强烈에 依하야 必然적인 表現의 衣裳을 입었다는데
있다.[18]

박용철에게 토속어는 표준어와 대립된다. 박용철은 방언과 토착
어의 비문법성과 비표준어적 성향은 그것이 본능적이고 생명적인
것어어서 서슬이 선 생명의 본원과 근접해 있다고 보았다. 시의
유기체설을 주장한 그의 시관이 투영된 것이기는 하지만 '지방어'
를 생명의 본원과 유동성을 유지하는 것으로 본 것은 주목할 만하
다. 1930년대 말기의 억압적인 조건 속에서 유지된 우리의 정서와
조선적 특수성은 바로 이 방언(지방어) 속에 있었고 따라서 방언의
사용은 토속주의적 취향의 문제가 아니라 현실 인식에 근거한 가
치론적 태도가 내재된 것이다. 1930년대의 시의 지방어·토속어의
문제는 이처럼 단순한 소재 차원을 넘어서서 정치적 차원으로 제
기되었다. 백철이 말한 '실감'의 문제는 언어가 현실의 권력적 속
성들을 탈주하는 리비도(생명)의 차원임을 의미한다고 할 수 있다.
방언은 의식의 저 낮은 욕망의 지층을 미묘하게 파고들면서 정치
적인 문제를 파고 들었다. 이 시대가 우리말과 우리 정서를 자유
롭게 표출할 수 없었던 시대임을 감안하면 '조선적인 것'의 표현
은 그것 자체로 하나의 저항적 힘이 되는 것이다. 이는 언어가 의
미를 전달하는 도구로서, 혹은 단순한 물적 질료로서의 차원보다
깊숙한 곳에 있음을 의미한다.

---

18) 박용철, 「시집 『사슴』 평」, 『조광』, 1936.4.

1930년대 시인들은 '지방어'나 '토속어'를 '민족어'라는 추상적
대상으로 규정하는 대신 '생명' 있는 구체적 실체로 인지했다. 특
히 신진 시인들은 방언과 향토정서, 고향의식을 통해 정체성을 각
인시켜 나간다. 지방어·방언을 통한 모국어 체험은 일종의 민족
정신 형성의 과정이 된다. 오장환이 '난삽한 기계문명에 마비된
문청들이 이상한 사투리와 뻣뻣한 어휘에 쾌감과 흥미를 느끼는'
모던 감각을 비판했지만 그것은 시대성을 띠고 있었다. 1930년대
중반 이후 음악·미술·민속학 등 분야에서 전통주의로의 복귀는
뚜렷한 징후였다. 모더니즘의 화려한 발화와 성장을 경험한 당시
시단은 점차 언어(지방어)를 통해 시인의 자기 정체성에 대한 문제
를 고민하게 된다. 이용악·오장환·백석·김영랑 등의 언어의식
은 카프 계열 시인들은 물론이고 정지용·김광균 등의 1930년대
모더니즘 시인들과도 분명한 선을 긋고 있다.

이들 신진 시인들은 무엇보다 우리말의 지방적 특수성에 대한
날카로운 인식을 보여주고 있다. 그들은 방언 지역에서 태어나 그
말의 지역적 특색을 개성적인 표현으로 살려내었다. 김기림과 임화
의 아류에서 벗어나 신진 시인들의 독자적 시풍 진작이 요구되던
당대 시단은 이미 사이비 외국풍의 시적 경향이 철저하게 비판되
고[19] 새로운 조선문학 건설이 요청되었다. 외국 시의 모방과 아류
적 시풍에서 벗어나기 위해 지방적인 것, 조선적인 것은 확고한 정
체성을 가지고 이미 시단의 '새로운 경역'으로 자리잡았던 것이다.

그러나 점차 일제 암흑기를 맞아 우리말을 사용할 수 있는 환

---

19) 홍효민, 「신진시인론」, 『조선문학』, 1936.3.

경이 절대적으로 열악해지면서 우리말이나 방언에 대한 감수성은 더 이상 지속되기 어려웠다. 『조선일보』·『동아일보』의 폐간에 이어 『문장』·『인문평론』의 폐간으로 우리말 시의 발표가 더 이상 가능하지 않게 된 시점에서 역설적으로 우리 시의 언어는 최고의 정상(頂上) 상태를 경험하게 된다. 언어의 이 같은 자생적 생명력은 현실의 권력적 억압을 비틀고 쥐어짜내는 역할을 한다. 백철이 말한 "사회학적인 민속심리학적인 커다란 동기"는 이를 의미한다. 당시 백석·이용악 등의 신진 시인들이 보여준 지방어·토속어는 소재의 차원이 아니라 조선적인 것을 제거하고자 하는 '현실'이라는 씨니피앙에 끈질기게 달라붙어서 '현실'이라는 권력적 속성들을 탈주해 버리는 정치적인 행위이다. 이 '문화적 의의와 실감'을 '문화'의 맥락으로서가 아니라 '정치'의 맥락으로 읽어야 하는 것은 이 때문이다.[20]

문학은 이데올로기나 사회 질서에 의해 일차적으로 규정되는 것이 아니라 문학 스스로가 그 현실의 질서를 전복하고 탈주함으로써 생산의 주체가 된다. 지배적 담화 체계 혹은 지배 집단의 권위적 이데올로기가 주류가 되어 있는 상황에서 지방적인 것의 소재와 방언의 사용, 그리고 이를 통해 조선인의 토착정서를 강조하고자 한 것은 단순히 복고주의를 의미하지 않는다. '일제 암흑기'라는 통상적 표현에서 보듯 1930년대 시적 상황은 매우 억압적이었다. 그 같은 상황에서 당시 신인들이 보여준 '지방성'과 '토속어'는 '현실'이라는 권력적 힘들을 가로지른다. 언어는 권력의 힘들에

---

20) G. Deleuze & F. Guattari, *Anti Oedipus*, Univ. of Minnesota Press, 1990, pp.133~135.

걸터앉아 그것을 가로지르며 미끄러지는 탈주의 생성적 주체가 된다. '언어'는 단순히 '현실'을 해석해 내는 차원에 있지 않고 그 자체로 자율적인 생산 주체이다. 언어는 자율성을 가지고 현실을 재구성한다. 그 자율성과 구성력이 언어의 힘이다. 들뢰즈의 '집단환상'이란 이 같은 언어의 정치적인 측면을 의미하는 것이다.[21] '토속어와 지방성'을 개인적 초월의 문제로 혹은 시인의 언어감각이나 기교의 수준으로 이해할 수 없다. 그것은 사회 터전의 문제, 우리가 '현실'이라고 읽는 바로 그 정치성의 맥락과 깊숙하게 관련되어 있다.[22] 1930년대 시는 지방적인 것, 조선적인 것을 자기 내적 정체성으로 확립하려고 한 일련의 시인들의 등장과 함께 그 질적 성장을 이루어 나갔던 것이다.

4. 부서진 '나'의 육체와 백지의 글쓰기

1) 부서진 '나'의 육체

1950년대에 특이한 비평가적 경력을 지녔던 고석규는 그의 시 「암역(暗域)」에서 '검은 바다'에 "나를 찾지 못한 나비가 破月처럼 침몰

---

21) G. 들뢰즈 외, 최명관 역, 『앙띠 오이디푸스』, 인간사랑, 1996, 100면.
22) 조영복, 「백석 시의 언어와 정치적 담론의 소통성」, 『한국현대시와 언어의 풍경』, 태학사, 1999, 81면.

해 누워있소"라고 썼다.23) 고석규의 「바다와 나비」는 우리에게 아주 익숙한 테마이면서도 그 이미지는 퍽 낯설다. 그 익숙함은 우리에게 1930년대 김기림의 「바다와 나비」를 떠올리는 감각과 관계가 있다. 김기림에게는 "청무우밭인가 해서 나려갔다가는 지쳐서 돌아오는" 공주처럼 고귀하고 감각적으로 제시된 나비의 이미지가 있다. 김기림에게서 시작된 '나비' 이미지의 계보를 따져 보면, 대체로 그것은 연약하지만 순결하고 고귀한, 바로 그 '공주' 같은 절대성의 가치를 지닌 존재이다. 불교에서는 '아름답고 향기로운 꽃 향기가 나는 부처가 존재하는 자리'를 나비의 상징으로 나타내기도 한다. 단명하면서도 영원성을 가진 존재로서 나비는 희생과 죽음·부활·환생을 상징한다. 바다는 공주 같은 나비의 꿈의 공간이자 영원한 휴식의 공간이기도 하다. 김기림은 그 '바다'를 '청무우밭'이라는 감각적인 이미지로 제시함으로서 귀하게(파리하게) 지친 나비의 이미지를 극적으로 만들고 있다. 청무우밭이 바다처럼 펼쳐져 있는 일본의 풍물적인 감수성이 이방인이었던 김기림의 이국적 정서를 이처럼 독특하게 자극한 것이라 할 것이다.

그런데 1950년대에 오면 그 극적이고 감각적인 이미지는 어둡고 그로테스크한 동굴의 내면에 의해 부서져 버린다. 고석규 시에 나타난 '나비' 이미지의 낯설음은 여기에 있다. 바다는 검은 바다이며 나비의 육체는 피로한 상태를 더해 아예 부서져 내린다. 고석규는 이어서 "부서진 나비의 살닢들이" 그 "검은 바다 속에 흐늘져 산다"고 썼다. 자아는 부서지고 그 자아의 꿈의 공간이자 휴

---

23) 고석규, 「암역」, 『청동의 관―고석규 유고시집』, 지평, 1992, 38면.

식의 공간이었던 바다는 부서진 육체를 지우는 무덤이 되어 버리는 것이다. 1950년대의 주체는 바로 부서진 자아와 그 부서진 육체를 부려놓는 거대한 암역의 동굴에서 생성되고 있었던 것이다. 그것은 주체의 부재, 곧 주체가 자신의 육체를 부려놓는 영토가 부재함을 의미하는 것이라기보다는 그 부정과 폐허가 바로 주체의 생성조건이자 주체의 살림살이임을 보여주고 있다. 그래서 고석규의 비평 행위는 암역의 캄캄한 동굴과 같은 해수면 아래에서 '청동빛 나의 이름'을 찾는 행위일 수밖에 없는 것이다. 이를 간단히 전후 허무주의라고 단언할 수 없는 이유이다.

고석규 · 이어령 · 김수영 · 유종호로 이어지는 1950년대의 비평적 감수성의 한 축은 바로 이 검은 바다에서 '불을 보는' 행위처럼 강렬한 에너지를 저장한 것이었다. 그들 세대는 폐허 · 황무지 · 부재 · 여백 위에서 그들의 문학 행위의 근거('나의 이름 찾기')를 묻는 행위를 계속할 수밖에 없었다. 그것이 그들의 글쓰기의 존재 이유였다. 이처럼 1950년대 작가들이 '백지'(김수영) 혹은 '여백'(고석규), '황무지'(이어령)의 글쓰기로 자기의식을 문제삼은 것은 실존주의 사상과 서구 보편주의 문학 이념의 한국적 수용의 결과였다.[24] 이를 간단히 1950년대 모더니티라 지칭할 수 있을 것이다. 이를 통해 전통 논의가 자연스럽게 제기되고 다른 한편으로는 '역사적인' 문맥 내에서 현대성을 탐구하고자 하는 인식을 보여주는데, 모더니즘 시에 대한 반성도 이 같은 관점에서 이루어진다. 1950년대 시인들의 인식론적 지평은 1920~1930년대 시인들과는 다른 체계

---

24) 조영복, 「수사, 동경, 그리고 에세이」, 『오늘의 문예비평』, 1997년 겨울호 참조.

위에 있었던 것이다.

1950년대 시인들의 문학적 공간은 경험적으로나 인식론적으로 '백지'와 같은 토대 위에 있었다. 1920년대 모더니티를 수용했던 시인들은 근대예술(시)의 정립이라는 거시적인 목표 아래 그것의 절대적인 신뢰를 보여주었다. 1930년대 시인들의 모더니티는 방언과 지역성을 변방적인 것에서 정신적인 차원으로 승화시키는 데 그 가치가 주어졌다. 그러나 1950년대 모더니티는 현대성의 반성이라는 차원에서 제기된다. 1950년대 모더니즘은 '제도화된 모더니즘'으로서 이미 전위성·집단성·운동성을 결여하고 있으며 대신 개별적인 창작 활동 속에서 불연속적으로 존속하고 있다.[25] '전쟁'을 겪으면서 그들은 1950년대 자체의 인식구조의 변화를 몸소 체험하고, 그것을 통해 비판적 주체의 문제를 제기할 수 있었던 것이다. 여기에는 1950년대 모더니즘의 규범적 흐름인 실존주의 사상의 수용과 그것의 재문맥화라는 문제가 내포되어 있다. 그들은 이를 통해 지식의 문제, 현대성 문제, 전통 문제, 언어의 자기 반영성의 문제, 곧 '주체'의 문제를 제기하게 된다.

2) 주체와 현대성

1950년대 모더니티는 실존주의 사조의 수용 과정에서 제기된다. 1950년대 시의 자기 정체성은 '주체'의 문제를 어떻게 이해하는가

---

25) 조영복, 「1950년대 모더니즘 논의를 위한 비판적 검토」, 『한국 모더니즘 문학의 근대성과 일상성』, 다운샘, 1997, 200면.

하는 점에 있다. 최일수는 모더니즘을 주체적 의식으로 수용해야 한다고 말한다.[26] 당대 모더니스트들이 서구문학을 주체적으로 수용하지 못하고 서구문학의 과정을 되풀이하거나 그에 대한 비판 의식을 결여하고 있다는 점을 비판의 주된 내용으로 삼는다. 서구 문학을 무질서하게 추수하는 경향을 벗어나 민족 주체성에 의한 문학으로 나아가야 한다는 것이다. 이것이 참된 비판적 주체로서의 민족문학이며 현대문학이라고 주장한다. 최일수에게 '주체'의 문제는 전통의 계승과 문학의 현대성 문제를 동시에 아우르는 개념으로 제시된다. 여기서 '전통'의 문제는 서구문학의 무분별한 수용 과정에 대한 하나의 반성적 시각을 포함한 것이고, 한편으로는 해방과 분단의 과정에서 대두한 '민족' 통합에 대한 역사적 시각을 드러낸 것이다. 최일수에게 '현대성'은 서구 문예 사조의 당대적 수용과 관련되면서도, 그것을 우리 민족의 역사적 상황과 조율하는 가운데서 가능하다는 인식을 담은 개념이다. 보편주의라는 1950년대 문예 이념의 거시적 목표가 민족 주체성의 영역을 포회하게 됨으로써 1920~1930년대 서구 문예 사조를 수용하는 상황과의 분명한 차이를 보여준다.

최일수는, 서구문학은 양차 대전을 겪으면서 자아의 분열과 내면 함몰이 자아의 초극과 행동에의 의지로 나타난 데 비해 한국에서는 자아 분열의 상황을 심화하는 방향으로 나아감으로써 '니힐의 초극'을 이루어 내지 못했다고 본다. 그 같은 상황에서 1950년대 문학은 새로운 전망을 지니게 되는데, 우리에게는 이중의 초극

---

26) 최일수, 「우리 문학의 현대적 방향—전통의 올바른 계승을 위하여」, 『자유문학』, 1956.12.

이 요구된다는 것이다. 서구문학이 지향하고자 했던 인간 내·외면의 분열적 통합과, 민족 분열이라는 이중적 통합이 그것이다. 서구에서의 현대성 확보는 인간의 통합이라는 목표만으로도 가능했지만 한국은 '인간'에다 '민족'의 통합이라는 역사성이 개입될 수밖에 없다는 것이다. 따라서 1950년대 문학에서 가장 긴요한 것은 서사정신의 회복이 된다.

> 현대적인 서사정신이란 올바른 전통의 계승에 입각한 민족문학의 현대화를 말하는 것이며 그것은 분단된 민족의 통일의식이요 또한 현대적인 지성과 감성 그리고 사유와 행동 이지와 정서가 동일성 위에 밀착되어진 그러한 통일된 인간을 민족적인 현실생활 속에서 창현하면서 근원적인 창조의 계기를 개시하는 민족 정신을 말하는 것이다.[27]

최일수는 그 같은 현대적인 서사 정신을 보여주는 서구문학의 모범으로 레지스탕스 정신이 근간이 된 '행동적 휴매니티'를 들고 있다. '행동적 휴매니티'는 역사와 현실의 참여의식일 뿐만 아니라 인간의 본질을 분석하고 모든 제약을 초극하는 의지를 가리킨다. 폐허 위에 서 있던 1950년대 작가에게 '새로운 사회를 행동적으로 건설하는' 행동적 휴매니티 요구는 자연스럽게 도달한 논리적 귀결이었고, 이지와 지성의 힘, 곧 비판적 정신은 그 새로운 방향성을 제시할 수 있는 조건이 되었다. 그가 '모던이즘 / 모더니티', '휴머니즘 / 휴매니티'를 구별한다거나 그것을 전 후반기 한국문학의 현대성을 '구별짓는' 개념으로 이해하는 것이 문제가 없지는 않다. 하지만 현대성의 조건을 서구 문예 사조의 비판적 수용으로 전제하고

---

27) 최일수, 위의 글, 173면.

그것을 '전통(민족)'의 문제와 결부시켜 이해하고 있다는 점은 주목할 만하다. '현대화, 비판적·주체적 인간의 형성'이라는 개념이 최일수 논의의 근간을 이루는 것임을 볼 때, 1950년대 모더니티 수용은 1920~1930년대 모더니티 수용사의 반성적 성찰이라는 측면을 포함하고 있다. '슈르 리얼리즘의 이활이나, 이미지즘의 김경린, 뉴 칸트리파의 고원, 즉물파의 김규동'으로 이해되는 '모던이즘'은 1930년대의 연장일 뿐이어서 1950년대 문학사의 얼룩진 단층을 이룬다. 이것들은 민족적인 주체성으로의 접근이 강렬하게 모색되어야 하며 자기 반성을 요구하고 있다는 것이다. 이 같은 1930년대의 '모던이즘'에 대한 반성적 입장은 이미 고석규 등의 비평가나 신진 시인들에게서 공통적으로 나타나는 점이어서 그다지 새로운 논의는 아니다. 그러나 그들 공히 '비판'과 '주체(주체성)'가 '반성자'의 중요한 의식을 이룬다는 점을 지적한 것은 의미가 있다.

이른바 '역사적 아방가르드'로 비친 1950년대 모더니즘에 있어 그것을 비판적으로 해석하고 새로운 방향성을 제기할 책임은 필연적인 것이었다. 민족 해방과 분단이라는 역사적 대사건을 경험한 세대였기에 1950년대 중반기는 일종의 '의식의 전이'를 요구하는 '전환기'였다. 그리고 모더니즘 문단의 정체되고 관습화된 풍토는 오히려 모더니티 문제를 새롭게 해석할 여지를 만들어주었다. 이에 따라 전통과 현대의 대립적 구분이 지양되어야 하고, 모더니티가 민족 주체성의 문제와 맞물려서 진행되어야 한다는 점이 강조되었다. 1950년대 '의미 있는' 모더니스트들은 이른바 '비판 지식'을 통해 새롭게 자신의 입지를 정립해 나가려는 노력을 보인다.

최일수에게서 우리는 1950년대 문학에서 중요한 하나의 매듭을 찾을 수 있다. 민족을 '주체'로 전제한 최일수의 민족문학의 주장은 당시 만연되어 있던 무질서한 모더니즘 문학에 대한 나름의 방향성을 제시한 것이어서 주목된다. 최일수가 세계사적 조류와 유기적으로 연결된 민족문학을 부르짖고 비판적 주체의 정립을 강조하게 되었던 것은 실존주의 사상의 수용 과정에서 얻게 된 우리 문학의 자기 정체성 과정의 한 측면을 의미한다고 볼 수 있을 것이다. 최일수의 이 같은 민족문학에 대한 검토는 박봉우·신동엽 등의 시인들을 한국시사에 새롭게 편입시키는 계기가 된다.

'주체성의 문제가 문학사적인 문제'라는 인식을 보여준 백철의 논의도 최일수의 논의와 연장선상에 있다. 그는 주체성의 문제가 '불안문학'과 행동주의 문학이 수용되던 1935년경에 이어 1950년대에 재등장하는 것이 한국문학을 세계문학의 동향과 동시에 파악하고자 하는 데서 비롯된다고 본다. 한국문학을 세계문학의 보편주의라는 체계 위에 세우고자 할 때 필요한 것은 그것에 대한 명확한 자기의식이다. 당대 주체성 논의가 민족문학의 범주 내에서 이해되고 있는 것은 '한국문학의 세계화'라는 구호 아래 펼쳐진 '보편주의로서의 서구 문예 사조'의 수용에 대한 갈망과 무관하지 않다. 이는 실존주의를 그것의 '원주민'과 동시대적으로 이해하고자 하는 조급증을 낳지만 시문단에서는 모더니티 발현이라는 문제로 재연된다. 따라서 이때 '주체' 논의는 작가 개인의 개성적 특질을 의미하는 기술·형식의 의미를 띠지 않는다. 주관과 객관의 종합을 가능하게 하는, 대상을 중심체 위에서 통일체로 파악하는, 의식의 자기 중심성을 의미한다.

문학과 인간을 전체적으로 파악해야 한다는 논리는 결국 인간

의 존재를 그 중심에 두는 실존주의 철학을 당대에 수용하는 문제
와 분리하기 어렵다. 1950년대 주체성의 문제는 실존주의 철학을
겉옷으로 입고 나타난 모더니티 논의의 연장선상에 있는 셈이다.
백철은 주체성이 역사성(현실성)을 띠기 마련인데, 우리 시가 이를
시사성이나 신변잡기로 보거나 소재주의로 흐르는 경향을 보이게
된다고 비판한다. 전쟁에서 취재한 작품들이 인간적인 장면들을
심류에서 파악하지 못하고 시사성에 흘려 버리게 된 것은 소재주
의와 주관적인 표현을 주체성으로 오인한 때문이라는 것이다. 형
식과 기술의 향진을 작가의 주체성으로 이해하는 것은 주관적인
표현과 주체성의 문제를 혼동하고 있다는 것이다.[28]

　고석규는 실존주의에 대한 누구보다 앞선 관심을 가지고 있었
을 뿐 아니라 이를 우리 시에 난해하면서도 의미 있게 적용하고자
했다.[29] 그는 모더니즘 문학의 방향성을 '실존', '존재'의 문제로
제시하기에 이른다. 무를 통해서 존재를 증명함이라는 릴케적 명
제를 설명하고 그는 이것이 노자의 허무적 도기와는 다르다는 것,
이는 전쟁의 공포가 준 침묵의 기간 동안 '생성'된 것이라는 것을
강조했다. 그는 이를 '여백의 지배'라고 부른다. '보이지 않는 소
리', '부재의 존재', '50년대의 여백'은 고석규가 파악한 실존주의
의 핵심이자 모더니티이다. 그는 이 개념을 통해 이상·윤동주·
김소월 등의 시인론을 쓸 수 있었다. '여백에다 존재의 본질을 채
워 넣기'란 결국은 1950년대 모더니즘 시가 릴케를 비롯한 실존주
의 사조 수용을 통해 하나의 방향성을 제시할 수 있었다는 말이

---

28) 백철, 「문학과 주체성의 문제」, 『신태양』, 1954.11, 265~266면.
29) 고석규, 『여백의 존재성』, 지평, 1990.

된다.

　1950년대 모더니즘의 운명은 실존주의를 통해 그 길을 개척해 나가는 방향성에 있었던 것이다. 이 자리에 서면 기교와 비유법에 치중한 1930년대 이미지즘이나 김기림의 방식들은 비판의 대상이 되지 않을 수 없다. 고석규는, 김기림 식의 '의미적 수립'의 시에서 1950년대에는 '존재적 수립'의 모더니즘으로 나아가야 한다고 주장한다. 따라서 김규동 등의 시에서 보이는 빛과 속도로 집약되는 이미지는 현대성의 피상적인 측면만을 드러낸 것으로 비판받는다. '과학의 명랑성', '광선'의 밝음과 황홀한 색채감에 대한 반응, 제트기의 속도감에 대한 주체의 경이 등은, 오히려 현대성이 가져오는 전쟁의 위험성을 몰각하고 있다는 점에서 비판의 대상이 된다. 즉 현대성의 부조리성을 인식하지 못하고 물질의 외재성에만 매달려 있다고 본 것이다. 외재적인 현대성(과학·기계)은 모더니티의 핵심이 아니다. 인간의 내면을 파고드는 시인의 깊은 시선을 '존재'의 문제로 파악함으로써 그는 실존주의의 핵심을 파고든다. 전봉건·김춘수·박양균·이원섭 등 릴케의 영향 아래 자라난 시인들은 실존주의에 대한 지적 인식을 바탕으로 1950년대 시를 그 이전의 시와 구분짓고자 하였다.[30] 이 같은 입장에서는 전통시와 현대시의 피상적인 구분은 의미가 없고 오직 지성의 문제, 즉 '순화된 지성'이 문제가 된다. 1950년대 시에 있어서 전통적 서정 곧 리리시즘의 문제를 현대시의 지성의 영역 안으로 어떻게 포용할 것인가에 대한 구체적인 지적을 하고 있는 것이다.

---

30) 조영복, 『한국 현대시와 언어의 풍경』, 태학사, 1999 참조.

고석규가 김소월 등의 시를 실존적 정신분석의 입장에서 유려하게 밝혀낸 점은 더 이상 리리시즘의 문제가 '현상적인' 모더니스트들의 입장처럼 현대시의 '바깥'에 놓여 있은 것이 아닌 '주지성'의 한계를 보족하는 것으로서의 위치를 점하고 있음을 입증한 것이다. 그러나 실제로 많은 시인들은 실존주의의 '관념성'을 서정성의 영역으로 순치하지는 못했고 '관념'에 대한 지나친 경사로 난해성을 가중시켰다. 현대시가 난해시와 등가로 이해되는 것은 1950년대 시가 물려 준 부정적 유산이다.

1950년대 모더니티 문제에 대한 일련의 논의들은 1950년대 지식의 체계, 현대적 지성의 문제 한가운데서 제기된 것이었다. 백철·최일수·고석규 등 1950년대 비평의 입장은 전/후반기 모더니티를 분석, 해명하고 차이를 결정짓는 데 있었다. 1950년대 문학이 요구하는 '현대성'을, 1930년대와 혹은 그 이전 최남선이나 이광수의 계몽주의 시대 혹은 1920년대와의 대비 속에서 뚜렷이 하고자 했던 때문이다. 그러나 그들은 당대 담론의 '태풍의 눈' 속에 있었던 탓에 원근법적 시각으로 그 거리감과 속도감을 제어할 수는 없었다. 그것이 1950년대 문학의 현대성 문제를 다른 시기에 비해 절대화하는 원인이 된다.

그러나 그들 담론의 중심에서 우리는 1920~1930년대의 모더니티 수용의 연속성과 단절성을 동시에 보게 된다. 그것이 한국시사에서의 모더니티의 보편성과 특수성을 규정하게 될 것이다. 즉 1950년대는 '해방'과 '전쟁'이라는 거대한 경험을 비판적으로 사유해 낼 수 있는 지성을 요구하고 있었다. 문학 내적인 측면에서도 인식 체계의 변화를 요구하고 있었고, 이는 '실존주의'를 통한 모더니티의 정립 과정으로 이해할 수 있다. 이 과정에서 1950년대는 '비판적 주체'의 문제가 모더니티의 근본 문제로 인식되었다. '백지' 혹은 '여백'에 '존재'를 채워 넣는 방식은 곧 부재의 현존을 증명해 보이는 것이었고 그것은 실존주의 광범한 영향 아래에서 가능했다. 이는 1950년대 모더니티의 특수성이며 시대정신으로 이해할 수 있다. 다른 한편으로, 1950년대는 1920~1930년대에 이어 왜 그리고 어떻게 모더니즘을 수용하고 이해할 것인가에 대한 '주체'의 고민을 보여준다. 이것은 1920~1930년대를 잇는 모더니티의 연속성을 의미한다.

5. 한국 현대시의 계보

이 글은 외국문학, 문예, 사조의 수용·모방·영향을 통해 우리 문학의 정체성 형성 과정과 그 동인을 확인하고자 했다. 우리 근대문학 전반에서 제기되고 인식되었던 시인의 자기 정체성 형성 과정을 모더니티와의 관계 속에서 심층적으로 살펴보고자 한 것이다. 따라서 각 시기 시의 인식 층위를 문제삼음으로써 긍정·부정과 같은 절대적 평가나 '질(문학성)'의 우위를 판단하는 가치 평가적 판단으로부터 거리를 두고자 하였다. 구체적으로는 1920년을 전후해 근대문학 개념을 받아들이는 시점으로부터 1930년대를 거쳐 1950년대에 이르기까지 이 문제를 확장해서 살펴보았다. 정체성 형성은 의식의 문제이기도 하지만 사실은 언어의 배치나 배열, 메타 언어적 틀의 변화와 관계된 개념임을 부정할 수 없다. 그러므로 언어 그 자체에 대한 판단까지 중요한 연구 영역으로 삼고자 했다. 언어 내적인 측면에 대한 탐구의 필요성은 이것이 시 장르인 점을 이해하면 재차 말할 필요가 없을 정도이다.

이 같은 측면을 염두에 두고 이 장에서 확인한 것은 다음과 같다.

'나'의 인식이라는 주제는 근대예술에 대한 절대적 동경과 그것을 이 땅에 실현하고자 했던 1920년대 초기 시인들의 내면성이자 모더니티의 핵심이다. 문학 언어는 쓰기의 주체로서 부단한 자기반성을 통해 자신에게로 회귀하는 언어이다. 1920년대 시는 바로 이 같은 문학 언어의 정립을 보여준다. 문학 절대주의 입장과 예술 절대주의 입장의 교차점에서 미약하게나마 언어의 관념성이 생겨난 것이 동인지 시대 시의 언어관인 것이다.

한편, 1930년대 시는 언어에 대한 미학적 감수성을 높여가면서 모더니티의 기교주의가 반성되기도 한다. 일제 말기의 현실적 억압이 구체화하자 방언과 지방주의가 모더니티의 핵심 문제로 떠오른다. 변방어로서의 방언은 억압적인 현실을 탈주하는 하나의 거대한 흐름으로 기능한다. 그 뒤 해방공간과 한국전쟁을 거치면서 등장한 신진 시인들은 뛰어난 언어적 감수성을 보여주지는 못했다. 그들은 우리말을 잘 쓰지도 못했고 잘 구사할 수도 없었다. 김수영·박인환 등의 언어감각은 한자어 중심의 개념어에 있었다. 김규동·조향 등은 1930년대 모더니즘의 에피고넨으로 도시적 감수성을 그려나갈 수 있었을 뿐이다. 그러나 1950년대는 시의 모더니티를 현대성과 주체성의 맥락에서 제기할 수 있었다는 데 의미가 있다. 언어 인식의 차원에서는 '백지의 공간 위에서의 침묵의 언어'라는 실존주의 인식을 보여준다.

언어에 대한 자의식을 고도로 확장시킨 경우는 김춘수에 와서 가능했다. 김춘수 등에게 시는 관념을 표상하는 차원이 아니라 언어라는 순수 객체를 탐구하는 장르이다. 김춘수 이후 현대적 시어 탐색에 매달린 시인들은 주제나 관념을 드러내는 도구로서의 언어, 수단의 차원으로 언어를 인식하기보다는 언어 그 자체가 목적이 되는 순수 물적 질료로서의 언어에 대해 탐구했다. '자신의 언설이 고유의 형식을 표현하는 것 이외에 어떤 법칙도 소유하지 않고 다른 내용도 가질 수 없는 언어'라는 이 '기호로서의 언어'에 대한 인식은 우리 시가 현대성의 비약적인 인식 단계로 진입했음을 의미한다. 1960년대 현대시 동인들을 비롯 언어의식을 뚜렷이 보여준 시인들의 경우가 여기에 속한다. 우리 근대시사의 계보학을 작성한다면, 바로 이 같은 언어의식의 변천 과정을 이해하는 데서 시작할 수 있다.

인명 및 사항